金融崩壊をサバイバル

坂の上零の地球を救うホップ・ステップ・ジャンプ！

坂の上 零
Rei Sakanoue

ヒカルランド

今の詐欺的な中身空っぽのマネーは終わります。
本当は何とも交換できないものなのに、
「信用創造」とかいう言葉で価値のあるものに見せかけて、
それを価値のあるものと交換することによって、
今までの経済が成り立ってきたのです。

銀行も仮想通貨を決済で認めています。
金融の覇権はロスチャイルドたちが握っているので、
彼らが許可しないとそんなことは到底できません。
ということは、
仮想通貨の背後にいるのは彼らだということになります。
古い詐欺から新しい詐欺に移行しているだけで、
元締めは同じです。
電子マネーは恐らくチップになっていくと思います。

人工ウイルス、災害などによるパンデミックは、
人々を貧しくさせて、政府に屈服し、
電子マネーのベーシックインカムや
補助金などのアメにすがり、
頼ってくるように調教しては、
政府に従順にさせていくことでしょう。
5G、6Gもこれに貢献し、
政府や権力者に従順な小さなロボット人間、
ゾンビのような考えられない人間を量産していくでしょう。
人民の貧困化、企業の衰退、国家の矮小《わいしょう》化はこうして起きて、
意図してつくられていきます。

はっきり言って、
第3次世界大戦はもう始まっているのです。
現代の戦争は、人工地震、人工ウイルス、
細菌兵器、遺伝子組み換え種子や食品、
ゲノム編集された種や食品、ワクチン、
過剰な薬と医療などであり、これらすべてが、
人を殺すための兵器として利用されているということです。
すでに戦争で攻撃されていることと同じなのです。

30年以内に人類は、
私もここにいる人たちも全員いないかもしれません。
絶滅する。
それぐらい食料危機や経済危機やいろいろなものが来ます。
だから大量消費・大量生産の経済のあり方、
産業のあり方を早急に改めていく必要があります。
新しい社会体制を築いていかなければ、
地球は人間が生息するには厳しい星になってしまう。

残すべき種人を残そう。
守るべき人を守ろう。
マイクロチップが入ったワクチンの強制や、
６６６であるＡＩ管理されたチップを
人体に入れることから、
あなたを守るために、
神は「はこぶね」を創れと私に命じました。
私はある意味現代のノアです。

現代の方舟は舟ではなくて、
各地域のコミュニティーです。
ここが将来、皆さんが逃げてこられるような場所であり、
自分たちの食の安全を確保したり、
切磋琢磨しながら5次元に向かっていくような場所であり、
共同体です。
ニューワールドオーダーの構築を目指す彼らと対立せず、
戦わずに勝つのです。
それが、坂の上零の安定した財源を生み出す、
新しい金融システムと新しい5次元社会の発想です。

カバーデザイン　重原 隆
校正　麦秋アートセンター
本文仮名書体　文麗仮名（キャップス）

目次

[Hop篇] 絶望の日本

［Step篇］　支配の切断

[Jump篇] 希望の未来

［Hop 篇］

絶望の日本

第1回

日本と世界の現状とこれから

２０１９年6月23日ヒカルランドパークセミナーより

荒野に道をつくる。最初はたった一人で立ち上がった。
私の前に道はない。私の歩んだ後に道ができる。
絶滅していく世界のただ中で、希望と未来を切り開く。

ただ自然栽培の小さなコミュニティーを
創っているのではない。
それだけでは、今の滅亡する文明から、
新しい世界を創造できない。

5次元の愛と芸術に基づく新しい地球
文明は、愛に生きる個々人が集まり、

低次のコンフォートゾーンで終わらない
天とつながったコミュニティーをつくること。

そして、政府や既存SNSによらず、独自の
新しいマネーと経済圏を持ち、坂の上零
の訴える5つの自立を叶えること。

滅亡する世界の中から、希望を創り、
次の文明と、新しい世を創る。

はじめに

皆さん、こんなにもたくさんお越しくださって、どうもありがとうございます。ちょっと早く来て、最初ちらほらだったのでちょっと寂しかったんですけれども、本当によかったです。

自己紹介を簡単にさせていただきます。私はジャズ・ピアニストでもあって、ボーカルのほうに行きましたけれども、作詞作曲をやったり、あるいは小説家でもあります。今は、無農薬・無化学肥薬・在来種をメインとした質の高いオーガニック農業の全国区の組合で、シードバンクでもあり、オーガニックのＪＡのような「医食同源はこぶね組合」と「ＪＡＰＡＮ　ＥＸＰＯ」「ＮＡＵ志大賞・ものづくりＪＡＰＡＮ」を主宰しております。

さらにエンジェルバンクでインド市場と日本企業のビジネスマッチングとコンサルティング業を営んでいます。年金の原資を株式投資に、10％ぐらいならいいのですが、なんと60％も突っ込んでしまうという事件がありました。それまでは隠れキリシタンのように隠れて記事を書いていたのですが、そこからはカミングアウトして「坂の上零」が出てくるのです。年金をこんなふうに博打《ばくち》の元手にしてしまうなんて、こんな酷《ひど》い政府のやり方がなければ、坂の上零は出てこなかった。

今日から3回にわたって、我々日本がグローバリズムにどのように対処し、そして勝っていくのかというお話をしたいと思います。

今の時代のことは、ここにいる皆さんはよくわかっていらっしゃると思います。しかし、カメラの向こうの皆様にもちゃんとわかるように、今日は最初からお話をします。まずは世界の現状と日本の現状、日本の戦後の食と医療の政策、そして、TPP（環太平洋連携協定）後の日本がどうなっていくのか。

第1回は、まずは現実をちゃんと把握するということで、世界と日本まるわかり講座にしたいと思います。

しかし、ここまでならほかの講師もやっています。反グローバリズムとか各分野で同じようなことを言っている言論人は、私を含めて結構います。

しかし、坂の上零とほかの講師は何が違うのか。

やはり坂の上零は解決をもたらす人でありたい。ですから、まずは現状把握をする。その現状を単に現象だけを追って点だけで理解するのではなく、面にして、その構造、背景に何があるのかまで、総合的、立体的に理解していきたいと思います。

第2回では、「これからどうすればよいのか」の解決法をお話をします。単にそこからどうサバイバルするかだけではなくて、どうやってV字回復、一発逆転するか。ピンチをチャンスに、ではありませんが、どうやってそういう時代を生き残っていくのか。

「生き残る」と言うと、何かネガティブな感じに聞こえます。単に生き残るだけではなく、その中でどうやって飛躍していくのか、これからの時代の波にどうやって乗っていくのかというお話をしたいと思います。

つまり、戦わずして、楽しく笑いながら勝てる方法です。今は革命も血を流してヤーッと突っ込んでいく時代ではありません。それも楽しいかもしれませんが、もっと楽しいやり方があります。それを明日お話しします。

今日は今から地獄に落ちるお話をします。絶望を語ります。

今の日本の現状、そして世界の現状をちゃんと知れば、やはり絶望してしまいます。

でも、絶望をちゃんと知って、絶望を味わわなければ、真の希望は生まれません。単なる楽しいことにしかフォーカスしない自己逃避型のふわふわスピリチュアルでは、人間の魂は成長しませんし、真の希望は創れないのです。

ですから、現実を直視する。絶望から逃げてはいけません。スピリチュアル、子育て、仕事、サークル……いろんなコンフォートゾーンの創り方、逃げ方がありますが、私たちは現在、いくら逃げてもお金がなければ生きていけない存在です。

今日ここから帰るときも電車賃を払わないといけない。マネーが介在している世の中にいるということは、現実逃避しようとしても、し切れないのです。それだけ皆さんはロスチャイルドたちが敷いたルールの上に乗っかっているのです。

第1回と第2回では、自己逃避をするのではなくて、楽しく戦って彼らに勝つ具体的、総合的な方法をお話ししたいと思います。

第3回は、ちょっとテーマが変わります。私が発明した新しいマネーについてです。新しいマネーと新しい金融システムが今ほど必要とされている時代はありません。ようやく私の時代が来たと思っています。ここまで来るのに長かったです。私が一生懸命発明しようとしても、変人扱いされて、誰ひとり見向きもしなかったのですが、ようやく時代が求めてくれるようになりました。マネーの話は、これからの時代がどうなっていくのかという話とセットで包括的にお話しします。

電子マネー、暗号通貨、仮想通貨といったものもまとめて複合的に解説します。本当は本を早く出してくれと言われていたのですが、仮想通貨で儲《もう》けている人たちもいっぱいいるので、その人たちに冷や水をかけてはいけないので黙っていたのです。でも、そろそろ本当のことを言わなければいけない。世界は今、新しいマネーを求めています。それがないと次の時代が始まらないのです。

では、新しいマネーとはどういうものか。ホンモノがあれば、必ずそれに似せたニセモノがあります。見た目は一緒で中身が全く違うとか、見た目はホンモノよりもいいのに中身は毒というものは結構あります。食品なんかは、これからもろにそうなります。新しいマネーといっても、いろんなマネーがあります。その中でホンモノはかなり少ない。というか、数個しかありません。円やドルが価値を失っていき、パーになっていく時代に、ホンモノをどう見分けるのか。そして、どのように私たちの資産を守るのか。

この3部仕立てでいきたいと思います。題して「ホップ、ステップ、ジャンプ」です。今は絶望の中にいますが、そこからホップ、ステップ、3回目には金星ぐらいまで行くぐらい、みんなで元気よくジャンプしましょう。

では、元気よく絶望を感じてみましょう。何か変な感じですけどね（笑）。

世界の浄化（大淘汰）、経済と金融、社会の全てにパラダイムシフトが起きる！

最初にグローバリズムに勝った先には何があるのかという結論だけお話しして、そこに到達するためにどうすればいいか、今の時代から逆算して語りたいと思います。

これから強烈な試練の時代がやってきます。多分12年ぐらい続くでしょう。２０１７年ぐらいから始まって、もう2年ぐらいたっていますから、あと10年弱ぐらい続くのかなと思います。試練の時代は大淘汰の時代で、新しい時代に移っていくパラダイムシフトの時代です。古いものが崩れ去って、その中から新しいものが出てきます。恐竜時代の終わりに爬虫類がバタバタ死んでいく中で、その辺のネズミが頑張って生き延びてホモ・サピエンスになっていきました。ちょうどそんなパラダイムシフトが起こります。地球の支配構造がどんどん変わっていくということです。我々は今、変化の時期にいます。その中でどういう価値基準を持つべきか。どういう人材がこれから求められるのか。それを今日と明日でお話ししたいと思います。

今、世界を席巻しているグローバリズムは最後のあがきのようなものです。最後のあがきは強烈です。ニューコートであるハザール偽ユダヤの国際金融マフィア率いるグローバリズムとこれによる「金の支配体制」が終焉《しゅうえん》した後にどういう世界が来るのか。これは半分ぐらい私の空想が入っているかもしれません。ただ、私の空想はそんなに外れません。『天使になった大統領』という小説の1〜4巻を読んでもらえばわかると思いますが、あそこに書かれているように時代は進んできました。あれを書いたのは私が25歳か26歳ぐらいのときです。私が今よりもっと細かったときに書いた小説です。当時はまだベンジャミン・フルフォードさんや中丸薫《なかまるかおる》さんといった方々はいなくて、「陰謀論」という言葉もありませんでした。いたのは太田龍《おおたりゅう》さんと、私のお友達だったユースタス・マリンズさん、あとは広瀬隆《ひろせたかし》先生とかです。広瀬《ひろせ》先生は反原発のほうも頑張っていらっしゃいますが、そういった方々から多くを学んだのです。

その当時は働けば何とかなったし、就職難もありませんでした。日本もアメリカもそれなりに豊かで、政治や未来に不安を持っている人はそんなにいませんでした。なので、当時の私の講演がいかに寒かったか。私はそのころから、マネーがなくなりますよ、今の銀行が飛びますよ、今使っている紙幣が価値を失っていき、お金がなくなりますよ、我々は滝つぼに落ちようとしていますよ、政府が食に毒を盛りますよ、ワクチンで殺しますよ、私たちを虐殺しますよ、だから今から備えておかないといけませんよと、しょっちゅう言っていました。それは小説の中にも書いてあります。だけど、誰ひとり聞いてくれなくて、変人扱いされたのです。最近になってからやっと、講演に呼んでいただいたり書籍を依頼されたりするようになりました。ですから、今、重宝されているわけではなくて、セミのように8~9年間ずっと大地に出てこられなくて耐え忍んでいた時代があって、ようやく時期が来てエッチラオッチラ地上に出てきたかなというところです。

2016年末で天の忍耐の時代が終わりました。この大宇宙には、アインシュタインも言っていたように、なにがしかの「サムシング・グレート」があるのです。人智を超越した意識体なりエネルギーなり、ご存在があることは否定できないと思います。それがあるからこそ、宇宙が運営されており、我々のような生命体がいて、地球があるのです。私の言葉の中には、よく「天」とか「神」とかいう言葉が出てきます。それは宇宙の創造の源とかエネルギーのことを言っています。どこか特定の宗教の話ではないし、宗教に誘おうという気は全くないので誤解しないでください。変な悪霊と交信して、それを神だと思っている人がよくいますが、そういうものでもありません。大宇宙の調和のエネルギー、愛の源のエネルギーのことを、私は「神」と呼んでいます。神と私の活動は一心同体です。そこもほかの言論人や先生方とちょっと違うところです。

明日は人類を救う方法をお話しします。「救う」というのは大変おこがましい言い方ですが、本当に救うのです。このまま行けば破滅に向かいます。人類はどう見ても破滅にしか向かっていません。むやみに滅亡に向かって突《っ》き進んでいるのです。私たち人類の未来には、現状のままでは破滅しかないのです。そこからどうやって救済し、脱出するのかという具体的な方法を語っていきます。これも私の考えから来ているのではなく、サムシング・グレートから来ています。はっきり言えば、

「エンジェルバンク」という名前も「はこぶね」という名前もそこから来ています。コミュニティーの中には、「はこぶね」はダサいからイヤだとか、ほかの名前にしたいと言う人たちもいますが、「はこぶね」でないとダメだから、「はこぶね」にしているのです。

金融と経済と産業、現在の世界情勢について！

まずは現在の世界情勢からお話ししたいと思います。金融、経済、産業は必ず同じような動きになります。産業に基づいて金融が、金融や経済に基づいて産業が連動して動いていきます。金融・経済と産業はコインの表と裏の関係です。お互いが依存し合って、切っても切れないのです。

これから「金融」「経済」「産業」「マネー」「自然環境」の5つについてお話ししていきたいと思います。

①金融

ここにいらっしゃっている方はこの種の本をいろいろ読んでいると思いますので、ショートカットをしてもいいのですが、この講演のＤＶＤをごらんになる方は知らない方も多いので、簡単にご説明いたします。

過去200年から250年ぐらい前から、マネーを発行し、中央銀行の制度をつくることによって、金融は世界を事実上支配してきました。今の金融システムをつくっている方々は、正直言って国家が邪魔です。彼らは国に属していないので、ある意味、どこにでも存在するわけです。金融で世界を見るときに、アメリカ対日本とか、アメリカ対ドイツとか、国と国で観察することはあまり意味がありません。どこからどこにおカネが流れたか、どことどこが組んだか、どことどこが何のためにそれをしたかを見たほうがいいのです。そうすると、敵も味方も実は後ろで操られていることがわかります。この話は後で詳しく話します。

金融と産業はこれからどうなっていくのか。現在の金融システムは崩壊していきます。断言していいと思います。そして今、終わりの始まりが始まろうとしています。経済もそうです。金融・経済と産業はコインの表と裏だと申しました。取引の土台となる金融システムが根こそぎ崩れようとしています。なぜそうなるかという話は、3回目のマネーの講座のときに詳しく説明します。

②経済

今日は結果だけを言います。今、世界中を見ても、伸びている経済はインドネシアと、ベトナム、インド経済ぐらいです。インド経済は、若干、停滞しましたけれども、それでも毎年、経済成長率7%で成長しています。

それ以外の国を見てみると、中国は、これから中国の時代になると言われて、アメリカの自動車会社やいろんなところが中国に工場を移しています。とはいえ、中国は不動産投資とかで需要をつくって経済を無理やり回してきましたが、ゴーストタウン化した、あまり人が住んでいないビルや町がゴロゴロあります。そして、常に国内で暴動が起こっています。農村部の人たちと都市部の人たちが同じ扱いを受けていないので、農村部の方々の強烈な不満があるのです。

中国は年金システムがありません。一人っ子政策をとってきたこともあって、これから日本よりも深刻な少子高齢化を迎えます。中国としてみれば、もう支え切れないので、各国に散ってもらって、各国の社会保障のお世話になってもらいたいというのがホンネだと思います。中国も外に脅威をつくらないと国を維持し得ないというか、あれだけわがままな国民をまとめられなくなっているという現状です。中国経済もかなり危ない。軍隊とか公務員に給料が払えなくなったときも何度かありました。

中国はアメリカ化しています。アメリカは既にそうなっているのです。カリフォルニア州やテキサス州、デトロイトは閑散としています。富裕層の多い州でも、公務員の給料の支払いがおくれたり、都市部にはホームレスがかなりふえてきています。今現在はダウが上がっているし、戦争特需で常にカンフル剤を入れているので何とかなっています。しかしながら、戦争によって経済をもたせるという今までのアメリカのやり方は、２０１８年末ぐらいから、どんどんやりにくくなっています。なぜならば、アメリカのウソが世界中でわかってしまったからです。昨年（2019年6月3日）、ホルムズ海峡で日本の原油タンカーが狙われて爆破されましたが、まさかイランがやったとは誰も思っていませんよね。アメリカがやったに決まっています。誰が見てもそうです。世界中がわかっていることです。

今までは、こういうことを言うと、そんなことはない、あなたの考えすぎだ、まさかと言われましたが、今はみんながそう思いつつある。だから私は非常にやりやすくなりました。以前は、本当のことを言っても、ウソだ、ウソだと言われたのですが、やっと聞いてもらえるようになりました。それだけインターネットの力が強くなってきたのかなと思います。真実を知りたいという人々の欲求は、テレビや新聞では満たされません。特に日本では全くと言っていいほど真実や大事なニュースを報道しませんので、真実を言ってくれる一部の言論人をフォローしたりマークするしかないのです。

経済は、中国経済も非常に危うい。内部分裂の危惧があり、失業率も2020年1月2月だけで2億人以上という半端ない数字です。中国経済はもう終わった感があります。アメリカも、ドルが既に実質上破綻《はたん》していますので、ドル以外の別の通貨をつくり、ドルの借金を踏み倒して、開き直る計画を実行に移す以外、いつまでも戦争し続けても、日本から金を吸い上げても、アメリカ経済はこのままでは回らない。ロスチャイルドたちを始め、アメリカの支配者だったグローバル企業たちがアメリカから撤退していく日が近いのではないか。コロナウイルスの前に自社株を空売りするとか、売り逃げする経営者、投資家もいるぐらいです。しかし、もう戦争する金も続かない。駐留するアメリカ軍は今までもかなり撤退したのですけどね。アメリカのウソが通用しなくなって、戦争による経済カンフル剤が効きにくくなっている。

アメリカ政府のウソを一番知ってしまって、アメリカを大嫌いになったのがアメリカ国民です。アメリカ国民が「我が国の政府をとめてくれ」と言うような状態です。日本国民が「安倍をとめろ」と思っているのと全く同じです。アメリカ国民も、日本の原油タンカーが攻撃されて、アメリカがイランを非難したときに、ウソつくなというような反応でした。彼らは日本に対しても、本当のことを言え、犬みたいに追従するなと言っています。2019年トランプさんがやってきて、安倍さんはトランプさんの足の裏ばかりなめていましたが、日本のメディアもこぞってトランプ、トランプです。北朝鮮の喜び組みたいなもので、はたから見たら異常なさまです。天皇陛下まで使ってああいうことをする。一国の総理が情けない。

アメリカのメディアは安倍さんのことをクソミソに書いています。恥ずかしい。トランプのエゴをここまで満たす政治家は世界でも安倍だけだろうと。もう呼び捨てですからね。そして、悲しいかな、イスラエルに行ったときは、覚えている人もいるかもしれませんけれども、男性物の靴の中にデザートを入れて出されたのです。一国の首相とファーストレディーを招いたお食事会で、普通はそんなことしませんよ。首相も奥さんの昭恵さんもヘラヘラ笑って食べていました。本当に日本の恥だなと思います。

ノンキャリア官僚だった赤木俊夫《あかぎとしお》さん一人に公文書改竄《かいざん》の責任を負わせて、罪をかぶせたようなものである財務省の仕出かした大犯罪も、その原因をつくった安倍晋三首相と昭恵さんはどこ吹く風で、見苦しい嘘《うそ》をつき続け、その結果として、赤木さんを自殺に追い込んだのです。しかし、肝心の安倍総理夫妻と財務省は知らぬ存ぜぬで、国会で嘘をつきとおした。赤木さんの遺書が公表されて、全てが明らかになっても、再調査を拒否して逃げている。恥がない。卑怯者《ひきょうもの》。こんな人間が日本のトップです。自浄作用も働きません。だから、日本も丸ごと劣化しますし、実際、もう終わりの様相を見せています。日本人は「恥」と「卑怯」を軽蔑する、高潔な民族でした。しかし、そんな日本は昔話です。今の日本では、そういうのが多くなり、日本の首相夫妻や財務省の官僚からして、卑怯者で、生きる恥さらしなのです。

ホルムズ海峡で日本の原油タンカーが襲撃された事件ですが、あれもイランがしたのではない。今はアメリカ人もアメリカが世界でやっていることがだんだんわかってきました。アメリカが自作自演で戦争を吹っかけて、罪がない国に罪をなすりつけて、他国から分捕って、それで何とかアメリカの経済をもたせている。もちろん日本も分捕られている。アメリカ人も日本人と同じように、グローバリズムに辟易《へきえき》してきています。だからアメリカ人と日本人は組めるのです。どうやって組むのかというのは次回話します。

アメリカも中国も内部から崩壊寸前です。ロシアも経済は危険です。イギリスもかなりヤバいです。イタリアもドイツもヤバくなっています。ドイツ銀行は破綻秒読みになってきました。ドイツも三菱ＵＦＪもそうですけれども、特に日本は低金利を長い間続けているので、儲けるためにはギャンブルに出るしかなのです。本当は中小企業におカネを回すべきですが、バーゼル法といって、貸借対照表《バランスシート》がご立派に見えない企業には貸せないという国際的な法律があるのです。日本のほとんどの中小企業は、開発しているときには黒字で見ばえのいい貸借対照表が出せないので、おカネを貸したくても貸せないという状況があります。それで結局、デリバティブとかヘッジファンド系におカネを突っ込んでいるわけです。そういったことがありまして、日本経済は長い低迷が続いて、デフレ経済が深刻になりました。どこもかしこもキャンペーンでタダとか何％オフとか、〇〇あげますとか、そういうのが多いでしょう。日本はそういったところにしか行かなくなっちゃったのです。

日本経済は、バブルの後に「失われた20～30年」がありました。その後に大企業になったのは、ニトリにしてもユニクロにしても、安売り王のところばかりです。質を落として安くする。お値段以上だからいいのですが、本当にいいモノをちゃんとした値段で売るのではなく、人件費が安いところでつくって、その差額で儲けるという形になるしかないのです。それで中国とかベトナム、あるいはミャンマーとかの安い人件費を求めて工場が動き回るわけです。１００年単位で見たら、インドでさえも大混乱で滅びていく方向に向かっていくと思います。ただ、これから40年間はインド経済は好調でしょう。

世界経済も危機的状態です。経済危機が来るのです。どこがトリガーを引くかわかりません。ドイツ銀行の破綻からなのか、アメリカのドルの無価値化からなのか、あるいはドルや円の空洞化、お金の無価値化からなのか。日本、ロシア、中国、そしてＥＵの中ではイタリア、ポーランド、イギリスなど、今までの主要国の経済がこれから極めて厳しくなってくるのではないか。今は、コロナウイルスにより世界経済はさらに破綻に向かって突入していきます。

③産業

今現在までは、産業を制したところが大企業になって多くの雇用を生んできました。これは大量消費・大量生産のビジネスモデルです。近代化し、機械化し、そして何でも便利にしていくものがもてはやされました。例えば、鉄道とか飛行機とか車とか、時間を短縮するものが売れたのです。エッチラオッチラ歩いていくところを新幹線で行ったら早いです。馬で走っていたところを車で走ったら早いです。車よりも飛行機はもっと早いです。あるいは、労働力をできるだけ省力化するものが売れました。計算も電卓があったら早いです。それがコンピューターになって、さらにいろいろ発展していきました。時間を短縮できるもの、労働力を省力化できるものを、より高度に、より大量に生産し、多くの方々に大量消費を促すことで大企業になっていったのです。

それは具体的には重金属系、重工業系の企業です。それらの企業は巨大なプラントをつくったり、工場などの設備投資をしました。原発もその中の一つです。こういったものが今まで多くの雇用を支えていました。大量に人を必要とする工場や研究所があったから技術が発展したのです。これからは、こういったものが要らなくなるとまでは言いませんが、まとめて縮小していきます。今までの主幹産業、主力産業が変わっていくのです。

日立さんの「この-木なんの木……」というコマーシャルがあります。子会社の名前がブワーッと流れてきて、最後に「日立グループ」と出てきます。あの中の30%ぐらい名前がなくなったらどうでしょう。ゆっくり流さないと、すぐ終わってしまいます。あれは子会社の数がありすぎて、高速で流さないと全部紹介し切れないのです。映画のエンドロールで、監督とか女優さんとかメイクさんとかの名前が全部載りますよね。あれもたくさんいたらブワーッと速くなるじゃないですか。巨大企業はそれだけ多くの雇用をしていたのです。東芝にしても日立にしても、何十万人という雇用を抱えています。年金や医療システムを維持するためにも、大企業が安定的に給料を払っていく仕組みが必要だったのです。

残念ながら、これからは今までの主力産業は別のものにかわっていきます。もう重工業の時代ではないし、原発とか大きなプラントを建てる時代ではないのです。もちろん幾らかは残りますが、あれほどたくさんは要りません。多分3分の1ぐらいになるのではないでしょうか。本当はもっとなくなるのですが、とはいえ、今まで主力だった産業の3分の2ぐらいがなくなったら、そこの雇用はどうなるのでしょうか。

時代の変わり目に勝機があります。だから今は逆にチャンスです。アントレプレナー、「これからいけるぞ」というものを早く仕掛けておくことです。だからといって、私のように20年後に起こることを今から一生懸命やっても変人扱いされるだけです。3年後とか4年後に市場に出てきて、みんなが結構欲しくなるものがあらかじめわかって、それを素早く準備したら、お金持ちになるチャンスがあるのです。

今はパラダイムシフトの時代です。今までの主力産業、今までの価値観、今までの経済システム、今までのマネーにしがみついている人は、恐竜時代の終わりに恐竜と一緒に死んでいったノミのようになります。そこでピョーンと飛びおりて、次に行けるものをあらかじめ察知して、そこと一緒に動き出せば、次の主役になれるかもしれません。主役にならなくても、脇役でもいいから次の時代に残ればいいのです。今までよかった産業、今までよかった仕事、今までの経済を席巻してきたものが次の時代にもあるかどうかです。次の時代はどういう時代になるのか。次の時代に、自分の仕事、自分のビジネス、職を得る過程、活動できる場所、あるいは求められる能力は一体何なのか。

これは次回話します。

今までの主力産業は鉄をもとにした重工業でした。それが変わっていきます。もちろん鉄はなくならないし、重工業もなくなりませんが、それがメインではなくなります。今までの産業は、地球を汚し、地球を破壊しながら進んできました。その後にＩＴなどが出現して流通形態が変わりました。ＩＴは別に大したものではないと思います。流通形態以外のものを生み出していないのだから。だけれども、流通形態が変わったことによって、それまでの利益構造が変わって、新しい勝者を生み出していきます。インターネットの登場で時代がコロッと変わりました。流通革命が起こったのです。そして今は電子化とかＡＩ化でデータの一元管理が進んでいます。誰が一元管理するのかという問題はありますが、ビッグデータが価値を生み出す時代になってきたのです。

では、次にどういったことが起こるのか。以前は中流階層の人が多く、工場で働いたり何だりで、自然を破壊しながらも安定収入が得られました。その後、技術が進歩したことによって、付加価値がないと売れなくなりました。普通のモノは買ってもらえなくなったのです。そして今は、本当はいいモノをつくれる技術があるのに、安かろう悪かろうのモノをわざわざつくって売っています。世の中には早く安く欲しい人が多いからです。それだけ貧しい人がふえたということです。

技術が進歩し、自然が破壊され、流通革命が起こり、ＡＩ化され、データの一元管理が進むと何が起こるか。みんなが貧しくなるのです。そして、一部の人以外は安いものを好んで買うようになります。最終的には、仕掛けるほうと仕掛けられるほうとで二極化していきます。これは前からそうですが、これからは特にそうなると思います。

今は経済も産業も過去のものが滅び去ろうとしています。今からは続かないということです。一番終わるのがマネーです。これは3日目に詳しくやります。

④マネー

先ほど、現在の金融システムは終焉し、崩壊していくと言いました。マネーの詐欺性がどんどん暴かれて、マネーが経済を支え切れなくなるのです。今は実体経済の何倍ものマネーを刷っています。我々は本当は価値のないもので価値のあるものを交換しているのです。ある意味、バブルですから、頂点を打ったら必ず落ちるときが来ます。どこまで落ちるのかというと、実体経済があるところまでです。ということは、マネーの裏づけに実体経済があればいいのです。

最近、MMT（Modern Monetary Theory＝現代金融理論）なるものが突然出てきました。MMTとは一言で言うと、政府による市場への財政出動のことであり、これを大企業にではなく、民間企業や国民にお金を配り、消費に回させることです。こうして経済にカンフル剤を打ち、冷えた日本経済の内需を底上げし、活性化しようという経済政策です。一見、すばらしそうなお題目です。

ＭＭＴで財政出動させる資金は結局のところ、借金だからです。ですから利子を返す必要があるお金です。利子を返さなければよいですが、利子を返す必要があれば、また大きな負債になってしまいます。利子を返す議論をしないまま、ＭＭＴを推進すれば、どうなるでしょう。

さらに、その資金をどこから調達するかです。結局、財源がないので、ＭＭＴという極論になります。第3回の最後で述べますが、坂の上零の特許を使い、新しい金融システムを実施すれば、巨大な財源をほぼ0から生み出すことができます。返済も不要です。アメリカと日本はＭＭＴの実験場にされようとしています。国民にお金をばらまいて市場経済を活性するメリットはそのとおりですが、その資金の出所が問題で、それが政府の借金ならば、ジンバブエ化するようなことにならないか危惧すると申し上げています。なぜかというと、これから円やドルの価値が非常に下がっていくと思われるからです。最近はドルも円も実体経済や本当の数値をあらわすものにはなっていません。結局、年金の原資とかそういったもの、あるいはアメリカは中東で戦争を起こしたりして、カンフル剤を打ちながら何とか株価とか円やドルの価値を維持しています。しかしながら、日銀が大規模緩和をやめて、ゼロ金利をやめたときから、実体経済までバーンと落ちてしまうのです。

そうなったら日経平均2万円は維持できないと思います。1万5000円を割って、1万2000円ぐらいまで行くのではないでしょうか。円も、円高になると言っている人もいますけれども、私は最終的にはハイパー円安になる可能性があると思います。いずれにしても、一定以上の円安と円高は、どれだけ一生懸命頑張っても企業努力を一発でぶっ飛ばしてしまうぐらいの威力があるのです。

今の詐欺的な中身空っぽのマネーは終わります。本当は何とも交換できないものなのに、「信用創造」とかいう言葉で価値のあるものに見せかけて、それを価値のあるものと交換することによって、今までの経済が成り立ってきたのです。しかし、ドイツも日本もアメリカもロシアも、ここまでグローバリズムによって疲弊させられまくっています。経済的危機が来た段階で、マネーは経済を支えることができなくなって暴落する可能性があります。それでも円は大丈夫だと言っている方はいますが、私はそうは思いません。円の暴落、ドルの暴落が始まります。ドルは暴落なんてものじゃありません。紙屑《かみくず》化は避けられない。それがこの2~3年ぐらいに起こってくるのではないか。特にコロナウイルスによる閉鎖で、各国の通貨はいよいよ危機的です。

それがわかっているからMMTなる話が出てくるのだと思います。MMTとは、要は昔の民主党がやろうとしたように、市民におカネをばらまいて市場で使ってもらいましょうという話です。それはそれで、一見、いい話です。確かに市民がおカネを使えばいいのです。しかしながら、そのおカネはどこが発行するのか。そして、そのおカネの根拠は何か。政府がおカネを発行したら、本当にそれがマネーになるのか。そんなことはないと思います。中央銀行、三菱UFJ、坂の上株式会社など、どこが発行しようが、マネーにはならない。中身空っぽで実体経済の裏づけのないマネーと実体経済の裏づけのあるものを交換するのは、例えば空気と価値のある何かを交換するようなものです。仮想通貨や暗号通貨を進めようとする方々は、両者が納得すれば取引できるじゃないかという理論です。しかしながら、やはり実体経済の裏づけがないと、結局またバブルのようなことになったり、経済崩壊をいずれ招きかねないのです。

世界は今、新しいマネーをつくろうとしていますが、実体経済の財源がどこにあるのか不明瞭です。今現在、マネーの価値は最終的に金本位制にならざるを得ないし、アメリカはそこに戻っていくという話もあります。しかしながら、別の方向からはMMTなるものも聞こえてきます。結局、マネーは電子通貨、電子マネーになっていきます。しかし、マネーと言うからマネーなのか。政府が発行するからマネーなのか。私はそうではないと言い切ります。

電子マネーなるものも、くせ者です。電子マネーは実体が見えなくなります。お財布にお札やコインを入れる必要がないのです。今は世界中で、お札をなくしていこうという動きがあります。銀行も仮想通貨を決済で認めています。金融の覇権はロスチャイルドたちが握っているので、彼らが許可しないとそんなことは到底できません。ということは、仮想通貨の背後にいるのは彼らだということになります。古い詐欺から新しい詐欺に移行しているだけで、元締めは同じです。

電子マネーは恐らくチップになっていくと思います。チップは全部コンピューターで管理されます。今でもそうですが、どこどこの何々さんが、どこで幾ら使って何食べたか全てわかります。例えば、その人が自家採種した種を畑にまきました。それを誰かが密告しました。たったそれだけのことで逮捕されてしまう時代が、もう少しで来るかもしれないのです。「わかりました。その人はこういう罪を犯したのですね。じゃ、おカネにアクセスできないようにしましょう。プチッ」。それで終わりです。その人は売ったり買ったりできなくなって大変なことになるのです。

もうすぐAI、コンピューターに監視、管理される時代が来ると思います。チップの情報がコンピューターに集められて、そこで我々はおカネの流れや全ての情報を管理されます。タンス預金もできなくなります。盗まれなくなるからいいじゃないかと言うけれども、どこにあるのかが問題です。銀行や政府が発行しているマネーは恐ろしいですよね。世の中のこと、世界のことが本当にちゃんとわかれば、政府が一番恐ろしいということがわかります。政府が一番の泥棒で、一番の犯罪集団です。マフィアもびっくりです。その政府に全ての情報が集約され、そこが発行するマネーを使い、それがチップになって全部コンピューター管理されれば、彼らに盾突く人はアクセスをブチブチッと切られて、即座に経済活動ができなくなります。あるいは、働いてもお給料がもらえない、支払いができない、海外に行けない……いろいろ大変なことになってきます。このチップとは「666」です。悲しいことにAIに完全に監視され、管理されて、人間ロボット奴隷にされる未来が我々人類を待っているのです。坂の上零のことなど信じようと信じまいと構いませんが、どう思ってもらっても、そういう時代がすぐそこまで来ています。逃げられないのです。

⑤自然環境

何よりも自然環境が崩壊していきます。私は別にアル・ゴアさんでも地球温暖化の専門家でもありませんが、今の地球の状況、自然の状況がちょっとおかしいぞということは誰もが思っていることです。それは感じるじゃないですか。インドは今、気温が50度を超えるそうです。インドはもともと暑い国ですが、あそこまで暑くなったことはないのです。インド人ですらバタバタと道で倒れて死んでいくらしいです。

昨今の台風は、山崩れはするわ、家は流されるわ、トラックは飛んでくるわで、尋常ではありません。世界の平均気温が1・5度ぐらい上がると、風速60メートルの風が吹くそうです。この1・5度に近づいてきていると言われています。台風のたびに風速60メートルの風が吹くとなると、建築法で定められた強度の分厚いガラスが余裕で割れてしまいます。ビルや家々からたくさんのガラスの破片が飛び散って、多くの人たちの顔や手を傷つけます。台風のたびに昔のよろいかぶとのようなものを着て歩かないといけなくなるかもしれない。温暖化がもう少し進めば、地球上に安全に暮らすことはできなくなります。海面上昇で海岸線上の土地も沈んでいきます。

あまりこれを言うといけないのですが、本当のことなので言います。この10年以内に、ミツバチも含めて世界中の昆虫の40%が絶滅すると言われています。そんな世界に人間は生きられるのでしょうか。生きられないですよ。我々だって動物なんだから。生命や自然は大調和の自然のサイクルで生かされています。それを人間が大量消費・大量生産をやめないばかりに、今も破壊され続けています。日本の農大は、農薬を使わないと農業ができないと教えています。だから、日本は農薬をバンバンまいています。それによって大地が死にます。微生物が死にます。ミツバチが死にます。森が死にます。水が汚れます。魚が毒されます。こういうことを続けていくと、確実に人間に返ってきます。ところが、我々はそこで反省してやめるのではなく、さらに異次元のところに行こうとしています。遺伝子組み換えです。今もやっているのですが、もっと抜本的にやっていくことになります。

私がオーガニック農業を推進する理由の一つは、在来種で、無農薬、無化学肥料の農業を推進することにより、山や森、川、大地、水、ミツバチ、ほかの生命が自然に戻り、よみがえるからです。自然保護100％を推進するからです。

自然環境の破壊は深刻です。国は食料の安定供給ができにくくなると思います。自然環境が過酷になりすぎて、食料が高騰するからです。そうなることが既にわかっていて、日本はTPPで農業を捨てました。TPPで日本の食料自給率は14％を切ると言われています。それだけ日本の農家さんが失業するというわけです。日欧EPAでは、我々にたんぱく源を供給してくれている北海道の酪農家さんが衰退します。大豆やジャガイモは、ほとんど向こうでつくっています。肉や牛乳やチーズも全滅します。その次が九州です。酪農家さんからやられていくのです。高齢化している日本の農家さんも、後継ぎがいないという問題だけではなく、土地から何から全部企業に買われて、作物は遺伝子組み換えに置きかわろうとしています。

さらに、日米FTAが来ますので、日本の酪農から「終わり」となっていきます。日本の牛肉、豚肉、鶏、卵、チーズなどから徐々に高級品となり、庶民が買えなくなり、なくなっていくでしょう。さらに、日欧EPAも重なります。日本の農業の真の敵は、EUのオーガニック農産物となるでしょう。EUの農産物は安全で、おいしい。もちろん、日本国民は安くていい品を買えるなら、そちらを買います。日本のオーガニック農業はこのままオーガニック農業を産業化していけなければ、衰退していくでしょう。そして、風前の灯です。オーガニックの日本の田畑は、全体のたったの2%にも満たず、それさえ大半がホンモノのオーガニックではありませんから。たったの0・3%ぐらいのホンモノのオーガニック農家さんしかいない状況です。もはや線香花火の最後の一滴が、ポトンと地に落ちて、消えてしまう寸前です。

日本は、森も失い、水も失い、大地も失い、ミツバチも失います。日本の天然の種子も失います。どうするのでしょうか。今のままでは、これが10年以内に来るのです。我々の子や孫たちが大人になるときに、ちゃんとした地球を残してあげられるでしょうか。このままでは無理です。ここにいる全員は人類最後の時を見るかもしれません。

人間は、あと30年ぐらいしかこの地球上にまともに生息できないだろうと言われています。このまま自然環境破壊を続けていけば、たとえ世界人口が100億を超すことがあっても、その9割が死に絶えます。日本人もそこに入っています。我々は自然破壊をやめる必要があります。無農薬・無化学肥料の農業をして、森と海を守らなければならない。突然グリーンピースになったわけではないのですが、私は最近、本当にそう思って、そういう活動を一生懸命しています。

今の人間の暮らしを維持するために、産業、経済、金融が一体になって自然を破壊してきました。そのことによって、30年以内に我々は自然から破壊されます。このままいけば、地球は金星のようになると言われています。金星の地面の温度は摂氏400度ぐらいです。歩けないですね。恐竜が一気に滅びたのは、地球が恐竜の生息できない環境になったからです。そういった時代が来て、人間が生息できない地球環境になれば、お金持ちだろうが何だろうが、我々は有無を言わさず死ぬのです。金融危機が来て、経済が不安定で未来が不安だからということで、働いておカネを貯《た》めて、ネットワークして、何して、これして、あれして……と頑張っても、そのおカネも全部パーになります。頑張っておカネを貯めても、日本から逃げてどこに行っても、地球上で人類が暮らしていけるのは、あと30年と言われています。

とはいえ、皆さんは30年後も自分がいると思っているでしょう。私もそうです。我々は、どんどん過酷になっていく世の中を、どうやって生き残るのかを見るでしょう。最初のころは、おカネのある人は高台に住んだりして助かるかもしれない。でも、100年規模で見たら死に絶えます。今から100年後の地球を想像してみてください。そこに我々の子孫を残してあげたいじゃないですか。我々の子どもたちのさらに子どもたちが楽しく生きている地球であってほしいじゃないですか。ところが、このままいけば、それはかなわないのです。それはデータで科学的にはっきりわかっています。今、我々がこの暮らしをやめないと、この地球を子どもたちに残すことができないのです。こういう話をすると、私、泣いちゃうんです。感情が入ってダメですね。

私たちができる市民革命とは？

金融をやっていた私が、なぜオーガニック農業をやったり、こういう地球環境保護や人類救済活動をしているのか。それは地球が最後のところまで来ているからです。それだけではありません。今の金融システムが終わります。経済も金融に乗っかっているので、当然、終わります。今までの大量消費・大量生産ではやっていけない。産業も新しいものにしなければいけない。つまり、地球を破壊しない新しいエネルギーで、地球を痛めつけない、ほかの生命を絶滅させない、そういう社会をつくっていく必要があるのです。今、新しい社会構造が求められています。それがパラダイムシフトの本質です。

私にはまだ小さい子どもがいます。その子たちには何の罪もないのです。しかし、我々が今どういう選択をするかで、その子たちの未来が決まってしまいます。その子たちは、あともう少ししたら、まともな食料を得ることさえできなくなります。お母さんは子どもに遺伝子組み換えのものを食べさせざるを得ないのです。こんな日本に誰がしたのでしょうか。最低限、子どもにだけはちゃんとしたものを食べさせてあげたいです。でも、それを買えるところもないのです。「日本を取り戻す」とかいろんなことを言っていますが、何から日本を取り戻すのか、何をすれば日本を取り戻したことになるのか。私はまずは食からだろうと思います。無農薬・無化学肥料の農業を推進することは、自然を守り、森を守り、大地の微生物を守ることになります。そして、ちゃんとした食料を生産することになるのです。

種を守ろうと思うなら、栽培しないと守れません。もちろん条例をつくることも大事です。けれども、条例がいっぱいできても、栽培しないと種は守れないのです。農家さんが日本の種を栽培しないのは儲からないからです。全て経済論理です。だから私は、それを買い取って流通させようと言っているのです。JAは農薬をまかないと買い取ってくれません。農薬と化学肥料を使ったものを売っているからです。私は「農薬をまく農家さん」を「農薬をまかない農家さん」にして、無農薬・無化学肥料のものを中心に販売していこうと思っています。

私がこのようなことをやり始めようと思ったのは、日本を守るためには、それが私たちができる市民革命の一つだと気がついたからです。農薬が売れなければロスチャイルドさんたちが困ります。

農薬を売っている会社、そして農薬の原料の化学物質やいろんなものをつくっている会社は、もとをたどれば全部ロスチャイルドたちのものです。化学兵器をつくって戦争と関係してきた会社が製薬会社になったり農薬をつくったりしているだけです。最近、農薬をつくっている会社が種まで売っています。そういうことはおかしいのではないか。彼らに対して、ＴＰＰ反対、〇〇反対、やめろーとか、それで世の中が変わるならいいのです。ＴＰＰ以前なら、恐らく政治で何とかなったかもしれません。しかしながら、ＴＰＰ協定が発効してしまった今、どんな法律をつくってもＴＰＰ協定のほうが上です。憲法違反を訴えて裁判に勝たない限りは難しいです。だけど、裁判に勝つまでに我々は遺伝子組み換えやゲノム編集などの不自然な食料で殺されてしまいます。

今一番必要なことは、日本の在来種で、無農薬・無化学肥料の完全なオーガニック農業を推進して、皆さんに健康なものを食べていただくことです。そうすると、いちいち何か言わなくても、皆さんは日本の魂を取り戻していきます。ただし、ちゃんとした大地のものを食べていないとダメです。工場で栽培したものとか、段ボールで水耕栽培とかはやめてください。やはり微生物たっぷりの大地と太陽の光で育った栄養あるちゃんとしたものを食べてください。そうすれば、キレる子、おかしな子、親が子どもを殺したり、子どもが親をボコボコにしたり、そういったことは、ほぼなくなります。知能も高くなって精神レベルも上がります。食べ物はものすごい力があるのです。病気だって治してしまいます。無病化社会は、食と農からです。

今の日本人がかなり劣化したのは、変なものを食べているからだと思います。まず、食べ物をまともにすることが大事です。それで健康になれば、病院にもそんなにお世話にならずに済みます。そうすると、年間18万トンもまく農薬は何千種類もあり、すごいビッグ市場ですが、それが売れなくなる。化学肥料も売れなくなる。遺伝子組み換えの変な種も売れない。病気にもあまりかからなくなるから、病院に行く人が減って、薬が売れない。それで皆さんが健康になるのはいいことじゃないですか。これが血を流さないでやれる市民革命です。

それには、ちゃんとした無農薬のものを、みんなで買って食べる。そして、無農薬の農家さんを応援する。無農薬の農家さんは小規模でしかできません。大規模ではあり得ないので、飛行機でブーンと種をまくわけにはいきません。地道な作業です。そういったものを、私は地域に「はこぶねコミュニティー」をつくりながら、みんなで手伝いながら、一緒に汗を流してもらいながらやろうとしています。嫌だと言われたらそれまでですが。「やってやってる」というのではなく、みんなで助け合う、昔ながらの日本社会をもう一回取り戻す。逆に言えば、そういったコミュニティー、そういった昔ながらの日本社会ができなければ、農業を継ぐ人も種も森もなくなります。幾ら遺伝子組み換えの農業をやっても、日本は死んでしまうのです。

日本を取り戻すためには、政策や政治的こともいろいろあるかもしれませんが、無農薬農業を推進することが一番早いのではないかと思います。なぜならば、それが日本を牛耳っているグローバル企業のさらに上のロスチャイルドたちの利益を断つからです。不買運動を起こす必要もないし、ネガティブなことを言う必要もない。私たちが健康になり、幸せになることをやるだけで彼らは死んでいくというわけです。その仕組みについては、本書の最後で解説させていただきます。

ともに滅亡するのか、ともに共存共栄する社会をつくるのか、決めるのは私たち

まとめます。

まず、現在の金融システムが崩壊していく。そして、世界的な規模で経済危機が来る。これは断言していいと思います。日本も例外ではない。円やドルの価値が下がって、おカネに頼っていた生き方を改めざるを得なくなるでしょう。最後に残るのは第1次産業です。人間は、着ないといけない、食べないといけない、住まないといけない。そういった衣食住をもう一回見直そうと思っています。でも、政府はそこを思いきり潰していこうとしています。

マネーも今のマネーの詐欺性がどんどん暴かれて、形骸化します。それで彼らは電子マネーなるものをつくってきます。もしかしたらベーシックインカムをひっかけてきて、「ベーシックインカムをあげますから、電子マネーを使いましょうね」みたいな感じでやってくるかもしれない。自分

のおカネを電子マネーにかえた途端に電子マネーの奴隷になります。それを銀行で管理しているならともかく、その銀行もどうなるかわかりません。結局、ＳＮＳの企業や、そこを手足に使う政府が管理するようになります。そうすると、気に食わない人は、私のフェイスブックみたいに常に停止になります。政府に反抗するようなことを言ったりやったりすると、おカネを使いたくても使えなくなる可能性があるので、本当のことを怖くて言えない社会ができてきます。政府におカネを握られてしまうわけです。

先に言っておきますけど、これが電子マネーの正体です。電子マネーで便利になると喜んでいる場合ではありません。そして、電子マネーは必ずチップにかわると断言しておきます。チップは手に埋め込まれて、Suica みたいにピッと決済します。でも皆さん、チップを入れるのはやめましょう。

私みたいに本当のことを言う人、あるいは私がつくった「はこぶね組合」とか「はこぶねコミュニティー」のように、すばらしい活動をしているけれども既存の勢力の売り上げをどんどん減らすようなことをしている人がいると、農薬も薬も化学肥料も売れなくなるし、自然を破壊する種も売れなくなります。我々にとってはいいことですが、既存勢力の支配層は、こういった活動をしている人たちが大嫌いです。

山本太郎さんの党は、「政府が発行するマネーなので大丈夫なマネーだ。中央銀行が発行しないマネーなので、ＯＫなのだ」という理屈なのですが、こういうことを聞くと、残念だな、これでは金融と経済は任せられないと思うのです。なぜなら、中央銀行は確実にロスチャイルドの支配下ですが、しかし、政府も同じだからです。どちらも、国際金融マフィアの手下になり、その支配下にありますので、どちらも同じです。つまり、政府が発行する電子マネーだからと言って、それだけで信用する理由にはならない。金の経済的な根拠がなく、裏づけする価値がない場合、実体経済も、資産価値もなく、つまり中身が空っぽのマネーであれば、中央銀行が発行しても、政府が発行しても、どちらも等しくインチキマネーであって、詐欺であると知っているからです。

今の政府は、ロスチャイルドたち、金融マフィアたちの配下にあって、奴隷状態です。その奴隷が発行する電子マネーは中身空っぽです。そんなもので価値があるものをやりとりするのはおかしいじゃないですか。もっとはっきり言うと、自分の財産を電子マネーでやりとりすることは財産没収と同じです。仮想通貨の人は、まだそこまで気がついていません。仮想通貨はよいもので、ドルや円がパーになるから仮想通貨に行こうという雰囲気があるのですが、その仮想通貨も結局ロスチャイルドたちが裏で仕切っています。政府が仮想通貨を使って電子マネーを発行してきたら、いよいよ終わりの始まりです。「６６６」ですよ、皆さん。わかりますか。それを埋め込んできます。それがないと売ったり買ったりできなくなる。そういう時代が数年後に来ようとしています。

だから私は「はこぶねコミュニティー」をつくらざるを得ないのです。なぜならば、私は電子マネーを使わないし、チップも入れないからです。これからの政府が発行するインチキマネーに頼らなくても生きていけるように、政府とは別の、本当の新しいマネーをつくらないといけない時代が来ました。それは次回詳しくお話しします。

一言でまとめると、世界は今、パラダイムシフトが起こっています。このままいくと破滅です。人類は限りなく滅亡に近づいています。人類の終わりというか、人間の家畜化、人間の奴隷化です。例外なく貧しくされて、チップを入れられて、コンピューターで管理されて、支配者に従属しないと生きていけない奴隷にされます。私がわざわざ「はこぶね」と言っているのは、ノアの方舟のように、そこから脱出する方法だからです。偽ものも「はこぶね」の名前を最近持ち出すようになりましたが、本物は天がしている、この「はこぶね」(http://coconau.com) だけです。

そしてもう一つ、ここから脱出する方法があります。それは地球大文明です。これは日本が中心になると思われます。なぜそうなのかということは本書最後に述べます。それゆえに、日本国民は今、集中的に殺されようとしています。

目指すのは、共存共栄の愛と利他の精神と芸術が花開くすばらしい社会です。芸術といっても、くだらない変な芸術ではなく、レベルの高い、心をガーンと打つすばらしい芸術です。5次元のすごい技術もできています。そういう社会が来ようとしています。でも、その前に今の社会の終焉があるのです。

滅亡に向かうのか、すばらしい社会に向かうのか。どちらに行くか決めるのは私たちの自由意思です。今日の坂の上零の講演は、単に「いいこと聞いた」で終わるのではなくて、どちらに進むのかを選択する日であってもらいたいです。私は毎回毎回、講演の前に天につながって、「神様、あなたが言いたいことを私を通して言ってください」と、お願いしています。今こそその時代が来ました。もう支配者を恐れる段階ではない。自分が何を選ぶかです。そんなにたくさんの選択肢はありません。多くの人が行く破滅の方向に行くのか、それとも行かないのか。それだけしかないのです。

私たちが選ばなければいけないのは、愛、利他、芸術の道です。つまり、地球大文明のほうに行くのです。そうすればどうなるのかということは次回説明しますが、それによって本来の気高い日本人に戻って、本来のすばらしかった日本社会をもう一回取り戻す。それがなかなかできないので、まず私たち市民が初めにつくっていこうということで、はこぶねコミュニティーができたのです。

政治家がやってくれるのを待っていても、そんなときはいつまでも来ません。なぜならば、主力産業は根こそぎダメになっていくからです。時代は行き詰まるのです。何回選挙をやっても一緒です。どんな首相が出てきても、ＭＭＴをしても何をしても、結局、現在の文明は行き詰まります。断言します。そして人間はＡＩ管理下のチップ奴隷化し、人類は破滅に向かっています。30年ぐらいもてばいいほうです。こういう大変な時代だからといって、スピリチュアルに逃げてはダメです。スピリチュアル系の人は、自分だけが幸せだったらいい、私がハッピーであればいいと言っています。確かにハッピーであることは大事ですが、何を選ぶのかということは、しっかり決めないといけないのです。

はっきり言えば、我々を破滅のほうに引っ張っていこうとしているのは、実は神の反対側の勢力である、ルシファーたちです。その配下にいるのが、ブッシュさんたちです。ロスチャイルドたちも、ここから力を得ています。しかし、覚えていてください、彼らは3次元までしか支配できない。頑張って4次元までです。5次元には来られないのです。5次元には彼らの支配が及ばない、彼らの支配から逃れる方法があります。それは私たちが真実の愛に目覚めることです。美しいもの、正しいもの、真実といったものに自分を矛盾させないで生きる、そういうふうに自分の生き方を改めないといけない。最後の選択の時が一人一人に訪れました。気がついてくださいね。

安倍さんや麻生さんとかロスチャイルドが悪いだけではないのです。もちろん彼らは最悪ですが、彼らが別の人にかわっても同じことです。結局、我々に返ってくるのです。あの人たちを生み出しているのは我々です。彼らは我々の鏡かもしれません。私たちが5次元の魂に昇格していく必要がある。もっと言えば、天につながる必要があるのです。そういうときが来ました。天につながる人は地球大文明のほうに来ます。そうでない方々はサヨナラです。それは私が決めることではないし、誰が決めることでもない。天に選ばれるのです。

私もダメかもしれないです。自分のつくった方舟に乗れなくて、「はい、ご苦労さん、サヨナラ」になるかもしれません。モーセだってそうです。40年間荒野をさまよって、イスラエルの民を引き連れていったけれども、結局、最後はカナンの地を目の前にしてパタンと死んでしまう。かわいそうじゃないですか。そこを目指して行ったのに、入ることができなかったのです。それは神に反逆し、低次元のことを繰り返す、愚かなイスラエルの民をちゃんと教育できなかったからです。そして、彼は常に怒っていて、民に絶望していたからです。私も人間には基本絶望していますが、しかし、全てに感謝と誠実、愛をもって、自己鍛錬、忍耐、修業を頑張らなければと思っています。いずれにしても、私たちは今、一人一人が自分たちの魂を高めて天とつながっていく必要があるのです。

私は「はこぶね組合」という無農薬・無化学肥料の農家さんの全国区の組合をやらせていただくようになりました。日本初のオーガニック農業のJAが、NAU（Noah's Ark Union）であり、日本のオーガニック農業を産業化させるための日本初の「全国統一無農薬食品安全基準　はこぶね規格」を制定し、今現在は、日本初で、業務用のオーガニック農作物や食材の全国区のブロックごとの物流システムを構築するための仕事に着手していきます。やることはたくさんあります。新しい国造りですから。最後は、日本の山々を各地に買って、そこに、本来の美しかった日本をもう一度再現して、立派なリーダー育成などいろいろ価値あるプロジェクトを実施したい。今の家庭と学校だけで真っ当な人間は育ちにくいので、ちゃんとした立派な日本人をもう一度教育して、創るための教育にも貢献したい。里山NAUビレッジでは、組合サポーターの命をまもる。さらに、食料確保、災害に備えて、避難所としても、準備しなければなりません。巨額な資産が必要ですが、なんとか天が工面してくれます。

その組合の代表という立場で「天」とか「5次元」とか言うと、変な人だと思われるから、やめてくれと言われます。そこが一番大事で私が言いたいことなのに、何で言ってはいけないのか。私から言わせれば、それがわからないなら来なくていいよという話です。そこが重要なのです。

グローバリズムとは何だったのか？

次に、戦後の日本の状況について、もう少し具体的にお話しします。

グローバリズムとは、一言で言うと、株式会社による国家の私物化を許すということです。エーッと驚かれるかもしれませんが、本当にそういうことになっているのです。安倍さんよりも何とか株式会社の会長のほうが偉いし、さらにその上にいるロスチャイルドの人たちのほうが偉いわけです。グローバル企業がこれから日本を統治します。あるいは、国際協定の名のもとで、そこに属している政府の国民を自分たちの株式会社の利益のために搾取します。

グローバリズムによって、国家は自国民のための政策をできなくなります。グローバル企業を儲けさせるための政策をしないといけなくなるのです。TPPも日欧EPAも日米FTAも、庶民のため、国民のためのものではなく、グローバル企業が儲かるためのもので、そのための法整備、そのための国会、そのための政治をされてしまう。TPPが発効した後は、日本は絶望の国というか、アウシュビッツ・ジャパンになりました。彼らは日本国民をまとめて奴隷にします。あまり長生きさせないで、ある程度の歳になったら殺すという計画を本当に真剣にやっています。

TPP後の日本は、これからグローバリズムを推進するロスチャイルドたちに直接支配されるようになります。奴隷にされて、搾取されるだけされて、後は病気になって医療費を搾り取られます。しかも、まともな医療を受けるおカネもなく死んでいくのです。さらに、貧しくされて、ベーシックインカムのようなものにつられて、電子マネーで管理されて、最終的には財産も国が全部管理して、国の奴隷みたいになっていく。国の政策はロスチャイルドの方々のためにやっているので、当然、皆さんの命もおカネも没収されます。

グローバリズムとは、国家の職務をやらせないで、政府の職務権限を極めて低くして歪《いびつ》にし、国家の政治を資本家の利益の確保のために私物化させることです。つまり、現代版の植民地政策なのです。

彼らは、モノの自由化、カネの自由化、ヒトの自由化と言っていますが、全て国境をなくすことであり、政府をなくすことに帰着します。「ＴＰＰ」イコール「巨大移民政策」と言ってもいいと思います。

最近、どの都市でも今までいなかったタイプの外国人がふえています。中国語と韓国語と英語以外の、ベトナム語だったりマレーシア語だったり何語かわからない言葉が結構聞こえてきます。中東のほうからは、家族を挙げてきている人もいます。どう見ても、その方々は日本のために役に立つような特別な技術とかを持っていそうには見えません。お金持ちとか、ホーキング博士のような天才とか、日本人にはない職業技術があるとか、何かの分野に突出した研究者とか、あるいは経営者で日本人を雇用してくれるとか、そういった人はウェルカムです。ところが今は、工場やコンビニなどで単純労働をする方々がたくさん来ています。その人たちが失業したらどうなるのでしょうか。失業保険が切れたら、お帰りいただけるのでしょうか。十中八九、日本の生活保護になることは目に見えています。こういう移民の方々に日本政府は１人当たり2億円ぐらいの税金を使っていますが、そこまでして来てほしいような人が来ているとは思えません。

日本は今、単純労働者をいっぱい入れています。TPPによって、ヒト（労働者）が自由化して国境をまたいで来てしまうのです。いろいろと制約しているとは言いながらも、ビザがかなり出やすくなっていることは事実です。我々だって外国に行って稼げるじゃないかと言いますが、貨幣価値が違います。自由貿易というのは、貨幣価値や国力にそれほど差がないならいいですが、TPPで見てみる限り、日本の国力は圧倒的に上です。円は圧倒的に強く、給与も技術力も日本は圧倒的に高いのです。どこの国も比べものになりません。そうなると日本が一方的に損をする。わかりますよね。賃金の安いところから賃金の高い国に来て、働いて貯金をして持って帰ったほうが得じゃないですか。昔の中国人がそうでした。日本にいっぱい来て、ガーッと働いてもらった給料を、日本で使わないで、自分の国に帰って家を建てました。

彼らは日本の健康保険を使い、日本の病院に行き、日本で失業保険をもらいます。生活品は買ってもらえるでしょうが、はっきり言って、彼らがふえても日本経済にそれほどいい影響を及ぼさないと思います。おカネを持っていない人は、そんなにおカネを使いません。そういう人が幾らふえても、日本の負担になることはあっても利益になることはありません。しかも、子どもをポコポコ産んだら、日本の公立校はむちゃくちゃになります。そして今度は、日本語しかしゃべれないから母国に帰れませんとか、そういうフィリピンの子どもがいましたね。そんなことになればどうなるのか。

今は日本人の子どもたちも子ども食堂に行かないとまともなものが食べられないような貧しい子がふえてきているというのに、移民の子どもたちを日本の税金で世話してあげられるのでしょうか。「愛」とか何とか言いながらこういうことを言うのもなんなんですが、これが現実です。愛とは一方が大いなる犠牲の上にあり、もう一方がそれに甘んじて、優遇を受けたり、過剰依存を許され続けたりするものではありません。そこは本当に真剣に考えないと、日本人が一方的に損をし、理不尽な目に遭うことになります。

ヨーロッパも同じようなことで地盤沈下を起こして、むちゃくちゃにされています。見たらわかりますよね。ドイツもメルケル政権が傾いた原因は移民です。イギリスがEUを離脱するのも、それだけではないでしょうけれども、移民が大きな原因です。フランスもイタリアも、移民が原因で本当はEUから出たいのです。先進国は移民爆弾でやられています。あれは一つの核兵器を落とされたのと同じです。核兵器はそのときだけだからまだいいですが、移民はずっとジワジワ侵食していきます。

日本もやがては「日本」という国名を残しながら、国内が移民だらけになります。少子高齢化で子どもが少なくなっているので、日本人が国内でマイノリティーになってしまう可能性がなきにしもあらずです。

働いたり、おカネを稼いだりは、ほとんど日本人が主体でやっていくとすると、移民の子どもたちは日本人が育てることになります。それでハッピーにはなりません。それは愛ではありません。恐らく暴動が起こって、いろんな対立構造も生まれてくるでしょう。本当のことを言って議論しようしたら、ヘイトスピーチと言われて日本人が逮捕される。でも、移民は日本人を非難しても逮捕されない。非常に理不尽な社会になっています。

移民がふえると日本人の仕事がなくなって、日本人の貧困化がどんどん加速します。経済産業省のデータによると、安倍政権になってから、日本人の年収はピークのころと比べると平均25％ぐらい減っています。さらにそこから25％低くなりますから、ピークのころから比べると年収が半分ぐらいになるのです。日本人の給料を下げる目的で移民を入れているのかなという気さえしています。移民は国を滅ぼします。

グローバリズムは、貧富の格差を拡大化する

いかにおカネの支配から自由になるかです。政治にはカネがかかります。企業も儲けたいのです。ともにおカネで支配されているがゆえに、パワーバランスが大きく変わります。今は日本政府よりグローバル企業のほうが力が強いのです。これは日本だけではなく、アメリカでもどこでもそうです。政府とか政治とか政治家とか首相とかいっても、別に偉くも何ともありません。大したことな

いです。株式会社の社長たちのほうが上ですから。

グローバリズムは貧富の差を拡大します。グローバリズムが拡大すると、世界中をどこに向かわせるのか。最終的には、過剰な強欲主義というか、他国のものをその国の法律を私物化してまで略奪する、企業の欲丸出しで利益確保のために政治を私物化するようになると思います。こういったことが今、世界中で大規模に行われています。その結果、グローバリズムを導入した国は巨大な共産主義、ファシズム国家になっていきます。日本は、とうとうそこに突入してしまいました。『ALWAYS　三丁目の夕日』のころのように、みんなで一緒にラムネを飲んで笑って歌う、そういう日本ではなくなってしまったのです。気がついていない人は早く気がついてください。日本はもう民主主義国家ではなく、実質上、共産主義であり、独裁ファシズム国家になっています。そして、これから戦争に突入していこうとしているのです。

TPPと日米FTA、日欧EPAが日本を滅ぼす

グローバリズムの政策と連動して起こるであろう、ファシズム社会の特徴は、報道の自由が恐ろしく低下することです。マスコミは真実を一切報道しなくなって、まるで戦前・戦中の日本のような状況が起こります。我々はTPP反対運動とか、貴重な活動をいろいろしているのですが、反対派のことは一切報道してくれません。種子法については若干やったかもしれないですが、自家採種

禁止については一切やらないです。それは選挙前だからです。選挙後には、やるかもしれない。でも、自民党が勝ってから幾らワーワー言ってもダメじゃないですか。

保守系の言論人で、TPPが発効してから「安倍さん、それはいけない」とか言っている人がいます。おまえがいけないわ、この偽善者が、と思います。我々は9年間もずっと戦ってきています。保守系の議員さんとか言論人は、慰安婦は売春婦だった、朝鮮徴用工はなかった、強制労働はなかった、南京虐殺はウソだった。多分そうなんでしょう。けれども、そういうことしか言わないのです。それは重要なことかもしれない。だけれども、もっと重要な、国家を根底から崩してしまうTPPに関して、何で声を上げないのか。声を上げたらアメリカに怒られるし、安倍さんから甘い汁が落ちてこなくなるし、自民党がそれを推進しているからです。おかしいじゃないですか。保守の政党あるいは保守の言論人だったら、まず、TPPに反対しないといけないはずなのに、それをしていない。日本の保守は日本を裏切って、日本を見捨てたのです。

TPPが批准された2018年、そして現在、令和になった2019年の自民党と公明党の国会議員をリストアップしてください。次は絶対に通してはなりません。彼らが日本を売りました。彼らはTPPをやめるべきでした。TPPをとめられたら、まだ何とか政治で日本を救うことができた。しかし、保守派の彼らが日本を裏切りました。「愛国者」というのは名ばかりで、安倍さんに媚《こび》を売って、自分の立場、自分の選挙のために日本を見殺しにしたのです。これが日本病です。中

金の支配から国家や政府、企業、
人々を解放するNAU・新しいマネー

666のマイクロチップを拒否し、
人間が、家畜ではなく、人間らしく
生きられる、天とつながった新しい世を

金がなくても生きられる世界を創ろう

地上を地獄社会から天国社会にしよう

あなたと子供たちを守るため、
あなたの地域に未来を創ろう

守るべき人や伝統、文化、種を守り、
あなたを自由にしたいから・・・

枯れる野菜と腐る野菜!?

本物の野菜の見極め方

100%自然栽培の卵(上)、古代中東の小麦の原種を復活(下)

国と韓国の批判、そんなものは誰でもできます。国連に行ってパフォーマンスをしたのは、そこだけ見ればいいことかもしれない。しかしながら、大きなピクチャーで見れば、ロスチャイルドたちの操り人形になっています。日韓の間にわざと対立構造を起こす手口にまんまと乗っかっているだけです。そんなことをするよりも、ＴＰＰ、カジノ、移民政策をとめるべきでした。

今現在に至っても、自民党の議員や保守系の言論人やリーダーの方々から、あれだけ保守的な、私と同じ発想をしているにもかかわらず、日本を守る具体的な政策も言動も一切ない。出てくるのは中国脅威論と韓国の悪口だけです。ここも詐欺性に気をつけなければいけない。日本には本当の保守はいません。保守政党の人たちが日本を裏切って、日本を売ったのです。

もう一回言います。ＴＰＰを批准した年の自民党と公明党の国会議員の名前を全部挙げてください。その方々が日本を売りました。自分の選挙のために、安倍さんに魂を売って、日本を売ったのです。これは日本病です。彼らを次の選挙で通してはならない。これから日本はＴＰＰによって多大なる被害をこうむります。たくさんの人が職を失い、貧しくされ、病気にもされ、遺伝子組み換えのものばかり食べさせられ、子どもたちはまともなものを食べられなくなります。その責任は彼らにあります。日本の未来の子どもたちに教えていかなければならない。この連中が、あなたたちから日本という国と未来を奪ったのだと。

根こそぎ売られ、略奪される日本

日本は現在、根こそぎ売られ、略奪されています。TPPが発効してまだ1年たっていませんが、恐ろしい勢いで日本を破壊する法案や法律がバンバン通っているのに、一切報道されないのです。自公の議員さんたちは、朝鮮人は反省しろ、南京虐殺はなかった、中国脅威論で日本を何とかかんとか、そういうことはよく言いますが、本当のことは一切言いません。そういう人を偽善者というのです。

根こそぎ略奪されようとしている日本をとめようとしているのは、私が知る限り、山田〇〇先生たちの運動、そして坂の上零の「はこぶね組合」と「はこぶねコミュニティー」、恐らくこれだけです。それ以外に解決法になっているものは、ほぼないです。講演をしているだけの人もいれば、政党を持とうとしている人もいます。私は政治では変わらないと思います。政治は対立構造を生むので、本当の意味の5次元の世界には行けないと思っています。

解決法を提案できる活動がもしあるとすれば、それは山田先生たちの活動と坂の上零の活動です。この2つは同じところを目指して、別の方向からアプローチしています。山田先生たちは法律と条例をつくること、そして国を相手に違憲訴訟をしています。これは非常に重要です。我々は、さらにその先、みんながハッピーになる社会を市民みずからがつくる活動をしています。

具体的には、種を守るための行動と研究。絶滅寸前の在来種を日本中からかき集めてきて、無農薬・無化学肥料の農業を推進して、田畑を耕して、それをふやす。はこぶね組合自体がシードバンクです。たくさんの農家さんに栽培してもらって、それを販売しながら種を守っています。栽培をし続けているので、たとえ種に特許をかけられて特許権を主張されても、栽培の先行事例があれば通らないのです。我々が先行事例になって、これから日本の種を特許で潰して略奪しようとする方々を阻止しようとしているのです。日本の種を絶滅から守るために、これを栽培し、無農薬・無化学肥料で育てたものを皆さんに提供します。これから加盟店を募集して、ビジネスとしてやっていこうと思っています。

これからはおカネもとられるし、保険もとられます。TPPで一番おいしいのは保険です。保険は世界で300兆円ぐらいあると言われていますが、そのうち日本一国で50兆円ぐらいあります。どれだけ日本人は不安なのか思うぐらい、日本人は保険大好きなんです。この保険を丸ごと根こぎ奪いに来たのです。

治安もとられるし、魚、肉などの食もとられます。魚と肉はクローンまたはゲノム編集になっていきます。2019年7月からゲノム編集が解禁されます。遺伝子組み換えではないということだそうですが、ヨーロッパでは遺伝子組み換えとして禁止されております。極めて危ないです。教育もとられる。山や水道もとられる。農地もとられる。領海もとられる。漁業法が変わりまして、海外の船が日本の領海内で操業してもいいことになりました。あり得ないことです。国家放棄です。日本の国有林も売り飛ばすそうです。アホなのかという感じです。山があって森があるから、水が守られて、大地が守られて、農業が営まれるのです。にもかかわらず、森と大地を売り飛ばすのです。大地は、株式会社が買って、遺伝子組み換えで大型農業に変えていくそうです。

本当にちゃんとしたものを栽培して育てようと思ったら、小規模農家でないとできないのに、国は小規模農家を潰す気満々みたいです。だから私は、はこぶね組合という無農薬農家さんの全国区の組合をつくって、国が潰そうとしている大地（農業）、山（林業）、海（漁業）をまとめて守ろうとしているのです。はこぶね組合は無農薬農家さんと林業者さんと漁師さんの全国区の組合であり、安心・安全なものを食べたい市民の方の組合です。

移民が大量に来る。そして、言論の自由がなくなります。これはファシズムの特徴です。私のフェイスブックは万年停止です。1日だけ復活したことがあって、よかったなと思っていたら、24時間たたずにすぐ停止。何で停止されるのかわからないのです。何かで差別的なことを言ったのかもしれませんが、本当のことを言っただけです。別に汚い言い方はしていませんからね。これからは本当のことが言えなくなっていくのです。

　また法律が変わりまして、今までのように簡単にシェアができなくなります。例えば、私はジャーナリストでもあって、いろんなところで記事を書いているのですが、それをシェアした人がいたら、私はその人に対して何も言っていないのに、「あなた、ほかの人のものを勝手にシェアしたでしょう」ということで、法律違反で逮捕される可能性も出てくるわけです。この法律の怖いところは、当事者は訴えていないのに、第三者が「あなたはほかの人の情報を勝手に流した」ということで、著作権違反みたいな感じで取り締まられることです。それでは自由にインターネットでシェアしたり、閲覧したり、あるいは「見て」とポンと渡したりすることができなくなる時代になってしまう。メールの中身も、もちろんSNSの中身もチェックされます。フェイスブックはメッセンジャーや、ラインのチャットのやり取りも、個人情報も、すべて政府、税務署、警察、検察に筒抜けです。企業はこのデータを買って、SNSを使ってマーケティングを展開しています。これからもビッグデータが商売になります。これらを使っているあなたには、もうプライベートなどない。自分の性器、恥ずかしい部分は公にさらされていると思ってください。パンツをはいていても、SNSでは、そのようなレベルで全開であり、あなたの全てが丸見えなのです。こういうことをしないSNSは、日本初の、日本版SNSのCOCONAU《ココナウ》です（https://coconau.com)。全てが人類家畜化のほうにガーッと向かっているのです。

このようにSNS一つ見ても、この社会は全てあなたをAI管理された人間家畜にする方向にしか向かっていません。あなたをAIに管理させて、ロボット奴隷にするためのあらゆるものに囲まれて、それに依存して、あなたは既に生きています。

SNSをタダで使わせているのは個人情報をとるためです。個人の趣味、何が好きなのか、何か嫌いなのか、どういうものを食べているのか、どういう生活をしているのかといったものをデータ化しているわけです。ある程度データ化してくると、今度はチップ埋め込みのほうに進みます。そのために、コロナウイルスをばらまき、企業や民を自粛させて、コロナ怖い病にさせて次に、ワクチンの義務化を強要してくるでしょう。そのための非常事態宣言なのでしょう。いずれにせよ、人間家畜化の一つの過程です。

そして、正義がなくなります。そういう世の中になると怖いのです。本当のことを言ったら逮捕されるかもしれない。だから、正しいことをしたくても怖くてできないし、立ち上がる勇気がない。いじめられている人を助けたいのに、助けたら自分がボコボコにされると思って怖くてできないという経験があると思います。そういうことを社会ぐるみでされるようになるのではないか。これは共産主義の特徴です。人間の愛、正義、真実といったものが希薄になるからそうなるのです。

健康もなくなります。これから遺伝子組み換えやゲノム編集の食べ物が食卓にバンバン上がってきます。今も上がっていますが、もっともっと上がってくる。まともなものがほとんど消えるでしょう。あるいは、買おうとしても高くて買えなくなるでしょう。当然、健康が害されて病気になります。それが狙いなんです。病気になると、病院に行って、医療費を取られながらジワジワ殺されていく。それが彼らのプランです。

日本はＴＰＰとワクチン義務化で民族丸ごと浄化されます。というか、抹殺されます。一気にガス室で殺したらわかりやすいのですが、ジワジワ殺すとわかりにくいのです。今すぐ結果が出ないからわからないのですが、10年ぐらいかけてジワジワ殺していきます。そういったことを日本政府が隠す気なく堂々とやるようになります。ＴＰＰ前までは遠慮してコソコソやっていましたが、今は大々的にやっています。たとえは変ですが、まるで目の前でストリップを踊られているようなものです。もういいです、もう見たくないですと言っても、見るまでやる。そんな政府になってしまいました。

そんな世の中は生きる喜びが感じられなくなります。やはり人間は自分が生きていることに対して誇りを持ちたいし、自分が生きていることが社会になにがしかの役に立っている、誰かのために役に立っていると思いたい。だけれども、正しいことをしたら抹殺されるかもしれない。真実に生きたら苦労するかもしれない。本当のことを言ったらクビになるかもしれない。魂が汚れるようなことを仕事と称して無理やりやらされることほど、人間にとって苦痛はありません。そんな社会にどんどんなっていくのです。それがファシズムや共産主義の特徴です。TPPの後、日本はそうなりました。だから生きる喜びが感じられないのです。生命もジワジワ殺されていきます。国ごとアウシュビッツになってしまった結果、日本の地方がなくなり、日本民族がなくなり、皇室の存続も危険になるのです。

グローバリスト(企業)の支配層の悲願

グローバリストの支配層の悲願は何か。グローバリズムを世界に推進しているのは、彼らの世界戦略です。一部の企業が世界を支配するのです。

今は時代がパラダイムシフトで変わろうとしています。画期的な技術ができています。人間が目覚めてさえくれれば、皆さん一人一人が天とつながります。こういう言い方をすると、また変な人と思われるかもしれませんが、本当にそうなんです。おびえて縮こまっているところから、私みたいにバーンと出てほしいのです。そして、勇気ある一歩を踏み込む。そういう生き方を選択することもできると思います。「赤信号みんなで渡れば怖くない」という感じで、一人で渡ると、いつひき殺されるかわかりませんが、集団で渡ったらそんなに怖くない。私は、楽しく赤信号を無視するということを政策としてやっていきます。それは次回詳しく話します。

彼らも自分たちの時代が終わるのはわかっています。最後のあがきです。彼らは今まで大量消費・大量生産を繰り返してきました。彼らの配下には、たくさんの企業があります。社員もいるから給料を払わないといけない。その業界が終わってしまっては困るのです。今まではその業界が主幹産業で、戦争や兵器の開発に基づく技術や企業が席巻してきました。ＩＴも、医薬も、農薬も、種も、水も、エネルギーはまさにそうです。その全てが5次元に行こうとしています。地球を破壊しなくてもいい技術はもうできています。無尽蔵に宇宙から電力がとれる時代が来ています。電力はタダになります。石油は要らない。原発は要らない。彼らの仕事はどんどんなくなります。

C60やC70、プラズマ技術はすごいのです。これを活用するだけで世の中はコロッと変わってしまいます。病気もなくなるかしれません。これからは医療が病気を治すのではなく、量子力学やエネルギーといったものが治す時代になります。ということは、医者がごそっと失業するわけです。とはいえ、手術をするための外科医は要ると思います。しかしながら、今のように製薬会社の奴隷になって、薬を使わないと治せないという時代ではなくなります。農薬もそうです。「農薬をまかないと農業はできない」という洗脳から解け始めています。

そうなったときに、彼らの今までの企業は全部倒産します。彼らのインチキマネーも、これからパーになろうとしています。つまり、彼らは風前の灯です。それがわかっているからこそ、政府に圧力をかけて、残っている余力で安倍たちやその配下の議員たちを買収しています。カネによる支配で、政治家、政府、学者、医者、発明家といった方々を買収して、自分たちの輪に引きずり込んでいく。そして、自分たちの企業の利益のために働く操り人形にしていくわけです。

私が政治や政府では物事は変わらないと言っているのは、カネがないと選挙で勝てないし、カネがないと政治が回らない仕組みになっているからです。ロスチャイルドたちがつくったインチキマネーをかき集めて、ロスチャイルドたちがつくった不平等な選挙制度で戦って、ロスチャイルドたちがつくったウソの民主主義で政治をやっても世の中は変わらないと思います。一時期は変わっても、また同じようになっていくでしょう。結局、彼らのおカネを当てにして、彼らからおカネをもらわないと政治ができない。今、一生懸命おカネを集めている人もいます。その気持ちはわかります。しかしながら、そのおカネは彼らのおカネです。彼らのおカネを使って、彼らのつくった経済や金融システムの上に乗っかっている限り、何をしていても結局は彼らの手の中で踊っているだけです。政党助成金欲しさに、政治をする人もいる。なぜなら、ほかに実社会でスキルがないので税金で食べていくしか、自分では稼げないので、潰しがきかない人たちが政治屋には多いからです。国家のために政治をしているすばらしい人もいますが、やはり、金の奴隷にならないと生きていけない現実があり、そこを超えられないので、議員になって高給をもらう生活や、自分で稼がなくても、税金で食べさせてもらえる甘えた環境や、利権を押さえる特権は、魅力なのです。

そんなことをやるよりは、新しい社会、新しい理想的な世界を市民が立ち上がってつくったほうがいいのです。何度も言いますが、彼らは3次元までしか支配できませんから、我々の魂が5次元に行って5次元の世界をつくり始めてしまうと、もう勝てないのです。彼らのおカネ、エネルギー、医療、薬、農薬は全部使わない。私たちがつくったマネー、私たちがつくった無農薬・無化学肥料の食料で生きていけばいい。それだけです。おカネがかかります？　政党をつくる必要がありまうす？　ないんですよ。新しい社会をつくればいいだけです。それを政治に期待しても絶対に起こりません。だから自分たちでやるということです。

今、世界の製薬会社は4社から5社ぐらいに統合されてきています。日本の製薬会社は、ここの代理店みたいになっている。農薬もそうですね。必ず連動しています。ＪＡも農薬を売る代理店みたいになっています。

グローバリストは何のためにグローバリズムを進めているのか。それは自分たちのワンワールドをつくりたいのです。「ワンワールド」というと、地球が一つになっていいねと思うかもしれませんが、そうではありません。我々が家畜や奴隷のようになって、大量に殺されます。ちょっと頭がよくて手先が器用な人間だけ残して、あとはどんどん殺す。みんなにチップを埋め込んで家畜にして、自分たちだけが人間として豊かに生きる。それが彼らの悲願です。これを達成するために、彼らは新しい統一政府をつくるでしょう。統一政府といっても、「日本政府」のような形はなく、ＡＩ管理された統一マネーを管理するところがＡＩによる統一政府です。そして、我々にチップを埋め込んでくる。ワクチンもウイルス怖い病を世界的に演出することも、政府による支援金を電子マネーにすることも、全てはマイクロチップを人体に埋め込むための過程なのです。それを拒否すると、社会で生きづらい状況になる。そこから逃れる道をつくるために、私は「はこぶねコミュニティー」をつくったのです。なぜならば、私は絶対に彼らのワンワールドの中には入らないからです。

彼らは自分たち以外の全員にチップを埋め込み、家畜にして奴隷にしていく。地球上を人間牧場にしていくというわけです。その準備は整いました。今から皆さんの資本をガサッと奪って、皆さんを貧しくして、食うや食わずにする。そして、おカネをあげるよ、食べ物をあげるよ、だから言うことを聞きなさいと言ってチップを入れてくる。本当にそうなりますからね。

5Gの強力な電磁波を普及させることも、思考力を落とさせ、より権力に従順な弱い人間、支配者に支配されたがる奴隷になりたい、去勢された、長いものに巻かれる人間を量産します。魅力的な人間はめったに出なくなります。AIが人々を上手に操り、AIが人間を操作するためではないのか、人間の子孫をいよいよ絶やしていくためではないかと私は推測しています。

食料と水の兵器化→人類奴隷支配

今、食料と水の兵器化が行われています。食料と水は兵器にしてはいけないと思いますが、人を支配し、脅し、コントロールするための道具に使われているのです。以前からそうでしたが、日本もいよいよそうなってきます。

グリホサートや遺伝子組み換えの農業はアルゼンチンで多大なる被害を出しました。生まれてくる子の奇形発生率は400％まで行きました。アルゼンチンの農家は政府の補助金で大豆をつくりました。補助金目当てに遺伝子組み換えのほうに行ってしまったのです。

日本もこれから遺伝子組み換えの農業を推進されていきます。今現在でも農家さんは苦しいところが多いのです。ほとんどの農家さんがF1の種を使っています。F1の種は、ほぼモンサントから買っています。モンサント1社で種の売り上げが600億円ぐらいありますから、自分たちで種をとるだけで600億円の売り上げが消えます。だけど、なぜ種は買うものになったのでしょう。JAは農薬まみれでも見ばえがいい規格でないと買い取ってくれないので、農家はF1の種を使うわけです。F1の種で化学肥料を使うということは、それにマッチした農薬を使わなければいけない。化学肥料と農薬はセットで販売されることが多いのです。

農機具も高いですし、JAの奴隷みたいになっている農家さんも多いです。でも、心あるJAさんもいます。特に海外から小麦を輸入するときは、三菱、住友、三井などの商社は防腐剤などを怖くて食べられないぐらいバンバン入れるのに、農協だけは入れないのです。アメリカとかで専用農場をつくって、ポストハーベストをやらない、農薬をぶっかけない安心・安全な小麦をタンカーで持ってきます。農協はそういう善良なところも確かにあるのですが、今は農薬販売会社に成り下がって、安全に農薬をまく講習とかをやっているわけです。今度、ドローンで農薬をまくそうです。アホか、どこまで行くんだという感じです。

いずれにしても、食料と水が兵器化されているわけです。ある意味、シリアと日本は似ています。シリアはボコボコに攻撃されて、女性と子どもも悲惨な目に遭っているじゃないですか。それと同じことが日本でも起こっています。そして、これからはもっと大々的に起こってきます。日本の場合は、ミサイルではなくて、食とかワクチン、種とか水だから気づきにくいのです。

この期に及んで、自分の生活だけハッピーだったらいい、私だけ幸せだったらいい、仲間とキャーキャー楽しくやっていればいいと言う人がいます。会議をしても、研修をしても、セミナーをしても、トンチンカンな的外れなことばかり言って、本質的なことは絶対に言わないのです。言ったら、仲よしごっこ、ハッピーごっこが終わるからです。現実を直視して、自分のずるさ、弱さ、醜さを見るのが嫌なんです。だから、スピリチュアルとか何とかに逃げる。あれは戦う姿ではないのです。何もスピリチュアルに文句を言っているわけではありません。私もスピリチュアルなのですが、スピリチュアルであることと自己逃避をすることは別です。自己逃避をスピリチュアルとは言わないのです。ただのいい人は、今の時代は害悪です。ただのいい人が国をダメにします。頑張ってやっていこうとする人の足を引っ張るのは、大体ただのいい人です。

私の考えでは、グローバリズムとは別の形の戦争行為、植民地支配なのではないでしょうか。

参院選が終わったら、種苗法改正案を出してくる？

2019年の参院選が終わったら、登録品種の自家採取規制をする種苗法改正案を出してくる可能性があります。何でも参院選が終わったらです。トランプとの密約も参院選が終わったら開示するらしいです。でも、もうわかっています。トヨタの30兆円の売り上げを守るために、関税25％と引きかえに日本の農業を売り渡したのです。特に、アメリカの牛肉がドカドカ入ってきて、和牛は総崩れになってくると思います。だから皆さん、高いですけど北海道の牛肉を買いましょう。そうしないと、北海道の酪農、チーズが全滅します。我々が買える肉はアメリカ産しかなくなります。当然、ゲノム編集とか遺伝子組み換えです。そんなものは食べないほうがましです。もしかしたら、いいものもたまにはあるのかもしれませんが、海外から日本に来るもので、まともなものはほとんどないです。日本に輸入される大量生産の農産物は、農薬バッチリで遺伝子組み換えが多いです。コーヒー豆もワインも果物も全部そうです。国内でも農薬はバッチリかかっています。本当に安全なものがないのです。

今の子どもたちを見てください。奇形児が増加し、精神も弱く、知性も退化したような子が多くなっています。じっくり考えることができないわ、ちゃんと座って授業も受けられないわで、我々が子どものときと比べて、かなり質が落ちています。今の42歳ぐらいから下に行けば行くほど、日本人はどんどんおかしくなっていると思いませんか。もちろんちゃんとした子もいますが、少数になってしまった。みんなで小さくまとまって、集団偽善者になっているのです。

大変申しわけないですが、今の大人たちから学ぶことはあまりないと思います。今の子どもたちはかわいそうです。身近に見本になる大人がいないのです。憧れる大人、この人のようになりたいと思わせてくれる格好いい大人、殴ってくれるぐらい真剣に愛してくれる大人もいません。みんなそこまで愛していないのです。あなたがどうなったって別に私は構いません、私の人生の邪魔しなければ別にいいです、そういう冷たい人がふえました。

怒るということは、その人のことが好きだからです。何とかしたいのです。でも、面倒くさいから何も言ってくれません。みんな自分のことで精いっぱいです。そんな人たちがふえたから、子どもたちはダメになっていくのです。話すのは上辺のことだけです。天気の話、子どもの話……でも、絶対に本質には行かない。困ったことがあって相談しようと思っても、サーッとエビのように逃げてしまう。自分に火の粉がかかってきたら嫌だからです。

とにかく逃げる準備は常にできています。みんなが自己保身の塊です。そんな中で、本当の友情も愛情ももちろん出てきません。夫婦の愛情も、すごく薄っぺらいものになっている人が多い。カネの切れ目が縁の切れ目で、男女の関係もおカネでつながっている人が多くなっています。もちろん、そうでない人もいると思いますが、少し前まではそういう人は少なかったのです。ところが今は、おカネで結婚する人が9割です。

男性もそうです。以前は、「この仕事をやりたい」とか、夢も希望もありました。男性は特にプライドもあって、「絶対にこれをやってみよう」ということがあったけど、今は何か縮こまって男らしくない。とにかく正社員になろうとか、とにかくクビにされないようにとか、とにかく生存するために生きている感じです。本人が気がついていないだけで、小さく縮んでしまって、既に家畜になって、見えない鎖につながれてしまっています。そういう人生を送ってしまうと後悔します。

そういう人たちが多いから、支配者は支配しやすくて楽なのです。恐怖でビビらせておけば言うことを聞きますから。実際、日本人ほどビクビクしている民族はいません。そこから一歩出れば、我々はどれだけ自由になって、本来の自分を取り戻して、心豊かな、有意義な、自分の人生に誇りが持てる人生をもう一回生きられるのかと思います。

参院選が終わったら、2019年の秋から登録品種の種の自家採種を禁止する法案を出してくるでしょう。現在、既にスーパーに並んでいる8割の農産物がF1です。農家さんはF1の種で育てています。F1でやっている農家さんが遺伝子組み換えの農業のほうに流れていくのは、いともたやすいことです。ちょっとサインとかして、毎年来る種が変わるだけです。ところが、そういう農家さんが「はこぶね」のような無農薬・無化学肥料の農業に来るのは楽ではありません。決意が要るのです。自然の流れでF1から遺伝子組み換えには行くかもしれませんが、自然の流れでF1から無農薬には来ないのです。

だから私はこうやって啓蒙《けいもう》活動をして、地方の農家さんに「はこぶね組合」に入って一緒に無農薬・無化学肥料をやろうと呼びかけているのです。そのほうが行く行くは彼らが助かるからです。でも、みんな言うのです。「収入が下がったらどうするの」「農薬をかけなくて、本当にちゃんとした収量がとれるの」「JAを怒らせたらどうするの。買い取ってくれるの」と。いろんな問題が噴出するのです。

やることはいっぱいあります。何としても今の農家さんを遺伝子組み換えのほうに行かせるわけにはいかない。私は加盟店を一生懸命開拓して、ホテル、学校給食、病院、寿司屋などの飲食店で受注をつくります。地域丸ごと「はこぶね」化してもらうことで、その地域はミツバチが守られ、遺伝子組み換えが廃止され、大地が守られ、微生物が守られ、森が守られ、魚が守られ、川が守られます。目先の利益にとらわれて遺伝子組み換えのほうに行くと、反対のことが起こるのです。森が破壊され、微生物が死に、ミツバチも死に、大地は汚染され、水も汚染され、それを食べた人も汚染され、農家さんも体に異常をきたします。間違いありません。

こういう情報はマスコミがなかなか報道しないので、私が地方を回っても、ホントなの？ ホントなの？ と言われます。本当にそうなんです。参院選が終わったら、政府は自家採種を禁止する気満々です。

絶望から希望をつくるトータルな解決法

日本の食の安全はかなりひどいものになっているので、トータルな解決法が必須ですから、「はこぶねコミュニティー」と「はこぶね組合」の話をします。要は、絶望から希望をつくる方法です。戦わずに、血を流さずに、ロスチャイルドたちに勝つ方法です。しかも、楽しく革命するのです。エイエイヤーと刀でする革命は、たとえ勝っても、また刀にやられます。政権を取ると、また政権を奪い取られます。必ず繰り返すのです。そういう愚かなことを繰り返すのはもうやめましょう。

もちろん政治は大事です。しかしながら、時代は変わりました。今までは正義が弱かったのです。天才の自己犠牲とか、正しいことをする方々が踏みにじられたり、愛や真実に生きる人たちが、それゆえにひどい目に遭ったり、職を追われたり、差別されたり、左遷されたりしました。本当の医療をしようとした医者はクビになり、左遷され、薬を使わないで医食同源の食料で治そうとした医者は、ちゃんと治療する気があるのかと言われて追い出されました。日本のために政治をしようと思った政治家、日本のための政策をやろうと思った官僚は殺されました。そういう人たちは一生懸命やっても出世しないのです。

世界を変えるような革命的な技術開発とか、すばらしい発明をしている技術者は、脅され、殺されました。研究費もまともにもらえなくて、全部アメリカやユダヤ系の資本に持っていかれて、それが向こうで兵器になってしまう。それを見ると開発者は悲しいそうです。そんなことのために開発したんじゃないのに、と。そういうことが繰り返されてきました。

芸術家もそうです。くだらない枕芸者みたいな変なのがフワフワやっていますが、本当にすばらしい、クラシックやジャズの天才のような人は日本では活躍できないので、ヨーロッパやアメリカなどいろんなところでやっています。ホンモノがその価値や真価を認めてもらえなかったのです。

農家さんもそうです。無農薬・無化学肥料で一生懸命頑張ってきた農家さんたちは、仙人とか頑固おやじ、ハイジのおんじみたいに誰とも話さないという感じです。大地とともに生きているのに、何でこんなに頑固なのと思います。いい人もいますけどね。でも、それぐらいでないとやってこられなかったのだなと思います。自分の信念を貫くために、あえて農協とか農業組合とかに入らないで、みんなから村八分にされる。無農薬農業は虫がいっぱい来るから、ほかの農家さんに嫌がられるのです。変人扱いされて、あそことはかかわらないほうがいいと言われたりする。でも、そういった方々が日本の種を守ってきてくれたのです。その方々がいなくなってしまえば、日本の種はなくなります。

そして今、種子法が廃止されました。在来種を禁止しているわけではありませんが、国家がちゃんと種子を守っていたころからも、日本の種子はなくなり続けていました。絶滅したものも結構あるし、絶滅寸前のものも多いです。実際、ホームセンターとかの種屋さんに行ってみてください。種の入った袋の裏を見てみると、F1とか遺伝子組み換えの外国産ばかりで、日本の種はほとんどない。あっても天然の原種、在来種、固定種ではない。そういった種を守り続けている種屋さんも農家さんもいますが、やはり栽培してくれないことには種は途絶えてしまいます。

はこぶね組合は、在来種を研究して、それをふやして、栽培して、それを研究員さんに食べていただきたいなと思っています。医食同源NAUはこぶね組合は、日本初のオーガニック農業のJAであり、天然の種子を守るシードバンクの働きも担っています。

オーガニック食料のJAとなるために、地方ごとにブロックごとに地産地消の物流システムと、その地方の拠点となるNAU CAFE（医食同源はこぶね組合の質の高いオーガニック食材による在来種メインの無農薬、無化学肥料の料理を一部メニューに出す飲食店）のＦＣ加盟店の展開と連動した、「業務用オーガニックＮＡＵ」のオーガニック食材を仕入れることができるＩＴ事業を展開します。「業務用オーガニックＮＡＵ Ｍａｒｋｅｔ」（https://naumarket.com）

ともに生きる新しい世、地方から新しい国をつくろう！

次回は、新しい社会、地方から日本を取り戻そう、本当の美しかった日本を取り戻そう、そして、地方から新しい国をつくろうという話をします。

政治は政治家にならなくてもできます。逆に、政治家になったら本当の政治ができなくなる。不自由になると思います。坂の上零を活動させたくないと思ったら、政治家にさせるのが一番です。そうしたら、私は×マークをつけられて、ずっと立たされます。何かやろうと思ったら、バッテンマークで、ブーッと言われます。少しでもしゃべれば、失言、失言、失言でボコボコにされて何もできない。常に次の選挙の資金繰りをしなければいけないから、カネに追われる生活になります。そういうことに時間の半分以上を使いますから、本当にやらなければいけないことがおくれます。

理想的な社会をつくることを政党や宗教に求めても無理です。時間がかかりますし、条例をつくったらできるとか、法律をつくったら何とかなるというものではありません。やはり国は私たち市

はこぶね組合自体が、シードバンクであり、自家採種禁止になっても自家採種していける仕組みを内在して、日本のオーガニックJAの仕組みを持つ。貴重な原種、在来種のタネを集め、交換や、はこぶね組合の研究員の農家たちと一緒に栽培して、今は希少になった日本の種を守っている。

医食同源NAU　はこぶね組合の各コミュニティーでは、その地方の地方創生プロジェクトを実施している。信州コミュニティーでは、日本そばの原種による、日本そばの復活や、他のコミュニティーでは、品種改良されすぎて、アレルギーを引き起こすようになる前の、古代シリアの小麦の原種を日本で栽培しながら、復活させている。

農薬、化学肥料を使わなくても、収量を落とさないで(むしろ上げて)、
土壌菌を自然の状態に戻して、完全な自然栽培を実施している。
農薬をまく農家を、無農薬・無化学肥料の完全なオーガニック農家に変えていく活動をしており、そのためのカリキュラム、教育、多種の菌なども完備。
ロスジェネや、再就職者の新規就農者、同じ理念に集まる人のセーフティーネットを提供していく予定だ。本来の日本の再生を実施中。

現在は、日本のオーガニックのJAの物流の仕組みを構築中。
利益を生む活動ではないが、極めて重要な栽培研究や、活動をしている。

民一人一人がつくるものだということに気がつきました。何でこんなことに気がつかなかったんだろうと思いましたね。

今すぐでも、誰でもできます。そんなにカネもかからない。自分が住んでいるところを天国にしたらいいのです。マザー・テレサが、わざわざインドの私に会いに来なくてもいい、自分の家族や友達、自分の地域を地上の天国にしなさいとおっしゃっていました。本当にそのとおりです。それを「はこぶねコミュニティー」でやっています。あの人が嫌だとか、この人が嫌だとか、小競り合いもいっぱいありますが、それでもみんなで魂を磨いていこうと頑張っているのです。小競り合いがあったときは、「その人があなたの前にあらわれたのは、きっとあなたに学ぶところがあるからだね。お互いに教師なんだからね」と言っています。

ただし、心根が邪悪な人、すでに生霊のような人、性格の腐った人は、自然と正体を現し、はこぶねコミュニティーからいなくなります。天が引き離すので、自然にふるいにかけられて、自ら去っていきます。組織内部から潰そうとする悪質な人もいたので、出入り禁止にした人もいます。組織を守るためには、そういう厳しさも必要です。

各地域に市民の手で理想的な社会をつくっていきます。

日本を守るということは、日本の食料、種、大地、農地、水、水源、ミツバチや自然、日本の文化や伝統、こういったことをまとめて守ることです。それは農家さんと我々が一緒に農業をすることによって守られるということに気がつきました。日本の伝統、文化、お祭りなど、あらゆることは農業に関係しています。種を守ろうと幾ら言っても、コミュニティーをつくって一緒に農業をしないと種は守られないのです。種がなくなっていっているのと日本の文化や伝統が衰退しているのは同じだと思いませんか。

このままいけば、地方では人口減で20年以内になくなる市町村が続出します。そこに中国人がワーッと集団で住み着いたら終わりです。戦わずして日本は占領されてしまうわけです。日本は日本人が住み続けて、日本の種を栽培し続ける必要がある。日本人が住み続けるから、そこに日本の伝統が生まれ、日本文化が生まれるのです。日本人がいない土地は、日本文化がなくなります。日本の土地も、中国人が住めば中国文化になります。

日本人は自分たちの種をまいて、農業をして生きてきました。そこから遠く離れては、我々は本来の日本人ではなくなることが、おくればせながらやっとわかったのです。私は金融のことをいろいろやってきたので、余計に日本の一部の農家さんたちに心からの敬意を払います。あの方々は本当にすごいのです。医者が治せないような病を治す、すばらしい食料をつくる技術を持っています。それなのに、ちゃんとした評価を受けていないと思います。もっと農家の人の地位が上がってもいいし、もっと感謝されてもいい。高ビーになれと言っているわけではないですが、少なくともはこぶね規格でB1ランク以上の医食同源のちゃんとした食料をつくれる農家さんは、医者と同格か、それに準ずるぐらいの社会的地位があってもいい。それぐらい大事なことを彼らはしています。命の源をつくってくれているし、そしてその技術を持っているのです。私にはそんなことはできません。

まずは土づくりです。土も微生物の研究も、わかっていることは、まだたったの10％です。宇宙と同じで9割以上はわからないのです。すごい世界です。農業は深いのです。やればやるほどおもしろくなります。

林業や農業や漁業をないがしろにしては日本を守ることはできません。なぜならば、そこに文化があるからです。そして、そこに我々の命の源もあるのです。

日本人の優秀さの源は日本の食にあった

戦後のGHQの調査で、日本人が優秀な民族になった原因は日本の食にあることがわかりました。日本人のDNAと言ってもいいです。そういうふうに言うと、また民族差別とか言われるかもしれませんが、でも本当にそうなんです。日本人のDNAのすばらしさをGHQが徹底的に調べました。

武士道でも何でもないし、先天的なものでもありません。それは後から教育で得たものです。その教育を受けなかったら、そういうふうにならないのです。では、なぜ一般の農家さんや普通の人まで日本人はすばらしくて優秀だったのか。

かつて、アメリカで日系アメリカ人はえらく差別されました。戦争が始まったときに強制収容所に連れていかれて、財産を没収されました。さんざん差別されたあげく、ジャップと呼ばれ、ひどい目に遭ったのです。それでも、収容所の中でみんなで耐えながら、木を拾って彫って何かをつくったり、すばらしい芸術や、すばらしいものを生み出していくのです。一体この民族は何だろうと、アメリカ人たちもびっくりしたみたいです。

日系アメリカ人は、アメリカ兵も行きたくないような激戦地区に送られました。彼らは民間人で、兵役でちゃんと習ったわけではありません。アメリカ人たちは彼らを皆殺しにしようとして一番の激戦地区に行かせたのです。これは映画にもなったでしょうか。日系アメリカ人で編成された442連隊は、ボロ負けして皆殺しにされるかと思ったら、見事に戦って、相手を負かして帰ってきたのです。何でこの人たちはこんな小さい体で、これだけ戦闘力が高くて、統制もとれて、集団の秩序がちゃんとしていて、誰に言われなくてもきちっとしていて、教育レベルが高くて知的なのか。彼らは戦争に行く前に、私たちは今はアメリカ人だからアメリカに忠誠を尽くします、たとえ日本の昔の友達や日本兵が来てもちゃんと撃ち殺しますと言ったのです。それでアメリカ軍として戦って、立派に帰ってきました。「ここまでひどい目に遭わせているのに、この忠誠心は何だ」と、アメリカ人たちも敬意を表したのです。

そういう日本人の統制力やすばらしさ、知性の高さ、クリエーティブさ、我慢強さ、精神性の高さはどこから来るのか。ＧＨＱの調査によると、こういったものは全て日本の食から来ていたのです。ここが一番大事なことですから、今日はぜひ聞いて帰ってほしいです。食は精神やマインドにまで作用するのです。

日本の食、もっと言えば、それを生み出す日本の大地が豊かなんです。微生物たっぷりの、栄養価の高い、医食同源のすばらしい作物を育てる土壌が日本にはあるのです。土なんです。自然なんです。日本の山や川や大地や海、全てが神の芸術と言えるぐらいにすばらしいものです。この国は宝物のようなすばらしい作物をつくり出す国です。ところが、アメリカ人はそんな日本が怖いから、何とか潰そうとしたのです。

ＧＨＱは食料政策と医療政策で日本人をコントロールしようとした

ＧＨＱの戦後の日本人政策は、どのように日本人をコントロールしてダメにしていくかというものでした。もちろん3S政策もありますし、真実を教えないとか、古事記や神代の物語や竹内文書、神武天皇以前までの縄文時代の本当の歴史、帝の歴史や、縄文時代1万8000年の歴史など含め、大事な部分を丸ごとカットして、昔の神話を教えないとかいうこともありますが、それだけではないのです。彼らは大きく分けて2つのことに注力しました。それが食料政策と医療政策です。この2つで日本人を劣化させようというか、コントロールしようということになりました。

デュポンという会社をご存じですか。テフロン加工のテフロンとかをつくっている会社です。あんなものは170度以上の熱で溶けます。我々はすごい毒を食べちゃっているわけです。この会社は広瀬隆さんの『赤い楯』を読んでもわかりますが、しょっちゅう出てきます。「戦争とデュポン」というぐらいに、化学兵器や化学物質をつくる会社で、戦争とともに利益を上げてきたわけです。当然、ロスチャイルドたちがつくった会社です。

ロスチャイルドたちは世界金融マフィアです。今話題になっているラウンドアップ（グリホサート）とか幾つかの農薬の成分も彼らがつくっています。これが兵器になると、例えば枯葉剤とかいろんなものになります。ベトナムは枯葉剤のダイオキシンで大変な被害に遭いました。ちょっと見せていただきましたけれども、あまりにもひどくて、これが人間かと思うぐらいでした。とんでもないところから足がボーンと出ていたり、目がとれていたり、失礼ですが化け物です。ただの奇形児じゃないです。人間が化学的におかしいことをすると、そういう変なものを生んでしまうのです。

これからゲノム編集された食べ物を食べた子たちが産む子はどうなるのでしょうか。恐らくかなり劣化した人間になって、形状も随分おかしくなると思います。

枯葉剤一つとってみても、これが同じ系列の別の会社になると農薬になるのです。化学兵器というものは、農薬になったり医薬になったりします。製薬会社は世界で4～5社ぐらいに集約されています。農薬もそうです。最近は農薬を売る会社が何と種子もコントロールするようになっています。シンジェンタとか、モンサントを買ったバイエルとか、たった4社ぐらいで世界の種子市場の7割を占めるのです。

種子だけではありません。最近は水も支配しようとしています。原発とかをつくるベクテル社とか、空港とかの工事をする会社も入ってきていますが、とにかく農薬を売る会社が種子や水、遺伝子研究とかＤＮＡまで関係してきています。種子と農薬はセットで売られるようになりました。でも、もともとは兵器だったのが医薬に行ったり農薬に行ったりしているだけです。

アメリカは日本に農薬を使う大規模農業を押しつけてきました。農業が簡単になるということで非常に喜ばれたのですが、本当の目的は、日本人をコントロールするため、質を変えてしまうために、日本の土壌に毒をまいて、ちゃんとした人間を育てられないように食物の価値を下げることだったのです。農家さんは農大出身の方が多いです。農大では、農薬をまかないとまともなものが育てられないと教えます。人は大学で教えられたことを、卒業してからも正しいと思ってやるのです。だから、農薬をまく農業をするし、農薬をまくところにしか就職できないようになっています。

製薬のほうも、医学部や医療大学で、薬を使わないと治療ができない、薬で治すんだ、薬と医療はイコールだと教えています。医学部の中は製薬会社の利権でベタベタです。結局は利権ビジネスです。農大にも、農薬をつくる会社、デュポン、ロスチャイルドたちの利権がベタベタ、最近は種子まで利権でベタベタです。

種子は必ず毎年買うものなので、毎年毎年需要があったほうがいいわけです。自家採種なんてされたら種子は売れません。だから、私が勧めるような無農薬・無化学肥料で自家採種して在来種を育てることを彼らは許せないのです。自分たちの種子、農薬、化学肥料が売れなくなるからです。最終的には医薬品も売れなくなります。彼らのビジネスモデルが全部ダメになるのです。そして、日本のすばらしさも復活してしまいます。日本の農地が戦前に戻って、そこで育ったものを我々が食べれば、本当にすぐれた日本人ができてしまうじゃないですか。ヤバい、ヤバい。日本人を劣化させるためには、農薬たっぷり、化学肥料たっぷりのものを食べさせておかなければいけない。そのためには日本の大地を農薬で殺さなければいけない。彼らにとって、それに反対することは全部ダメなのです。

実は医と食は同じ政策をとられました。まずはロスチャイルドたちが儲かる利権と、それを日本政府を介して政府絡みで自分たちの利権を確保するというわけです。あるとき製薬会社は考えました。日本のちゃんとしたものを食べていると、めったに病気にならないから薬が売れない。だから、農薬と化学肥料をたくさん使ってもらって病気にさせて、病院で薬をいっぱい出して、もっとおカネを使ってもらおう。全てビジネスです。そういうサイクルができたのです。

なぜ病気になるのか。なぜガンがふえているのか。医者もわからない。日本人は、農薬、化学肥料、化学物質を年間7～8キロも食べています。コンビニやスーパーの加工食品の裏を見てください。よくわからない片仮名の文字がいっぱい並んでいるでしょう。あれは全部化学物質です。中には要るものもあるけど、あんなにたくさんは要りません。そういったものは全部デュポンとかがつくっています。化学物質は、もともとは兵器です。

食が日本人の優秀さをつくり出していて、その源は大地であると言いました。食と大地の両方を壊すためには、日本の大地に農薬をまいて、日本の食料をめちゃくちゃにすればいい。米を食わせずに小麦を食べさせて、日本人をパーにする。そして、白砂糖を食べさせてガンにする。バレンタインやら何やらも、全部そのために一生懸命頑張ってつくってきたわけです。私も知らず知らずのうちにケーキが好きになってしまいました。人間は一度味をしめると、勝手に毒を買ってくれます。そういうふうに仕込んでいく必要があったのです。そんな暮らしをしていると、いずれ病気になって薬のお世話になります。我々を不健康にし、アホにすることによって、医療業界も農薬業界も利益を上げてきたのです。

ロスチャイルドたちは、これをちゃんとしたビジネスモデルにするために、いつも政府を使います。例えば、病気にならなくても、予防注射で新たな産業をつくり出せます。恐怖政治と同じです。これをしないとガンになるかもしれないよ、性病になるかもしれないよ、○○になるかもしれないよと言って、いろいろなことをするのです。それを母子手帳なるものに書かせます。必要なものも何個かあるかもしれませんが、要らないものもいっぱいあります。最近では、三種混合どころか六種混合です。とにかく注射、注射、注射……。とにかくワクチンを打ちたくて仕方がないのです。あれは子どものためではなく、全部お医者さんとロスチャイルドたちの利権です。そして製薬会社が儲けるためです。多くの医者も頭があまりよくないのか本質を見抜けず、医学部で学んだことだけが正しいと信じて、すっかりだまされています。

要らないものを打たされているだけではありません。そのせいで病気になったり、明らかに子どもがおかしくなるのです。こういったことを、政府を介して、よいことのように見せて、毎年、税金で徴収する仕組みをつくった。すごいビジネスマンですね。私も学びたいものです。冗談ですけれども。予防することも大事ですが、いずれにしても、税金を使って、わざわざワクチンや薬を使わせて上納する仕組みができているのです。

農薬もそうです。農大で農薬をまく講習があって、農薬をまかないとまともな食料をつくれないと教えられます。けれども、ちゃんとした土地さえつくれば、収量もそんなに落とさずにできる方法はあります。だけど、なかなかそれを広めない。当然ですが、戦前まではみんな無農薬でやっていました。農薬を使い出したのは最近です。日本人は縄文のころから綿々と無農薬の農業をやってきたのに、今は何と98%の農家が農薬を使っていて、たった2%しか無農薬農家さんがいないのです。その2%の無農薬農家さんもウソのところが多い。昨年まで農薬を使っていて、ことしは農薬を使っていないから無農薬と言ってみたり、無農薬と言いながら化学肥料は使っていたり、あるいは除草剤をまいていたり。同じハウスの中で、こっちは無農薬、あっちは農薬とか、おかしいだろう。それで無農薬とか自然栽培とか言っているのです。

無農薬には基準がなくてむちゃくちゃになっていたから、全国統一無農薬食品安全基準すなわち「はこぶね規格」でみんなが選びやすいような基準をつくって、そのシールを農家さんが張って出荷できるようにしました。みんなで「はこぶね企画」のSとかA1、A2といった高いランクを目指せば、医食同源のすばらしい作物ができるので、食べた人もハッピーになります。農家さんがそれで生きていけるように、我々も頑張って加盟店をふやさなければいけない。

そういう形で、遺伝子組み換えやゲノム編集を少しでも日本からなくしていきたい。地方を遺伝子組み換えや農薬にこれ以上侵されないようにしたい。アルゼンチンの悲劇を日本の地方の農家さんで起こさないようにしたい。「モンサント　アルゼンチン」でググってみてください。とにかくひどいですから。それがこれから日本の地方で起きてきます。これは私が言っているんじゃないですよ。このまま行けば本当にそうなるのです。日本国民と地方と日本の子どもたちを、このような狂った社会の犠牲から救いたい。生き地獄の世界から救いたい。

奇形児や病人、アレルギー、知能低下や精神障害が多くなる日本社会にはしたくない。人間が家畜は部品のようではなく、人間らしく、笑顔で入れて、愛と善良な心で生きられるような共存共栄する社会を創りたい。地獄社会の中から、地上天国を創りたい。だから私は「はこぶね組合」をやっているのです。

世界規模での食料危機、経済危機が来る！

これから世界規模での食料危機と経済危機が来ます。こんなときに食料自給率を下げている場合ではないのです。本当は上げなければいけないのに、日本は思いきり下がっていくと思われます。先ほども言いましたが、農薬が原因で昆虫がたくさん絶滅しています。大地も死んでいます。ミツバチもどんどん死んでいます。ミツバチが死ぬと我々の食料の7割が消えると言われています。もういいかげんにしないといけない状態まで来ているのです。

10年以内に昆虫が40％まで絶滅します。それは日本だけではなく、全世界で起きます。日本はアウシュビッツだから海外に逃げようとする若者が多いのですが、海外に逃げても同じことです。地球という単位で考えて、地球を守り、自然を守る。人間らしい本当の生き方ができる社会、医者が殺人をしなくてもいい社会、先生が洗脳しなくてもいい社会、役人が売国をしなくてもいい社会、国会議員がカネ集めばかりしなくてもいい社会、そんな健全な社会をつくっていこうではありませんか。それを政治でやるのはなかなか難しいので、我々一人一人が立ち上がって、本来あるべき、自給自足し、共存共栄する、みんなで生きる、美しかった日本社会、はこぶねコミュニティーという新しい世界を各地域につくることで、それが達成できるというわけです。そんなに難しい話ではありません。

そして、世界的な水不足が来て大変なことになります。アメリカでは水不足が原因で、夜によその町の水を盗んで自分の畑にまくことまでやっています。今でさえそうです。日本はまだ水が豊富だからぼーっとしていますが、インドは既に砂漠化しています。このまま水がなくなってきたらどうなるのか。それなのに、北海道の水源を中国人にバンバン買われている。外国人に買われたものは水源が荒れるから木を切ってはいけないとか、何とか規制をかけないといけないと思いますが、多分やらないでしょうね。基本、土地を買われたら終わりです。だから買わせてはいけないのです。

自然災害の被害がこれから甚大になってくると思われます。毎年毎年起こるので、それをカバーするだけの予算がとれなくなります。あと少し気温が上昇すれば、風速60メートルの風が吹くのです。それだけで大変な地獄になります。関東と関西をどうするのかという感じです。

山本良一《やまもとりょういち》先生の話によると、南極の中心部分には文京区の4倍ぐらいの穴があいているそうです。それが一定の大きさになると、ブワーッと吸い込まれていくそうです。南極の氷が解け始めると、海水面が上がります。海外線の近くは沈むところが出てきます。世界地図も変わってきます。ウォーターフロントがダメになるかもしれません。

山も日本の山は40％も植林されてしまいました。そこに木が育つには理由があります。そこに必要な木だから生えているのに、それをわざわざ切って、早く育つ杉の木をいっぱい植林したのです。30年で朽ちてしまうチンケなおもちゃみたいな家を高く売るためです。それをシロアリ駆除みたいな形で薬漬けにして、シックハウスをつくって売るわけです。本当はそんなことしなくても健康にいい家がつくれるのに、今の日本の家はかなり汚染されています。植林したところは地盤が弱いのです。2018年の西日本豪雨で、かなりの水害がありました。あの地域はほとんど植林されています。山でも、どんな山かによっては安全ではない。住んでいるところがゴソッと崩れるかもしれません。

どこが安全で、どこが危険ということは、もう言えなくなります。世界規模で大変な時代になるのです。今のような状況では毒しか食べられない時代になってしまいます。

坂の上零の推論：10年以内に起こること

現在2019年6月ですが、今から10年以内に大変なことが起こります。今の現代文明は行き詰まります。現代文明の縮図がこれですから。今は食と医療の話しかしていませんが、教育も同じです。学校は子どもたちを洗脳するための教育になっていないでしょうか。そして、本当の人間を育てるのではなく、教科だけ教えて、権威に従順な金太郎あめみたいな人間を製造する工場になっていないでしょうか。自分が生徒だったときに、私は日本の学校は金太郎あめだなと思って、とても嫌でした。私は自由人でクリエイティブな人間で、抑圧されるのが嫌なのです。官庁とかには絶対勤められません。ピアノさえ弾いていたら楽しいのです。それでも生きてこられたのは手に職があったからです。これからは手に職がある人、個人の力で勝負できる人、組織に属さなくても自分の力で何とかやれる人が強くなってくると思います。

ロスチャイルドたちがグローバリズムを進めているのは、「ＮＥＷ　ＷＯＲＬＤ　ＯＲＤＥＲ：ＮＷＯ世界新秩序」という世界に統一の秩序、すなわち、世界統一政府である、ＡＩが管理する、中央銀行や政府発行の電子マネーをＮＷＯの実現のためにつくって、それで世界を統治したいからです。つまり「ワンワールド」にしたい。世界を一つにして、平和にしたいのではなく、彼らと、彼らが支配するそれ以外の奴隷の世界にしたいのです。そのことをNWO、ワンワールドと呼んでます。そして、邪魔である日本人を筆頭に世界人口を全員奴隷にして、皆殺しにしたいというわけです。一部の優秀な奴隷だけ残して、あとはサヨナラです。SNSを普及させた後に、5Gを併用して普及させる理由は、人類奴隷化のためであって、電子マネーを使わせ、666を入れて、脳をコントロールし、いよいよ廃人のようなロボット奴隷をつくるためです。権威や支配者に従順で、間違っていても、尊厳を奪われていても、目先の金に翻弄されて、人生を奴隷として生きて、奴隷として終わってくれるようにしたいのです。5Gは、中空っぽのゾンビ人間を大量生産します。

そういう世界が本当に来ようとしています。それがCOCONAU《ココナウ》以外のメジャーSNSや、政府発行の電子マネーから始まります。何とか通貨とかで喜んでいないでくださいね。それは彼らのワンワールドに持っていくものです。ただし、私がつくる通貨は、そこには持っていかせない。だから「はこぶね」と言っています。

ロスチャイルドとその配下の方々は、戦争と平和を利用しながら、国をカネで操ってきました。先進国の政府に自国のための政治をさせないで、EUをつくったり、TPPや何とか協定をやらせたりして、その国の主権を奪い、自分たちの配下の株式会社の利益のためにその国の政治を私物化してきたのです。今まではジワジワやっていましたが、これから抜本的にしていきます。そういった産業の中に、兵器産業から落ちてくる農薬、IT、医薬といったものがあります。もちろんマスコミも彼らが牛耳っているので、本当のことは絶対に書かない。

インターネットもそうですが、これからのニューワールドオーダー（NWO）では、世の中は徹底したAIによる監視・管理社会、人間の尊厳を踏みにじるような社会になります。ファシズムになるから監視・管理社会になるのです。彼らにとって都合が悪くない人は、ジワジワ殺します。そんなにすぐには殺しません。私みたいに彼らにとって都合が悪い人は、さっさと消してしまうかもしれません。アメリカ、日本、イギリス、EU諸国も、ファシズム社会に一時的になるでしょう。人工自然災害、ウイルスなど細菌兵器を人工的に工場でつくり、それをばらまいて、パニック状態を作り出す。社会不和、パンデミック状態を作り出して、経済危機を誘発し、人々をコントロールしてマスコミに恐怖をあおらせて、経済恐慌を作り出す。政府に「非常事態宣言」を出させて。そのあとに、救世主登場のように、ワクチンと新薬を出して、それをほぼ強制的に打たせる。さらに、SNSか政府、中央銀行に電子マネーを発行させて、人民をAI管理する。そういうシナリオなのだと思います。

いずれにしても、これから彼らはチップを埋め込んできて、コンピューターに人間を管理させます。人間がコンピューターをつくったにもかかわらず、人間がコンピューターを管理するのではなく、AI知能となったコンピューターが人間を管理して、人間を査定するようになるのです。この人を出世させるかさせないか、上司にさせるかさせないか、ちゃんと仕事をやっているかやっていないか、この仕事に向いているか向いていないか、この人を雇うべきか雇うべきでないか、あるいは、この人と結婚するべきかそうではないか、そこまでコンピューターが決めるのです。信用査定とか、何でコンピューターに人間の信用を決められなければいけないのか。コンピューターが「この人は信用できます」と言った人は信用できますか。私はできません。これから恐ろしい社会になってくるのです。今はＡＩがもてはやされていますが、ＡＩは人間の仕事を奪うだけではなく、人間を人間でなくしてしまう。何のために生きているか自覚できないような社会になっていくのではないかと思います。

ＮＷＯ、ニューワールドオーダーとは、ＡＩに人間を支配させる形での徹底した監視社会であり、ファシズムであり、言論統制であり、人間家畜化です。私はそういったところに絶対に行きたくない。チップを埋め込まれたくない。ＡＩによる監視社会に生きたくない。人間の尊厳を失いたくない。人間家畜になりたくない。奴隷にもなりたくない。そういった人たちは生きる場所がなくなってくるわけです。だから私は、各地域に「はこぶねコミュニティー」と「里山ＮＡＵビレッジ」をつくって、空き家や民家を見て回っています。共同体として、自給自足、共存共栄の「はこぶねコミュニティー」をつくろうと思っています。そして、みんなで楽しく、昔の縄文時代のように、コミュニティー単位で生きていけたらなと思っています。その理念に賛同しない人は別に来なくても構いません。ただ、ココナウの組合サポーターになって買ったり売ったりすることはできます。

私の究極の目的は、世界中の各地に、日本中に「地上天国の礎」となる、日本の縄文時代のような平和な社会、みんなで一緒に暮らす村のようなコミュニティーをつくることです。さらに、自然破壊をやめて、自然と共生して、目からウロコの天才たちの技術を花開かせ、自然と共生しながら産業化する、それが「はこぶね」です。天の啓示で、現代のノアの方舟をつくれと言われたのです。時代はこれから、滅亡に向かって、人間奴隷化のほうに向かって真っ逆さまに突き進んでいくでしょう。そこに行きたくない人ははこぶねに来るしかないのです。はこぶね組合のNAUはこぶねコミュニティーなのです。

無農薬だけであれば、ほかにも2~3社ちゃんとしたところがあって、そこからも買えます。しかしながら、そこと「はこぶね組合」「はこぶねコミュニティー」が決定的に違うのは、漁師さんや農家さんたち、加工業者や生産者、業者と一緒に各地域でリアルなコミュニティーをつくるというところです。様々な異なる業界、職種の異なる職業の人が一緒にコミュニティーを創り、「私の地域に未来を創る」ための地方創生プロジェクトを具体的にしていきます。そして、オーガニック農家さんと一緒に田植えや収穫をして、具体的に農家さんを助けます。農家さんからも直接買ったりして助けられます。そこに地域の文化、日本の本来の助け合いの社会を取り戻していきます。そうやって本来の美しく、みんな笑っていた日本の社会を復活させて、互いに助け合いながら、地域の伝統や文化や農業や種をまとめて守って、一緒に共存共栄の社会をつくろうと思っています。それができるのは「医食同源NAU　はこぶね組合」です。小さいレベルでやっているところはほかにもいっぱいありますが、NAUは全国区でそれを一気に他動的に、全国規模で横のコミュニケーションをもって、独自経済圏をもち、独自の電子マネーでそれをやっていく。そして、みんなで新しいオリジナル商品をつくって、地方創生をして、海外でも売っていこうと考えています。

新しい経済を生み出す。そして、独自の経済圏マーケットであるCOCONAU（https://coconau.com）で、NAUポイントを使って物々交換するシステムを完備して、実際に運用しています。このNAUの独自経済圏のCOCONAUを、アメリカ、インド、中国、ロシア、イギリス、フランス、ドイツ、イタリア、インドネシア、フィリピン、ベトナムなど、多くの国々で、NAU（NOAH'S ARK UNION）のNAUコミュニティー（はこぶねコミュニティーの英語版）をつくり、世界中にコミュニティーが広がれば、NAUマーケットも同時に世界中にセットで広がります。そして、それが世界平和につながっていくと本気で信じています。現在までのロスチャイルドがつくったお金で経済を回し、奪い合いをすることで、3次元は地獄社会となりました。これが、今から自己崩壊していきます。そこから出るためには、一緒に滝つぼに落ちないためには、NAUポイントで物々交換して、各地域にNAUコミュニティーを創って、具体的に、食料や水、医療、金融、産業、エネルギーの5つの自給を目指して、新しい国を創っていかないといけないのです。こうすることで、戦わずして、ロスチャイルドのマネーに跪《ひざまず》く必要がなくなり、お金から解放された世界を実現できるでしょう。3次元の政府や醜い利権争いの政治、貧困と不幸、病気、奪い合い、だまし合いの地獄社会の上に、利他の愛に生きる愛と光の世界、みんなが笑って暮らせる共同体の世界、地上天国ができてきます。そこではみんな愛に生きていますし、奪い合いません。そういう世界を、5次元の社会と呼んでいます。

そうです。こういう地上天国を創りたい。5次元の世界を目指し、NAUコミュニティーが世界中に広がり、世界中で、NAUマーケットで、NAUポイントを使って物々交換する仕組みを広げていくことが、お金の要らない世界を具体的につくることであり、3次元の地獄社会の上に、5次元の愛と光の世界を創っていくことにほかならないと、私は信じています。

「医食同源NAU　はこぶねコミュニティー」は、世界を超えた相互互助や自然、ほかの生命と共生した共存共栄社会をつくっていきます。利他の愛と5次元のすばらしい地球文明が到来するまでには次のようなことが起こるのです。大淘汰の後にはかなりの人が奴隷にされてしまいます。チップを埋め込まれることで、子どもがゾンビになって、その親もゾンビになります。こういった苦しい時代を超えなければなりません。しかしながら、その次の時代をつくっていく人材を、人間の遺伝子のままで残さないといけない。日本人の遺伝子を全部死滅させるわけにはいかない。守るべきものを守るために「はこぶねコミュニティー」をつくるのです。守るべきものとは、我々の遺伝子、文化、種、大地、森、海、天然の魚や天然の家畜です。わざわざ「天然の」と言わないといけないのは、これから天然でない魚や家畜がいっぱい出てくるからです。恐ろしいですね。

人間までゲノム編集人間となります。普通はお父さんとお母さんから出てきて育てられるのですが、これからの時代は人間が工場から出てくるようになるかもしれない。種はもう工場で育てられて、その種でできたものを食べているじゃないですか。人間だって工場で育てられるかもしれません。まるで松本零士さんの『銀河鉄道９９９』の機械人間のように。漫画家の人たちは天才ですね。未来に起こることがわかっているのです。機械人間は権力者に従順です。「戦争に行け」「はい」、「死ね」「はい」、「殺せ」「はい」、「こう考えろ」「はい」、「自分の意見を言うな」「はい」、「何も考えるな。記憶だけしろ」、「はい」……。今でさえも、そんな人ばかりじゃないですか。これからは、それがもっともっと際立ってくるのではないでしょうか。

そんなところには行きたくない方々が「はこぶねコミュニティー」に来ます。全員が生き残るかどうかはわかりませんが、その方々が次の人類の祖になり、次のステージで共存共栄の社会をつくっていく礎になっていきます。私はその社会を見られるかどうかわかりませんが、そこに橋渡しをする役目であることは間違いないので、その種を残します。子どもたちには、ちゃんとしたものを食べさせて、奇形児が生まれないように、ゾンビが生まれないようにしないといけない。

グローバリズムの結果、ワンワールド社会が生まれます。それは徹底監視ファシズム社会です。人間性も低下します。人間の奴隷化や自然破壊を突き詰めていくと、グローバリズムが徹底的に行き渡ってＮＷＯ、ニューワールドオーダーになります。そうなると、人類は滅亡してしまうでしょう。みんなで仲よくハッピーに滅亡するのか、それとも、みんなで笑って苦労を楽しみながら、楽しく地上天国の礎となる、共存共栄していく道を選ぶのか、私たちが選択します。本当に私たちは、ここで悔い改めて、生き方を変えて、別の方向を選ぶことができるのか。それは私たちの自由なのです。

第1回は現状認識ということで、経済危機や食糧難の話も含めて、今、世界で何が起きていて、世界がどういう状況にあるのかというお話をしました。そして、日本の戦後はどうであったか。結局、あらゆるものは国際金融マフィアたちの利権のためにあったということがわかりましたね。この利権にあやかる政治家とかが首相になったり偉くなったりします。政治家だけではなく、国際金融マフィアの金に飼われた科学者とか医者とか、こういった方々も優遇されてきました。しかし、ウソと詐欺と誤謬《ごびゅう》に満ちた、いびつな社会は終わるのです。

あと10年から12年ぐらいは、ものすごい試練の時が来るでしょう。そのときに人間は一人一人どちらを選ぶかの選択肢を突きつけられます。私たちはどちらにも行けます。みずからの生き方を変えて、みずからの中に聖なる人を見出《みいだ》して、自ら善良なる魂、愛に生きる聖なる人そのものとして生きることによって天とつながることができるのです。

これから従来の金融システムが崩壊していきます。金融崩壊、経済恐慌、食糧難が襲うでしょう。

天が造りたかった世界を地上に創る。
そこに今の時代の問題の根本を包括的に
解決するすべての秘策があるから。

明日、世界が滅ぶとして、
今日、私たちは「現代のはこぶね」を創ります。
新しいマネーと、NAUを創ります。

お金の支配から解放された新しい世を創る。
共存共栄の新しい世界を創ろう！
あなたとあなたの子供を笑顔にしたいから。

絶望の中に希望を創ろう。
あなたの地域に未来を創ろう。

子供たちに人間らしく、地球に暮らせる未来を残したいから人工ウイルス、ケムトレイルもばらまかれ、人口自然災害、普通の自然災害、パンデミック、戦争、細菌戦争、5G・6GやAIによる人間家畜化など、これから多くの人が死んでしまう危機が次々訪れます。一時的ですが、浄化の時には、ファシズムの暗黒時代が来てしまいます。真実を語る人や、正しい人がそれゆえに殺されたり、理不尽な目に遭わせられるかもしれません。浄化の時は、大淘汰であり、試練の時です。暗黒が世界を包みます。

しかし、だからこそ、人間の本性が試されるのです。これから聖なる人になっていく人と、どんどん低俗化して獣化していく人との2つにきっぱり分かれます。私は自己愛ではなく、利他の愛に生きる道に行くと決めています。決めることが大事。自分のエリアのことだけではなく、常に高い天を見て正しい生き方をすることが、たとえ自分が不利になろうとも大事なことではないでしょうか。どんなに苦しく、苦難の道を行くことになっても、大宇宙の源の神から観て「正しい選択」をしないといけません。その強さ、魂の美しさ、神への純粋な気落ちが、神を感動させます。苦難の時に、あなたが何を選ぶか、どういう生き方をするのかを、私も、あなたも、一人一人が、試されます。そういう踏み絵を踏まされる時代がこれから10年の間に地球上の全員一人一人に来るのです。

［Step 篇］

支配の切断

第2回

解決法。戦わずして新しい国造り

2019年6月24日ヒカルランドパークセミナーより

戦争を起こしたいアメリカの一人芝居の終焉

今日ここでお話しさせていただくのに、結構いろいろなところで講演しなれている私でさえ、さすがにちょっと緊張しました。これからの混迷をきわめる世の中が、どれだけ厳しいものになっていくのかは先回お話ししたとおりですけれども、それに対する部分的な解決法ではなくて、トータルな包括的な私なりの解決法を今回、お話しさせていただきたいと思っています。正直言って、問題を語ることはバカにでもできます。

今までとは時代がかなり変わってきまして、例えば今、アメリカがまた戦争を始めようとしています。アメリカがというよりは、アメリカの後ろにいる勢力です。そして同じ勢力が今、日本にもいます。TPPを押しつけてきた勢力、つまりロスチャイルドたち金融マフィアです。彼らが常にやっている自作自演の戦争ごっこ、いろいろな国の平和と戦争や、経済や政府を、後ろから牛耳ることによって操っている姿が丸わかりになっています。

ここまで来て、日本の原油のタンカーを攻撃したのがアメリカではないと思っている人は、よほどのバカです。知能がないというレベルに等しいわけです。これは明らかにアメリカの自作自演であって、また使い古したやり方で戦争を起こそうとしている。でっち上げてまで、何が何でも第3

次世界大戦を起こしたいのです。

9・11《ナインイレブン》から世界はガラッと変わってしまいました。アメリカが、タガが外れたようになってしまった。それまでのアメリカは、もうちょっと遠慮してやっていたのですが、9・11から急になりふり構わず、世界でアメリカの利益のための戦争を吹っかけていくことになりました。ご記憶に新しいのは、核兵器を隠し持っているということでイラクに難癖をつけて、核査察をすると言って兵を送った。そして結局なかったわけです。

こういったことに世界は辟易しています。彼らの手の内はもうバレているということです。今まではアメリカに好意的だったアメリカ人もわかってきて、「またうちの政府がろくでもないことをしている」「またウソ八百ついている」「またこんなことをして申しわけない」というようなコメントがたくさんあります。それにもかかわらずメディアは、一生懸命ロスチャイルドの描いた構想しか放送しない。

そして、それを演じるのが政治家の役割なのです。最近の政治家は、日本だけでなく、アメリカも薄っぺらい。ボルトンだか何だかわからないけれど、顔を見ただけでふっと笑ってしまうような、大した男じゃなさそうな、薄っぺらい政治家が出てきて、やれ「アメリカの寛容にも限度があるぞ」とか「攻撃する準備がある」とか言っている。吉本のコントのようなレベルのことを世界で繰り広げているわけです。
しかしながら、これに対してはっきりと「やめろ」と言う国も、そういう勢力もまだ出てこない。いじめられっ子がいるのに、みんなでそれを無視している状態です。それが世界政治の舞台で行われているわけです。

特にQAnonと日本の保守派の方々はトランプ信仰がすごい。「トランプさんはすごいんだ」「トランプさんは救世主なんだ」「プーチンと並んで、トランプさんは世界を助けようとしている」「ロスチャイルドたちと戦う正義の味方、ヒーローだ」みたいに言う人もいます。もちろん、トランプが、ロスチャイルド国際金融マフィアと戦っていることは称賛に値します。しかし、日本には理不尽なFTAを押し付け、自分の利権であるカジノをやらせて、危険なアメリカンビーフも、遺伝子組み換えのトウモロコシも、要らないのに、アメリカ人も食べたくないものを日本に押し売りしたり、トランプが安倍を人間として軽蔑しているからか、日本には滅茶苦茶してよいと思っているかのようです。そして、ホルムズ海峡の事件勃発。これでトランプさんがどういう人だかわかりますね。ですから、政治に期待してもしようがないと言っているわけです。

今の経済システムで、なぜヒーローは出てこないのでしょうか。なぜ政治家は、政治で世界を変えられないのでしょうか。その国を変えられないのでしょうか。なぜ政治家は、自国民のために正義の政治をできないのでしょうか。なぜ世界の各国は、間違っていることを間違っていると言えないのでしょうか。なぜ世界のマスコミは、ウソを報道しているとわかっていながら、今日も報道しているのでしょうか。そして、みんなで一生懸命ロスチャイルドたちと一緒になって戦争をつくろうとしているわけです。なぜでしょうか。

確実にイランがやっていないとわかっていながら、イランに攻撃するぞとか、そういうことを言っているわけです。イランからしたら、いい迷惑だと思います。それに対して日本政府も、何ではっきりとした態度ができないのでしょうか。

一応、アメリカに対して、「イランが攻撃したと断定するのなら、その証拠を見せろ」と言いました。久しぶりにやるじゃん。あの腰抜けの日本政府が、たまには男らしいところがあるのかな。日本政府は弱虫、タマなしだと思ったけど、タマが1個ぐらいは残っていたのかな。1個の半分のさらに半分、ちょこっとは残っていたのかと思ったけれど、それでもやっぱり日本政府はタマなしです。今回は日本政府が一番の犠牲者だから、「これはイランの攻撃ではない」とはっきり言えばいいのに、「じゃ、どこなんだ」ということになるから言えない。

世界中がアメリカのひとり芝居に疲れ果てていて、もはやそれを一緒に演じてやるつもりはないのです。ですから、NATO（北大西洋条約機構）もアメリカ離れがひどい。ヨーロッパはとっくの昔に引いている。それだけではないです。アメリカの食品は日本の食品と同じで、遺伝子組み換えばかりだから、輸入しないという方向にもう行っています。ヨーロッパは、スペイン以外は遺伝子組み換えを禁止にしました。つまりこれは、アメリカからの食料を輸入しないぞと言っているわけです。日本は農薬の基準が極めて甘いので、日本には何をしてもよいとばかりに、大量の売れないGMO（遺伝子組み換え作物）食品や、毒入り食材や危険な肉、ゲノム編集された魚、アメリカ人も食べたくない恐ろしい食品をどんどん押し付けてくる。EUはアメリカの遺伝子組み換え食品や牛肉は輸入禁止です。人間の食べ物ではないからです。

そして、中国が遺伝子組み換えを禁止する方向で、3年後には全てオーガニック農業にすると言っています。ロシアは前から言っています。

つまり今の兵器は、ミサイルとか核兵器だけではなくて、食料や水や種です。ここに毒を混ぜることによって、我々を殺そうというわけです。自国民を守る権利があるので、ヨーロッパが輸入禁止にするのは当たり前のことです。

翻ってアメリカです。9・11のときだったら、アメリカがこれはイランがやったと言えば、みんな信じたかもしれません。しかし今は、シラーッとしていて、誰ひとり真剣に取り上げていません。

ファーウェイの件もそうです。中国が情報を盗んでいることは確かに事実です。しかしながら、アメリカが5GやネットやSNSといったものをコントロールしていないと、将来的に皆さんにチップを入れて人類をAI管理された奴隷にするときに困る。インターネットとSNSと5Gの携帯は外せないものですから、それを中国に持っていかれるのは嫌だという、ただそれだけのことなのです。ロスチャイルドたちの悲願である、地球を一つにしていくワンワールド化、つまりニューワールドオーダーを地球に樹立して、世界政府をつくるための一つの段階において、絶対に外せないものをファーウェイが持っているから怒っているだけのことです。

トロン、STAP細胞にみる日本の研究者・技術者の悲劇、そして流出

これと同じようなことが随分前に日本でもありました。あそこ、御巣鷹山《おすたかやま》でJALの飛行機が墜落させられていなければ、日本がインターネットを制していたかもしれない。ここにいる人は知っているかもしれませんが、ウィンドウズが出てくる前に、日本はトロンというインターネットの初めのソフトを開発していたのです。今のインターネットを制するほどの、ものすごい巨大な市場をつくり得るものだったのですが、それゆえに、アメリカCIAと日本政府がグルになって、トロンの技術者が皆殺しにされてしまった。その後の日本の円安を誘導するための政策ももちろんあったのですが、私はそれが事実かどうかまだわからないから、事実かどうかわからないことは断言しま

せん。しかし、はっきり言えることは、日本にインターネットの市場を絶対に渡してはいけないから、技術者を丸ごと殺してしまったということです。

全員が一緒に飛行機に乗るほうもおかしいのですが、たまたま墜落したＪＡＬにはトロンの開発者がほぼ全員乗っていました。恐らく日本国内の米軍基地から出撃した米軍機によって、日本の民間機が爆撃されて、墜落した。何人かの生存者がいたのですが、その方々も口封じのために殺されたということです。すぐに自衛隊が救助に行こうと言ったのだから、本来ならば行ってもらえばいいのに、わざわざ日本政府は救助に行かせなかった。とめたのです。中曽根がとめたと言われています。だから日本政府とグルで、トロンの技術者を殺害したと言ってもいいのではないでしょうか。

こういったことを、ありとあらゆるところで繰り返してきました。ですから今までの時代は、天才たちの自己犠牲の時代です。どれだけすばらしいものを開発しても、研究しても、発明しても、あまりにも突出してすばらしいと、日本国内では日の目を見なかった。あるいは、アメリカのユダヤ系の資本に買い取られて、向こうで特許を取られて、アメリカのものになってしまった。

記憶に新しいところがＳＴＡＰ細胞です。山中教授のｉＰＳ細胞よりも、もっと優れた研究だったと言われています。しかしながら、それを日本が取ってしまうと、日本が次の時代の医療をコントロールしてしまう。そうなると困る。アメリカはとにかくあらゆるものをコントロールしたいので、わざと小保方《おぼかた》さんを詐欺師扱いして、マスコミで集中攻撃した。そのときも、日本政府の人たちやほかの方々は、一切彼女を助けませんでした。私は、よく彼女は死ななかったな、偉いなと思います。

記者会見のときのあの人の目を見たら、ウソを言っている人間の目ではないです。研究というのは、何百回、何千回とやって、その中で一つ成功するかしないかで、そうやって地道に積み重ねてやっていかなければいけないものです。その中でキラッと光るようなことがあったり、あるいは「アッ、これとこれをこの比率で組み合わせたらこうなった」ということが確かにあったのでしょう。それを言っただけだと思います。

日本は本当におかしな国になったな、矮小化《わいしょうか》したな、日本人は日本病になったなと心から思います。昔の日本人だったら、サムライ精神があって、「そういう弱い者いじめはやめろ」と立ち上がる人たちが結構いたと思うのです。政治家でも、メディアでも、市民でも、「弱い者いじめはやめろ。研究者が研究に失敗したりするのは当たり前じゃないか」と。それを「ウソかもしれない」とか「本当にあったんですか」とか、バカか。研究というのはそういうものであって、あったか、なかったかではない。国家を左右するような重要なすばらしい研究を、何で国がサポートしないのだ。国の宝であるはずの研究者や技術者や、天才の科学者や芸術家や発明家を、何で国がもっと応援しないのだということです。

クールジャパンとか、どうでもいいことにおカネをいっぱい使っています。いろいろなところに補助金を出していますが、あまり生きたカネを使っているとは思えない。本当におカネを使わなければいけなかったトロンとか、ＳＴＡＰ細胞とか、ほかにも私が知るフリーエネルギー系の研究とか、もっと重大な世界を一変させてしまう、ものすごい技術開発や、いろいろな研究があるのです。

エンジェルバンクという会社があります。私がやっている会社ですけれども、インドへのトップダウンの特別なルートがあります。通常のルートもあります。日本の科学者や中小企業の多くは、日本政府にバレたら潰されることがわかっているので、すごい研究や技術であればあるほど、日本政府にはあまり言わない。日本の銀行もおカネを貸さないことがわかっているので、日本の銀行にも言わない。資料だけ取られて終わり。銀行にはその技術のすごさを判断できるだけの頭のある人はめったにいない。皆無でしょう。ですから、経産省などに資料を渡して、意見を聞くことになる。すると、そこで、バレてしまう。すごすぎる技術であれば、日本政府が握り潰すこともあり得ます。いいえ、そういうことの連続でした。天才たちの自己犠牲の日本だったのです。また、日本の銀行に資料を渡しても、融資も投資もできません。バーゼル法なるものがあり、貸借対照表の数字が見栄えがよくないと、つまり、負債の部が多いと、事業資金を貸してくれないのです。だから、東芝も粉飾決算をしてしまったのです。技術系の会社では、開発時期にはお金がたくさんかかるので、負債のほうが大きくなるのは当たり前です。しかし、負債が大きい会社にはリスクが高いからと、融資できないように規定しているのが、バーゼル法です。財務省ができる唯一のよい政策は、このバーゼル法から日本を外すことです。こういう雁字搦《がんじがら》めの法律を押し付けてきては、日本の中小企業を冷えあがらせようとしているのも、国際金融マフィアです。

そのようなもろもろの事情で企業や開発者は私のところに持ってきて、海外でやろうとするのです。特に、インドに強いので、インド市場で事業展開したい企業や社長、経営者が私を訪ねてきます。

日本の天才的な技術者は、もう日本を見捨てています。日本で開発したくない。これだけ技術者や天才たちや科学者を大事にしない国に未来はないから、この国から逃げたいわけです。向こうに行って研究開発をして、向こうで商品化して、資金を工面してやりたい。だからインドやインドネシアや東南アジアに、私の会社を介して行こうとしています。ジャパンエキスポというのもやっていこうと思っていますし、いろいろな企業とのビジネスマッチングをしたり、トップダウンで公共事業を紹介したりもしています。そういったところで日本人村みたいなのをつくって、研究をしたいのです。

彼らは研究したい。そういう天才たちの技術や開発したものがいろいろとあります。ただ、NDA（機密保持契約）を交わしているので、彼らの名前や、どんな技術かということを言うことはできません。でも間違いなく、本当にすごい発明をしている日本人が結構います。世界でも突出した技術を開発していて、今、出てきているわけですが、その大半は日本人の天才たちが、こんな恵まれない環境下で開発してきたものです。

そして、次に多いのがドイツです。やはりドイツ民族と日本民族は、ものすごく優秀です。これだけ毒を食わされ、フッ素を飲まされ、ワクチンで知能を下げられ、教育で奴隷にされ、そして開発資金がすごくかかるのに、国家や政府や企業や銀行からはあまり融資もなく、研究費を出してもらえない。そういう中で、中小企業の社長さんとかには技術者系の人が多くて、『下町ロケット』ではないけれど、地球を救おう、日本を救おうと思って一生懸命頑張って研究開発してきた。そういう男たちの姿を私は見てきています。彼らの技術が花開けば、日本は来年にでも世界一の大金持ち国家になってしまいます。それぐらいのものすごい技術力を今も持っています。

しかし、そういったところにおカネが行っていません。日本国民はそういったところにおカネを送ってもらうために税金を払っているのではないでしょうか。そうしたら我々全員がそれで暮らしていけるではないですか。豊かな財源になって、年金がもらえないかもしれないと言う必要もない。それなのに、そういうところにおカネが行かない。すごい天才たちや、とても重要な研究をしたり、開発をしたり、発明をしたり、私の新しいマネーもそうですけれども、そういったところにはおカネが一切行っていない。そして、そういった日本の頭脳や天才たちが、どんどん日本から出ていっているのです。

金融鎖国状態の今の日本

日本のお金持ちは、これは危ないということで、随分前から、日本からおカネを移すようになっています。海外で会社をつくって、日本からおカネを移す人がふえています。

2019年の6月から、個人で海外におカネを送金できなくなってしまったのを知っていますか。こんなことをしたら、国内の経済は大変なことになってしまうと思います。おカネの流通がとまると、鎖国状態です。だから日本は、ある意味、金融鎖国をしたかなという状況です。個人だけではなくて、法人からも日本の外にはおカネが送りにくくなっています。これは発展途上国がやることです。インドとかがまさにそうで、インドからおカネを出すのは至難のわざです。それだけ貧しいから、国内におカネをとどめておきたいからです。

2019年、日本は今、そういう感じです。ということは、日本はもう先進国ではないということです。日本からおカネを出せないようになってしまっている。企業は違うのでしょうね。ただし、本当に実体があって、ちゃんとビジネスをやっていて、何のおカネで、どうして、こうしてと、一々全部説明して、書面を見せて、メールも見せないと送ってくれない。こんなことをやっていると、国際ビジネスで勝てません。

パーン、パーン、パーンと毎日のようにおカネが行ったり来たりしているわけです。その流れをとめてしまうと、ビジネスがとまります。そうすると日本は、恐らくいろいろな取引でおくれて、不利益をこうむります。今でさえも日本は決定が遅いから、ビジネスの国際競争に乗りおくれているのです。それがどんどん激しくなって、おカネの流れも鈍化していくと、国際ビジネスのスピードに日本だけがついていけない状況になるのではないか。

銀行に聞いてみたら、海外からおカネが入ってくる分には大丈夫です。日本から出ることができなくなりましたと言っています。でも、私の友達がサウジアラビアに投資ファンドをつくって、その子会社を日本につくりました。日本のホテルを買収しようとして、60億を日本の子会社に振り込もうとしたら、拒否されたそうです。

つまり、ショボい金額でないと、どういうおカネなんですかみたいな感じで日本に送れないわけです。どういうおカネでもいいではないですか。日本でそれを使って商売してくれるのなら、やってもらえばいい。日本のためになるのであれば、こういう外国人だったらウェルカムではないですか。今、東京や大阪でふえてきた、恐らく日本のためにならないであろう、日本の税金を食い潰すだけになるであろう、単純労働の外国人をたくさん入れるよりは、60億送ってくれる外国人のほうがいいじゃないですか。

ところが、そういうビジネスをちゃんとやれるだけのお金持ちの外国人のおカネは入れないで、単純労働者だけを入れている。だから日本の滅亡は、秒読み段階に入っていると思います。

政治が経済の足を引っ張ってきました。それがこの30年間の日本の自滅ぶりにあらわれています。経済こそ政治なのに、まともな経済政策をしてこなかった。そして深刻なデフレ経済の負のスパイラルで、日本人の収入は減り続けた。今はコロナで経済危機や大量リストラ寸前です。そんなときに、政治は、消費税10％を変えようとしない。3％にでも戻せばいいものをやろうとしない。政府が日本を私物化し、日本の富を海外に流出させ、日本を弱体化させてきた。この状態で日本があと何年もつのか。安倍政権のおかげで、日本は世界一政治の貧しい国に成り下がりました。日本経済も足を引っ張られて、貧しくなっています。日本、アメリカはともに、もはや先進国ではなく、発展途上国でもない。むしろ、衰退途上国となっています。

なぜ政治では新しい社会は築けないのか

2019年現在、金融面からも、経済面からも、マネーの面からも、円とかドルという面からも、そして自然環境の面からも、産業のあり方の面からも、今の文明は行き詰まっています。日本だけではありません。全世界の先進国の今の文明が行き詰まっている。もう大量消費・大量生産でやっていく時代ではないのです。世界は今、新しいマネーと、新しい社会体制、どういう社会を次に築いていったらいいのか、この解決法を求めているのです。

こういう言い方をするとかなり僭越《せんえつ》で申しわけないですけれども、その2つをご提供できます。そのために私は変人扱いされながら、随分前から新しいマネーの発明をして、特許も取っています。マネー以外にも、どういう社会を築いていったら持続可能な、みんなが共存共栄できて、みんなが食べられる社会になるのか。そういう新しい社会を築かなければいけない。AI時代、大量解雇時代の、年金もなくなる時代の新しい生き方とは何か。ほとんどの仕事をコンピューターがやってしまう時代に、大量消費・大量生産をしない、地球を壊さないで生きていく社会をどうやってつくるのか。そういう新しい社会の仕組みが必要です。

これは、本当は政治がやることですが、政治は絶対にできません。なぜならば、政治家はおカネが必要で、おカネはロスチャイルドたちの銀行が今刷っているわけです。ロスチャイルドたちの中身がもともと空っぽの、何の価値もないインチキマネーをかき集めた人たちが政権をとり、そしておカネで派閥を買い、おカネで政治をするようになっています。この仕組みをやっている限りは、絶対にロスチャイルドたちの思惑どおりのものしか出てきません。

そのいい例がトランプさんです。QAnonもそうですが、彼は確かにすばらしいこともやって、アメリカの雇用がふえて、アメリカ人はウハウハなのかもしれない。しかしながら、やっていることは、今までのアメリカとそんなに変わっていません。結局、日本を脅し、日本にポンコツの要らない兵器をどんどん売りつける。アメリカがよかったら、ほかはどうでもいいというような、ウィン・ウィンではなくてウィン・ルーズというやり方です。

特に、日本の安倍首相を見下していることが歴然としているからでしょうが、トランプは日本にだけばばをつかませる、フェアではない理不尽な取引を何度も日本にやらせました。そのたびに安倍はトランプの尻の穴をなめる貧相な真似をしてきました。トランプの無理難題やエゴに従順に従うので、トランプのペットだから、トランペットと安倍はアメリカで呼ばれています。

つまり、アメリカはいつもそうでしたが、トランプになってからも、完全なる自分さえよければいいぞ主義です。それはもう一貫しています。それぐらいアメリカは大変なのです。なりふり構わず、自国の利益を追求して、相手を負かして、相手が負けた分を分捕ってこないともたない。これは戦争です。だからトランプは一生懸命アメリカのために頑張ってやっているのです。アメリカの経済がもたないから、中東でまた戦争を起こさなければいけないわけです。

そして、ホルムズ海峡で日本を巻き込もうとしたわけです。中東の戦争を日本にやらせよう。今度の2019年の参院選で安倍たちをまた勝たせて、自民党が勝てば会見をさせて、日本人がアメリカのかわりに中東に行って戦争をしてくれるという筋書きです。そのためもあり、安倍には憲法改正をやらせるわけです。だから今度の参院選で、自民党と公明党を絶対に落とさなければいけないわけですが、残念ながらどこが勝っても、結局ロスチャイルドたちのおカネにひれ伏す。おカネの支配から政治家や政府が抜け出ていない以上は、つまり彼らの金融システムではない新しいマネーが台頭してこない限りは、この地獄が続くのです。また暗殺されたくなければ、彼らの言うことを聞かざるを得なくなる。

中央銀行から、アメリカ財務省に自国通貨を発行する権限を戻しても、今の中央銀行も、今の各国政府も、アメリカ、日本、イギリス、ＥＵ諸国、すべての西側の先進国の政府はロスチャイルド金融マフィアの配下にあります。ですから、ドルをチャラにして、新しい電子マネーを発行しても、それは結局、形を変えたロスチャイルドマネーになってしまう。その可能性は少なくないのです。経済の生きた市場の裏づけ、根拠がないなら、資産価値がないので、今のマネーと同じくインチキだと言わざるを得ない。中身が空っぽだから。何とも交換できないから。するとまた経済危機をいずれ起こしてしまうマネーですから、インチキです。

しかし、一般人はそれを見抜く目がないのです。だから、何度もだまされます。仮想通貨もそうですね。何とも交換できません。中身空っぽです。

電子マネーが、新しいマネーではない。新しいマネーは、経済の裏づけと資産価値がある、中身が空っぽではない電子化されたマネーです。交換できるものがある。

解決法と発想の転換、我々は何者か

今日は、解決法をもたらしたいと思います。この解決法は、私が考えているように見えて、実は私はインスピレーションを受け取っているだけです。私はクルクルパーですし、大した人間ではありません。勘が鋭くて40年、50年先の未来がわかってしまったり、いろいろなことがひらめいたりしますが、とはいえ、ちゃんと天につながっている人は、それぐらいのことは朝飯前で誰でもできます。私だけではありません。誰でもできるんですよ。

本来、人間はもっとすごくレベルが高いのです。みんな天才だし、能力が高いし、知性も高い。でも変なものを食べさせられて、変な教育を受けて、小さく小さく生きるように教育という名の奴隷調教訓練を受けさせられて、目の前の生活費のためにあくせく、あくせく、ガツガツ生きていかないといけないようなみじめな状態です。そこから脱しない限りは、絶対に大物にはなれない。大きな発想ができない限りは、大きな開発も、すごいビジネスも、すごい商品開発もできません。

全ては人間の器、発想の偉大さ、豊かさ、スケールの大きさ、非凡さ、人間の大きさから始まるのです。スケールも発想も、器も小さく、凡庸で、低空飛行しかできない人からは、何の素晴らし右も、左もない。
共に生きる未来を創造し、前に進むだけ。

絶望がある所を、希望に変えていく！
混迷があるところに、解決をもたらす！
破滅がある所に、救済と調和をもたらす！

坂の上零（REI SAKANOUE）

JAZZ PIANIST & SINGER（作詞作曲）
AUTHOR（作家 / 小説家）
INNOVATOR
新しいマネーと新しい金融システムの発明家
はこぶねコミュニティー組合　創始者
ANGEL BANK 代表

いものも生み出されることはありません。ただ生きるために、目先のパンを得るために生きているというだけであって、そういう人の語る夢も小さく、世俗的で、目標も小さい。視野も狭く、少しの半径のところしか見えない。そういう人からは、何もいいものは生み出されません。

発想が全てですから、一番大事なことは皆さんの発想を変えることです。今日は解決法とともに、そちらのほうにも行きたいと思っています。どれだけ解決法を私が語っても、それを受け取る方々の発想が小さかったら、人間の器が小さかったら、実現できません。結局は我々なんですね。だから今日の最後に、一体日本人とは何者なのか、そして我々は一体誰なのか、「Who are we?」をちょっと話したいと思います。ただ、今日は解決法ですから、解決法を今から話したいと思います。

現在の世の中の構造

現在、2019年6月です。現在の時代はパラダイムシフトが起こっている最中です。どういうパラダイムかというと、社会がこうだとすると(ピラミッド構造になっているとすると)、トップがロスチャイルドさんたち、国際金融たちです。実はこの上にまだあるのですが、それは私は言えない。このトップの方々がつくっているのが中央銀行制度です。中央銀行の下には大銀行があります。主幹銀行と言われる銀行です。

世界は一個の体みたいなものです。体には静脈と動脈という大きな血の流れがあって、血を送り、そしてまた血を戻して、循環しているわけです。血液は栄養を送ったり、濾過《ろか》したりしていて、この流れがとまれば人間の体は死にます。それと同じように、おカネの流れも決まっていて、静脈と動脈みたいなのがあります。日本に入ってくるおカネは、大体が三菱ＵＦＪの本店にまず入ってきて、そこから三井住友やみずほなどの大銀行に行き、そしてその配下のいろいろな地銀とかに行きます。いきなり地銀には行かない。信用金庫にも行かない。まず入ってくるところ、入り口があります。

アメリカもそうです。アメリカはニューヨークにあるＪＰモルガン・チェース銀行にボンと入ってくるわけです。そういうところから都市銀行、そして地銀という感じで、血液の流れが決まっているように、おカネの流れも決まっています。心臓から出たものが、いきなり毛細血管には行かないのと同じです。こういうおカネの流れ、血脈みたいなものをロスチャイルドたちはつくり上げました。

この下に大企業があって、その下にいろいろな下請けの部品とかをつくっている中小企業があります。そして大企業や中小企業には、いろいろな専門的な技術や、特許や、ノウハウといったものがあります。大企業と中小企業の優良なところ、あるいは優良な人が、そういったものを開発してきたのです。そしてこの下に、皆様の暮らしがあるわけです。ここに人々がいる。こういうふうになっています。

おカネは、必ずこういうふうに回っているわけです。中央銀行から出たものが、いきなり私の口座には入りません。おカネが回ってくる順序があります。心臓から出た血液が、いきなり毛細血管に行かないのと同じです。

そして、これは世の中の構造です。一番上に中央銀行がある。その下に大銀行がある。そして政府がいる。政府はあまり高いところにはいない。なぜならば、おカネに支配されるからです。おカネを制しているほうが強いわけです。そして、この下に各大企業がいる。経団連もそうです。原発村の方々もそうです。そして、その下に中小企業がいて、この辺に人々がいる。たくさんいろいろ有象無象がいるというわけです。

左側が社会構造、右側がマネーですけれども、この世の中にいかに潤沢におカネをグルグル回すかというのが金融政策や経済政策と言われるものです。政治とは何かを一言で言うと、これは私の考えで、もしかしたら間違っているかもしれませんけれども、教育や食料や何やらかんやら、いろいろあるかもしれないけれど、その根幹の部分は金融政策と経済政策であり、予算の割り振り、ただそれだけです。

だから政府は、大したことをやっていないわけです。金融政策と経済政策、そしてそれに基づいて予算を割り振ること。これが政治だと私は理解しています。政治が世の中をつくっていくのではなくて、我々がつくる、企業がつくるわけです。経済がつくっていくのです。つまり私は、社会を引っ張っていくのは経済だと思っています。その経済を動かすのは、我々一般市民です。

ロスチャイルドたちによる権威づけの意味

現時点では、大物政治家とか、〇〇先生とか、〇〇学者とか、〇〇官とか、〇〇医師とか、医師といっても、ペイペイではない有名な人です。こういった方々に、ロスチャイルドたちは権威づけをしたわけです。

何のために権威づけをしたのかというと、自分たちの御用聞きをつくるためです。そして下にいる人々をうまく欺いてもらうためです。下にいる世間の人々に、上にいる人たちのほうが自分たちよりも偉いのではないか、自分たちよりも能力が高いのではないか、よく仕事もできるのではないかと思わせ、この人たちが言っていることは正しいのだろう、だから任せていいのではないか、ついていっていいのではないかと思わせるわけです。

何のためにそういうことをしなければいけないのか。彼らが第一にしたいことは、「ニューワールドオーダーＮＷＯ」といって、地球を丸ごと自分たちのワンワールドにしたい。そして彼らも、世界のマネーを統一して、ＡＩに全人類を管理させて、一つの電子マネーをつくりたい。その電子マネーを管理するところが新しい政府になります。ＡＩが「世界統一政府」となり、全人類にチップ「６６６」を入れて、ＡＩの下で、一元管理する。多分、それがＮＷＯ、ニューワールドオーダーの根幹になってくる。ワンワールドみたいな感じ、電子マネーコントロール、つまりチップですよ。電子マネーというチップで、全人民をコンピューター支配するぞというわけです。

もちろん彼らは、無農薬・無化学肥料のものを食べて、チップは入れない。我々は毒を食べて、ワクチンを打たれ、チップを入れられる。このニューワールドオーダー、新しい秩序を世界につくるのだ。世界政府を樹立して、世界を統一通貨にして、支配するのだという明確な目標を彼ら持っており、ＴＰＰも、ＥＵも、日米ＦＴＡも、日欧ＥＰＡも、全てこのためにやられています。

このことを知ってか知らずか、政府や官僚たちは、これをやることがすごいことなんだ、いいことなんだ、いい政策なんだと思わせるために、ケインズ経済学とか、○○学とか、○○コースとか、最近ではＭＭＴ《モダン・マネタリー・セオリー》という、インチキ臭いものまで、あの手この手でやってくる。ＭＭＴの財政出動は確かに経済を活性化し、上向きにさせるのですが、その原資が政府の電子マネーや、現在の中央銀行ロスチャイルドの詐欺マネーによる新たな借金である場合、利子をどういう位置づけにするのか、利子を払うとまたロスチャイルドへの上納金となり、何の意味もないばかりか、ジンバブエになってしまう可能性があります。利子をどう払うのかの議論がないまま進む、現在のMMT理論には、効果は認めつつも、そういう観点から、懐疑的です。どう転んでも、早い話が、全部ロスチャイルドたちの都合がいいようにやりましょうということでしょう。そして、皆さんのおカネをできるだけかっさらうわけですね。

ところが、日本の金持ちが日本からおカネを出すことが多くなってしまった。恐らく破綻が来るだろうから、この国の未来はもう見えない。そうすると、円を国外に出せないようにされてしまった。日本はまるで発展途上国です。いや、厳密には、衰退途上国なんですがね。

こうやって、自分たちに都合が悪くなったら、何も言わずにパパッとそういうことをする。ロスチャイルド系の国際金融マフィアと私が呼んでいる方々は、明確にNWOニューワールドオーダーを世界で樹立したいのです。

政治家とか○○先生、○○官、○○医師とか、○○会社、○○大学、そういった方々に権威づけしていくもう一つの理由は、自分たちの法定通貨（法定マネー）、要は円とかドルの詐欺性をごまかすためです。その中身が空っぽだ、実はインチキだ、ウソだということがバレてほしくないわけです。

ロスチャイルド財閥の始まり（マネーの始まり）

知っていると思いますが、これは知らない人も見えるのでちょっとだけお話しします。ロスチャイルド財閥の創始者は、マイヤー・アムシェル・ロスチャイルドといって、ドイツのフランクフルトのゲットーの金細工屋さんでした。5人の息子と5人の娘がいました。

その時代は金《きん》がおカネだったので、金を担保にして流通が起こっていました。金の細工をするのが彼らの仕事だったのですが、多くの人が「うちに金があると危ないから、金細工屋さんで預かってて」と言うので、金を預かって、預かり証を発行した。「おたくの金のネックレスをここで預かっています」。初めはそれだけでした。

ところが、ここに金を預けてあるという証書を担保に、「畑を借りさせていただけないか」とか、そういうことになってきました。そして、金がどんどん金細工屋の倉庫にたまっていき、そのたびに預かり証が出ていった。手形みたいなものですね。そこに金があるということが一つの信用になって、売買取引が成立していくわけです。

あるとき、金細工屋の金庫に貸す金がなくなった。いっぱい貸し出しすぎてなくなってしまった。

さて、どうしようか。彼は、金がないのに金があることにして、「あなたにこれだけの金を貸します」という完全に嘘、中身空っぽの借用書を出せばいいと思いつきました。デタラメ、詐欺の借用書をもらった人は、金を持っていることになっているけれど、実はないわけです。ないのに借用書だけがロスチャイルドから与えられた。完全にその場しのぎの嘘でした。

そして、この借用書があるから、彼は借りたおカネを返さなければいけない。返せなかったら、家とか、本当の実体経済にある実物資産を取られるわけです。でも、もともと金はなかった。ないのに借りたことになっている。それが今のマネーの始まりです。ないのに貸している。何の資産も、何の根拠もないのに、何の資産の裏づけも、何もないのにおカネを刷っているわけです。しかし、元手ゼロから、巨大な資産を生み出し、担保でいろいろな実体のある実質資産（家、土地、田畑、山、城、生産物、サービスなど）を乗っ取ることができました。完全なる詐欺のマネーにより、戦争がないところに戦争を作り出しては、対立させて、競わせ、戦わせて、どちらからも漁夫の利を得て、巨大な大富豪となってしまいました。各国政府を使って、金融とインチキマネーで、世界中の政府や大企業、中央銀行を支配してきたのです。その一族により中央銀行制度がつくられて、200年間地球を支配してきました。ルシファーの知恵と力で。だから、彼らはずる賢く、知恵では勝てません。

こういうことをやっていると、必ず頂点を打って、バーンと暴落するときが来ます。価値があるものと、価値がないものを交換し始めてしまうからです。おカネというものは対等の価値と交換しなければいけない。おカネの役割は、価値の交換と、価値の査定と、価値の流通、この3つです。おカネにはそれ以外の機能はありません。だから貝殻とか紙とか、しようがないものがいいわけです。

マネーの欺瞞性・信用創造

ロスチャイルドたちがつくったおカネは借用書です。だからおカネが出回れば出回るほど、中身は空っぽで、何にもかえられないインチキマネーが出回るということです。一応、金とかえられることにはなっていますが、金がないにもかかわらず、かえるものが何もないにもかかわらず、おカネだけを発行する権利を銀行に与えたのです。これが「詐欺の正当化」をするための「信用創造」というインチキな金融システムです。「詐欺してもいい権利」を銀行に与えたという理解で正しいでしょう。その権限を各国政府に認めさせて、政府から、紙幣発行権を奪ったのです。金融を制し、紙幣を発行するところが国です。ですから、政府は、国の一番の根幹を、ロスチャイルドにやらせており、自分では保持していない哀れな使用人状態になってしまったのですね。

そして銀行は、銀行の金庫に何も実体がないのに、全く無から有を生み出すことができるようになった。

例えば、Aという会社がやってきて、「こういう事業をするから運転資金3000万貸してくれないか」。「いいですよ」と言って貸した瞬間、3000万が生まれるわけです。3000万という負債が生まれる。その方は、3000万というおカネをもらって、利子をつけて返さないといけないわけです。そして、そのおカネを返すために頑張ってビジネスをしていく。

おカネを返すためにビジネスをしているとは思いませんが、いずれにしても、銀行の負債は銀行がゼロから生み出したものです。全てのお金は、銀行で、無から生み出すのですよ。銀行は全く何も仕入れてもいなければ、つくってもいない。何もしていなくて、コンピューター上をポンと押しただけの、たったそれだけの、空気から生まれた3000万のために、彼は一生懸命汗水垂らして働いて、借金を返して、利子を払っていくことになるわけです。払えなかったときには、彼の会社の株とか、抵当権とか、家とか、そういったものが担保で取られてしまう。それが銀行の資産になっていくわけです。ですから、銀行はある意味、詐欺の片棒みたいなことが一つの生業《なりわい》になってしまったわけです。

本来の銀行はそうではない。ちゃんと事業の価値を見て、目利きで、これに投資するべきかどうかをちゃんとやるのですが、今はどちらかというとそうではなくて、単なる窓口の銀行業務みたいになっていて、本当に目利きがある銀行員はすごく少ないと思います。

いずれにしても、彼らが何のために銀行や政治家の先生、〇〇学者、〇〇大学、〇〇医師、そういった方々に権威づけをして、偉い人であるかのように見せかけて、こういう社会構造をつくったかというと、全て彼らのマネーの詐欺性を隠すためです。

その一番いい例が信用創造です。信用創造とはそもそも何だ。信用を創造するんです。おかしいですね。この言葉のマジックにだまされないでください。信用を創造するというけれども、結局は空気から、何もないところから、借用書を発行している。ただそれだけのことです。その流通する借用書がマネー、今の紙幣です。ですから、今の紙幣がふえればふえるほど、出回れば出回るほど、いろいろな人生の悲喜劇が起こってくるわけです。

でも、考えたらおかしいと思いませんか。多くの方々は今、何のために生きているのでしょう。もし、おカネがもらえなかったら、明日その仕事をやるでしょうか。おカネをもらえなくても、明日、今やっている仕事をやるという人、手を挙げてください。――いませんよね。今大学に行っている人たちは、何のために大学に行っているのでしょう。本当に学業をきわめたいのでしょうか。何かの研究をやりたいのでしょうか。昔はそうでしたが、今は違います。大学に行くのは就職するためになりました。

では、何のために就職したいのでしょうか。給料を得るためではないですか。つまり、みずから彼らがつくったこのサイクルの中に入って、みずから値札をつけて、奴隷になっているということです。東大を出ても、このからくりに気がつかない。そして成功者をあがめる。彼らが権威づけした方々を偉いと勝手に思い込む。全然偉くも何ともないですよ。ただ彼らの詐欺をごまかしてくれる、隠してくれる方々です。こういう人々を「エリート」と呼びます。こういう権威づけにだまされてはいけません。裸の王様が裸だとちゃんと見抜く純粋な子どもの目を持っていれば、ホンモノかニセモノかは一発でわかるはずです。

そうでないから、日本人は前に、ロバート・フェルドマンとか、竹中平蔵みたいなインチキ経済学者にだまされたわけです。「だってあの人は○○の経済学者だから」「慶応大学の先生じゃないの」「ハーバードを出ていて、経済学博士を取っていて、モルガン・スタンレーというところの偉い人なのよ」。だからどうしたのと私は思いますが、言っていることが間違っていることを見抜けない。So, what? そんなのはどうでもいいことです。本当にインチキで、国際金融マフィアの言いなりに動くインチキ学者です。人々をだまして、政府に国を売らせるように仕向けることが仕事です。中身は腐っていても、包装紙だけがご立派だったら、それに喜んでおカネを払っているのが今のバカな日本人です。中身は腐っているんですよ。包装紙がきれいだったらいいのかという話です。逆に、包装紙があまり立派でないと、中身は立派でもそれを見抜けない。

『王子と乞食』という童話を知っていますか。王子様が、自由がなかったので、自分とそっくりな乞食と「かわろう」と言ってかわってみた。その人になって自由な人生を楽しんだら、えらくつらかった。乞食は、一回でいいから宮殿の中で暮らしてみたいと思って行ったら、えらい窮屈で、もう帰りたくなった。乞食は王子様が帰ってきてくれないかなと思って待っていたけれども、本当の王子様はなかなか帰ってこられない。「何だ、おまえは」と、門番に追い返されてしまう。門番が守っている王子様は実はニセモノなのに、それに気がつかないで本当の王子様をボコボコにしているわけです。

最終的に、王子様が帰ってきて、乞食と入れかわるときが来ます。世の中のことがよくわかって、ちゃんとした政治をしなければダメなんだということになるのですが、滑稽なのは、王子様を守っているはずの門番や家来が、王子様がいなくなったことに気がつかない。王子様と乞食が入れかわったことに気づいたのは、乞食のお母さんです。「この子はうちの子じゃない。顔はそっくりだけど、あなたは誰なの」ということになった。「実は私はエドワードだ」と言っても「ウソばっかり言うんじゃないよ」となかなか信じてもらえない。

これはおもしろい話かもしれないけれど、世の中がそういう構図になっているということです。本来であれば、もうちょっとやっている仕事の価値を認められたり、もうちょっと社会的地位があってもいいような方々、例えば無農薬農家さんとか、漁師さんとか、あるいは技術者さんとか、一生懸命頑張っている中小企業のおやじさんたちとか、こういった方々が乞食みたいな状態になっている。そして、本当はそんなに大したことをしていない人たちが、権威づけだけですごいかのように思われて、あがめられている。実際、中身は大したことないのに、それを見破ることができない大多数の愚かな民のおかげさまということです。

家来も含めて全員が愚かで、本質を見抜く目がないから、このような詐欺に誰も気がつかない。王子様がいなくなっているにもかかわらず、わからないで、乞食を王子様だと思って一生懸命頑張って見下していたはずの乞食に仕えているわけです。つまり人間は、中身はどうでもよくて、立場や権威といったものに惑わされてしまい、本質が見えなくなり、そういう「どうでもいいもの」や「ニセモノ」にひれ伏す習性を持っている。ホンモノがわからない。見抜けない。それぐらい人間は愚かだということです。ここから我々は出る必要があります。

今までの世界についてのまとめ

今現在は、3次元と4次元です。3次元、4次元の世界は、物質の世界であり、時間の世界です。私も時間とは何だろうと随分考えたけれど、いまだにわかりません。どうして今日が終わったら明日が来るのだろう。これに対してちゃんと科学的に説明できる人がいたら、私に教えてください。

どうして明日が来るのか、私はいまだにわからない。なぜ1日が24時間なのか、それと宇宙の膨張の関係や、そういったものがさっぱりわかりません。わからないけれども、必ずそうなっていくでしょう。とにかくこの3次元と4次元に私たちはいるわけです。だから私が幾らイヤでも、明日、目覚めたら、私はここの3次元と4次元にまた生まれて、坂の上零として生きていくことになります。突然ほかの誰かにはならないのです。

この3次元と4次元の世界は、ロスチャイルドたちを筆頭にした国際金融マフィアの方々が牛耳る社会構造のヒエラルキーになっています。私たちはこのピラミッドの下のほう、この辺のどこかにいるわけです。その私たちは人生を生きるときに、政治家とか、学者とか、○○先生、○○官、○○医師、そういった名前や権威や言葉に左右されて、本質を見抜けないで、あがめる傾向があるという話をしました。

それはわざとつくられたものです。何のためにつくられたのでしょうか。今の3次元、4次元の世界を牛耳っている方々、ロスチャイルドたちがつくったインチキマネー、空っぽマネー、詐欺金融システムの本質を暴かれないためにつくられました。本質を隠すために、学者や政治家や政府の官僚や○○医師といった方々を、とにかく社会の高い地位に置いて、中身はそんなに大したことがないかもしれないけれども、エリートといって、それをみんながあがめて、目指すようにさせたわけです。それが今の社会の「権威」「エリート」の正体です。実は空っぽ、中身がないのです。

しかし、エリートとは、本当はそうではない。例えば、すごい発明をしている人とか、名もなき芸術家とか、名もなきホンモノのすごい才能を持った方とか、あるいは無農薬・無化学肥料ですばらしい作物をつくっている農家さんとか、誰も知らないけれど、そういった方々が本当はエリートなのではないかと私は思います。そういった方々は、なぜか今のこの3次元、4次元の社会では、表に出てくることがない。だから天才たちの自己犠牲の時代だと言っているわけです。

パラダイムシフト・大試練の時代

ところが時代が変わりました。我々は今、パラダイムシフトの最中です。では、どこに今から向かっていくのか。2つの可能性が考えられます。

さっき言いましたが、このまま自然環境破壊を続けながら、大量消費・大量生産をやめないで、こういった方々の権威づけを一般人がむやみに信じて、ロスチャイルドたちのインチキマネーに左右されて、カネの奴隷であり続けるならば、恐らく人類は30年以内に、みんなまとめて絶滅していくでしょう。全員とは言わないけれど、9割ぐらい絶滅すると思います。だから今、私たち人類は岐路にあるわけです。全員仲よく絶滅するか、またはここでちょっと立ちどまって、「待てよ。ここから出る道はないのか」ということを考えて、真剣にその道を歩むかのどちらかです。ともに生きるか、ともに滅ぶか、どちらかしかないわけです。このまま行けばともに滅ぶので、ともに生きる道、どうやったら我々は絶滅から逃れられるのかという解決策をご提案したいと思います。

この方々も、自分たちの力が及ばなくなるときが来ることはもうわかっています。なぜかというと、5次元の世界をつくっていく必要があって、それが来てしまうからです。3次元、4次元から5次元へ時代が移行します。我々は今その途中です。だから大試練のときです。大淘汰の時、選別の時が来ました。こういうふうに言うと嫌がられるのですが、事実だから言わなければいけない。

ここでは、どれだけおカネを稼いだかとか、どれだけ美人だとか、どれだけエリートだとか、どれだけ出世したかはあまり関係ない。一番重要なことは、天から見て、残したい人間かどうか、それだけです。天から選ばれるかどうか。私も選ばれないかもしれません。いずれにしても、誰が5次元に行けるのかはわかりません。私も行けないかもしれない。それでもいいのです。とにかく今を一生懸命生きることです。

大試練が来ます。こういう言い方はしたくないですが、あえて書いておきましょう。「選別」の時代です。選別されるから大試練が来るわけです。どうしてそんなに厳しい試練が来るのか。経済が厳しくなり、金融が崩壊し、食料危機が来て、そして今までの常識が通じなくなる。にっちもさっちもいかなくなったら、人間は本性があらわになって、獣化していく人と、聖なる人になっていく人と、2つにはっきり分かれていきます。もうまやかしは利かない。それではっきりと識別するのだと思います。

誰が識別するのかというと、あえて言うならば、大宇宙の源の神、天です。私でもないし、誰でもないです。今がその時代だということです。その時代だからこそ、大試練があるのです。

なぜ日本は大試練を受けているのか

もう一つ、何でこんなに今、日本は大試練を受けているのか。シリアの攻撃のようなことを日本も受けています。シリアはわかりやすい方法で、アメリカやロシアから爆撃され、女・子どもまで血を流している。小さな子どもたちの遺体がずらっと並んで、痛々しくて見ていられません。これはないだろうと思うわけですが、しかしながら、これから日本もそうされるのです。ただし、爆撃ではありません。食と水とワクチンによってです。

一気に攻撃されたほうが、まだわかりやすいからいいのかなと思うのですけれども、我々は「ジワジワ・アウシュビッツコース」です。彼らは「一発アウシュビッツコース」で一気に毒殺され、こちらはジワジワ毒殺されるという感じですね。でも毒殺には変わらない。

今からは人工ウイルスをばらまかれて、社会が混乱し、経済危機を起こされます。国家非常事態宣言を発令されて、私権制限されると、外出禁止や、集会の禁止など、共産主義のファシズムのような社会になっていきます。重く、暗い社会を作り出されます。企業や人々を貧しくさせて、666の政府の電子マネーを発行してくるでしょう。さらにワクチン義務化をしてくるでしょう。新薬、ワクチンにはもちろんウイルス以上の毒を入れてくるでしょう。ほかの重症な病気にかかるように。ワクチンの中にチップを混入される可能性も高いのです。このようにして、人々をＡＩ管理下に強制的において、ＡＩが人類を一元管理していくことになるでしょう。

人工ウイルス、災害などによるパンデミックは、人々を貧しくさせて、政府に屈服し、電子マネーのベーシックインカムや補助金などのアメにすがり、頼ってくるように調教しては、政府に従順にさせていくことでしょう。5G、6Gもこれに貢献し、政府や権力者に従順な小さなロボット人間、ゾンビのような考えられない人間を量産していくでしょう。人民の貧困化、企業の衰退、国家の矮小化はこうして起きて、意図してつくられていきます。トランプが悪人やディープステイト側を大量逮捕するためのパンデミック演出と外出禁止などと言われていますが、そうかもしれませんが、真相は不明です。一部はそうなのでしょう。私にはわかりません。

しかし、私にわかっていることがあります。それは、どんな動向も、このパンデミックや故意ウイルスによる経済危機も意図的につくりだされており、それは全て、新しい電子マネーの出現のためにあるのだと。そして、その先に起こることは、あなたに、666を埋め込むことです。

だからはっきり言って、第3次世界大戦はもう始まっているのです。現代の戦争は、人工地震、人工ウイルス、細菌兵器、遺伝子組み換え種子や食品、ゲノム編集された種や食品、ワクチン、過剰な薬と医療などであり、これらすべてが、人を殺すための兵器として利用されているということです。すでに戦争で攻撃されていること同じなのです。現代の戦争の形は、ミサイルや核兵器ではなく、細菌や、食料、ウイルス、ケムトレイル、原発事故、種、ワクチン、薬などです。

日本は今、戦時中みたいなものです。我々は明らかに民族抹殺の危機を迎えていると言ってもいいのではないでしょうか。

では、なぜ日本人がこれだけ狙われるのか。こういうふうに言うと一部の人からすごく怒られるのですが、パンドラの箱というのがありますね。いろいろな知恵や秘儀が入っている。本当のパンドラの箱は、日本人の縄文時代から綿々と続く我々のDNAです。これを研究していくと、我々日本民族の遺伝子がアダムとイブぐらい古いということがわかってきます。そして黒人は違いますが、多くの民族を生んだのは我々YAP遺伝子を持つ縄文自体からの日本民族であり、縄文時代までの昔には、日本が世界の中心であったこともわかってきています。これは事実です。縄文時代は1万8000年あったわけですから、どう考えても日本が一番古い。エジプトやメソポタミアよりも古い。

5次元の世界、利他の愛に生きる新しい世界、そこに行くための選別

今は3次元、4次元ですけれども、そこから5次元の地球に向かっていかなければいけない。では5次元の地球になったら、どういうことになるのかをちょっと見てみたいと思います。

まずは、今の世界とは全く正反対の世界ができます。どういう世界かというと、このように反対になります。一番偉いのが人々です。偉いというか、上下がコロッと反対になるわけです。一番下が大銀行とか、こんな感じです。今は上と下の世界、上下の世界です。もちろん5次元でも上下はありますけれども、役割分担による共存共栄の世界です。上とか下ではなくて、みんながそれなりのところで自主的に自分たちができることをやって、そして社会がグルグルグルグル展開していくという感じで、全く違う社会になります。5次元の社会は、地球大文明と言ってもいいぐらいのとても美しい世界です。

今までの世界は恐怖に支配されています。おカネがなかったらどうしよう、生きていけないのではないか。今の仕事をやめたいけど、やめたら行くところがない。「食べていけなくなる」ことが怖い。しようがないから、やりたくないけどやろう。今までは、人々は恐怖とおカネに支配されて

います。だから正しいことをしたくても、勇気がないから、損をしそうだからという恐れが常にあってできない。一歩を踏み出せない。つまり偽善者にならざるを得ないわけです。しかし、そういった人はここで淘汰されていきます。そんな人は要らない。そういう人がいるからダメになっていくのです。

どういう人が選別されて5次元に行くのか。宇宙で一番強いエネルギー、愛のエネルギーに満ちている人です。愛のエネルギーの人というと、恐怖の反対です。しかし、かくいう私にも恐怖がありますし、未来が不安になることもあります。食べていけなくなる恐れは、私にもあるのです。しかし、それでも、私は、天の御心を成すために生きると決めたので、自分を捨てて、天命に生きます。その道から外れることはありません。

では、どうやって、私は、未来への不安や食べていけなくなる恐れに打ち勝つのでしょうか？

大いなる神の愛、聖なる自分自身がいるからです。神の聖なる願いがあるからです。そして、どんなときでも、神は私を見捨てないことを知っています。大いなる愛に包まれているのです。だから不安も飛んでいきます。私にも不安がないわけではないけれど、神への信頼を試されているので、神を完全に信頼することで、不安は消えるのです。

恐怖を克服するのは、恐らく人を愛する気持ち、無条件の愛に生きること、それだけではないでしょうか。それは大宇宙意志の神を愛することと同じです。あと、正しいことをしようとする決意、自分を信じ切る自分への信頼、困難よりも強い勇気、そして、愛です。愛がないと、正しいことをやろうという勇気は湧いてこないです。正義感だけではやれません。そして、正しい生き方を、たとえ自分が損をしてもできる人。自分の欲得で動かないということです。私利私欲がない人です。正しい生き方を選んだ人です。

つまり、愛のエネルギーの人であり、正しい生き方をたとえ自分が損をしても選んだ人であり、与える人、私心のない人、はっきり言えば、魂の美しい人です。心が高潔な、利他の愛のある、誠実で、正直で、気高い魂の人です。5次元はこういう人たちが集まる社会になると思います。

これは私が言っているのではありません。おまえは何の権限でそんなことを言っているのだと思われるかもしれませんが、本当にそうなのです。私はこういうお話をするときには、ちゃんと天につながって、それを確信してからお話ししています。私が話しているというよりは、お伝えしている。代弁者みたいな形で言っているわけです。

予言しますが、重複しますが、今から困難な時代が来ます。今までの3次元の未熟な文明がロスチャイルドや現政府の創る「マネー」とともに崩壊していきます。生活の土台が崩れていきます。

今まで安心安全だと思っていた業種から、不安定になり、泥船になっていきます。政党、政治、政治家には、これらを救う力はありません。知恵もない。政府、政党も含めて、どんどん行き詰まり、一度終わります。天と魂がつながった利他の愛に生きる、清い人、聖なる人、目覚めた人だけ、選別されます。地位の高さ、金持ちか否かは、あまり関係なくなります。心の中しか見ませんから。

その困難な中でも愛を捨てなかった人、愛に生きた人、勇気を持って正しいことをする選択ができた人、私心のない心で与えることができた人、そして魂の美しい人が選ばれます。自分さえよければいいみたいな人は要らない。あるいは、正しいことが何かわかっていても、自分の私利私欲のためにそれを選ばないとか、いじめられている人がいても助けないとか、見て見ぬふりをするとか、そういう人は今までたくさんいて、それが普通の人だったと思いますが、根こそぎ要らないです。

我々は3次元、4次元の現在から、大きく5次元に向かっていこうとしています。逆に言えば、そうならないと人類は滅びます。宇宙の一番強いエネルギーである愛に目覚めて、愛に生きる方々が中心になって社会をつくれば、恐怖やおカネに支配された世界になるでしょうか。恐怖やおカネが人をコントロールできるでしょうか。できないですね。

今たくさんの試練があるのは、私たちが目覚めるためです。人類が目覚めるのが早ければ早いほど、試練は軽くなります。逆に言えば、我々が目覚めなければ、試練はどんどん重くなっていきます。

なぜ日本はTPPを回避できなかったのか

日本は何でTPPをとめられなかったのか。何でTPPになって、私たちはこれから地獄のような日本を生きていかなければいけないのか。国ごとアウシュビッツにされなければいけないのか。なぜだと思いますか。

安倍政権と自民党の議員のせいだけではないですよ。外務省や財務省や経産省のせいだけでもないです。私たちが無関心だからではないでしょうか。私たちが偽善者だからではないでしょうか。私たち日本人の質があまりにも落ちているからではないでしょうか。日本人はTPPをやられて、これから国ごと売られ、民族ごと全員殺されようとしています。そこまでされなくても、目覚めてさえくれたら、TPPは回避できたと思います。ところが回避できなかった。それは日本の一般人の質があまりにも低いからです。一言で言えば「日本病」だからです。

日本がこれから滅びていこうとしているのに、吉本を見て笑っている。そしてセミナーをしたら、必ず本質を外して、絶対に本当のことは言わない。自分だけ安心なところにいて、どうでもいい話題で盛り上がっている。偽善者です。こういう人たちがふえて、日本人が醜くて救うに値しない人たちになっているからダメなんです。

こういうふうに言うと、私は嫌われて、怒られて、何様だと言われるのですが、「言え」と言うから私は言っているのです。本来の日本人は、こんな日本人ではなかった。いじめっ子が誰かをいじめていたら、ちゃんと戦うのが日本人だった。そういう潔い、美しい心があった。人間に対する愛情もあった。自分の子どもだけをかわいがったのではない。そういったものが根こそぎないでしょう。あるのかもしれないけれど、それで生きている人は少なくて、みんな偽善者です。

なぜか。おカネと恐れが支配しているからです。皆さん、おカネと恐れに支配されている。私が思うに、日本人の8割がTPP批准前に目覚めていてくれたら、TPPは回避できました。しかし、日本人の堕落はあまりにもひどくて、自分のことしか考えない。上っ面でしか生きていない。偽善者で、弱虫で、意気地なしで、男は男らしくなく、女は打算的です。こういうふうになったから、早く気づけと天が罰しているのです。

日本人は、もとの日本人に戻るだけでいいのです。日本人にはサムライ精神があった。立派な、美しい、気高い精神を持っていた。それを現在の日本病になってしまった大多数の普通の日本人に取り戻してもらうだけで、日本は今でも復活します。でも、ほとんどの人がおカネと恐れに支配されているから、貴重な一歩を踏み出していただけないわけです。だから日本人の8割が気づくまで試練は続きます。

これから容赦なく日本人は虐殺されていきます。遺伝子組み換えの食、ゲノム編集、恐ろしい狂った種、人工ウイルス、細菌兵器、貧困化、ワクチン、セシウムなど、あらゆるもので。その一個一個に対して幾ら条例をつくっても、幾ら反対、反対、反対と言っても、言っている本人がおカネと恐れに支配されているからダメなんです。結局、私たち一人一人の人間が劣化しているからダメなんです。だから私たち日本人が本当に高い精神レベルを取り戻しさえすればいいわけです。それが解決法です。

では、どうしたらいいのか。それを今から話していきます。ポイントは、おカネの恐怖と、「食べていけなくなる」恐れのために、人間として、正しいことをできない恐れ、この2つをどうやって克服するかという解決法を見出せればいいわけです。それをご提案します。

5次元はどういう世界か

博愛、神の愛、人類愛、つまり、自分の愛する人だけを愛する世界愛を超えて、大いなる愛のエネルギーの人、魂の美しい人、私心がない心で与える人は、「私がやったのよ」とか「私のおかげなのよ。感謝しなさい」とか、そういう厚かましいことは言わない。ただ黙って与えるだけです。

受け取るほうも、感謝して受け取る。「当然よ」みたいな感じで受け取っていたらダメです。5次元の世界は、こういう人たちが中心になります。高い知性と感性、高い精神性、そして汚れない美しい心の人たちばかりの世界になります。

こういった人たちばかりになりますから、まず優れた芸術が生まれます。壮大な音楽です。それもしょうもない、わけのわからない低レベルな、今の日本の芸能界のようなくだらないものではない。どこかのごみ箱みたいな連中が、どうでもいいようなことをやっている、ああいうレベルの低いものではなくて、バッハとか、ラフマニノフとか、ブルックナー、ジャズならゴンサロ・ルバルカバ、ビル・エヴァンスとか、ああいった本当にすごい音楽が生まれます。ヨーロッパの名もなき人たちが神に捧げた絵画はすばらしいです。教会に壁画が描かれていますが、芸術家たちは神への気持ちで描いたので、名前さえ残していません。そういう美しい気持ちが人間にはあったわけです。

そういうレベルの芸術や音楽、そして地球を破壊しない異次元のすごい科学。地球を破壊して、いろいろな生命体を絶滅させていく今の科学ではないです。遺伝子組み換えや、ああいうものは科学ごっこです。DNAをいじくって、地球上になかったわけのわからない変な生物を生み出して、バカみたいに喜んでいる。こういうくだらないことを科学者がやらない、低次元の科学遊びごっこをしない、もっと高次元の神の域の科学になるわけです。

それは地球を破壊しなくても無尽蔵にエネルギーを取り出し、そして宇宙船みたいなものもできるでしょう。空飛ぶ車はもうできています。フリーエネルギーもできています。すごい技術ができていますが、今、我々はまだサル同然で、自分のためにしか生きないサルみたいな人が多いから、申しわけないけれど、そのサルに5次元のすごい技術を扱わせるわけにはいかない。私利私欲で、自分たちのためにしか使わないからです。

おカネという今の金融システムが一回バーンと崩壊した後でないと、そういう高次元の技術は出せない。今の段階で出すと、必ず兵器にされてしまうからです。今、プラズマにしても何にしても、ものすごい技術ができていますが、一晩にして町ぐらい消してしまう。静かに絶滅です。そういうとんでもない技術ができているにもかかわらず、我々の意識レベルがサル以下だから、サルに高次元の技術は渡せないのです。

5次元の世界は、宇宙船みたいなのが行き来するようになりますし、ホログラムの技術で、そこに行かなくてもホログラム技術で、自分の仮想のミニ版を送り、ホログラム同士で会話をしたり、遠くからでも話ができるようになります。テレビ会議みたいなものかなと思います。いずれにしても、今現在、もう既に最先端科学はとんでもないところまで行っています。フリーエネルギーだってできています。原発を使わなくても無尽蔵で、電気代がただみたいになる。そうすると戦争する必要もない。エネルギーの奪い合いをする必要もない。すごい技術の登場によって社会がガラッと変わって、おカネによって人を恐怖で支配する仕組みが全部なくなるわけです。ロスチャイルドたちのおカネ儲けは常に詐欺です。詐欺マネーにより皆さんをおカネの奴隷にして、恐怖から自由にさせないようにしてしまう。

皆さんは何のために生まれたのでしょうか。ロスチャイルドのおカネを集めるために生まれたのでしょうか。今の世の中では、ロスチャイルドのおカネをいっぱい集めた人が成功者ということになる。でも、ロスチャイルドたちのインチキマネーを幾ら集めたって、今のままの低次元の現代文明と強欲グローバリズムを続けると、30年以内に、人類は滅亡します。今の子どもたちには地上で人間らしく豊かに生きる未来はないのです。○○通貨や暗号通貨というのも中身が空っぽでインチキですけれども、そうしたら今の法定通貨のほうがまだましですよね。どちらも、同じ元締めの手中にあります。

支配から逃れるには、恐れから目覚めること

いずれにしても、この方々がつくったヒエラルキーの中にいる以上は、結局、我々は逃げられない。まず大前提として、精神的なところだけでも、この方々に支配されない人間になる。ということは、恐れからの目覚めです。もう恐れるのはやめろというわけです。

医食同源NAUはこぶねコミュニティーの話をする前に、なぜこういう話をするのかというと、私たち一人一人がちゃんと確立されていないと、たとえ政権がかわろうが、はこぶねコミュニティーができようが、何ができようが、方舟には乗れません。だから、私たち一人一人が天につながるときが来たのです。では、どうやって天につながればいいのか。「天につながること」イコール「目覚めること」です。目覚めなければ、天にもつながれないので、まず目覚める。悟る、自らの聖なる人と対話。

何から目覚めるのかというと、恐れからの目覚めです。自分の中にいる聖なる人と対話しながら。そして、正しいことをする勇気を持つ。「そんなの当たり前じゃないか。おまえに言われる必要ないわ」と言われるかもしれませんが、正しいことをする勇気があると思う人。——何人かいますね。すばらしいです。例えば、それをすることによって死んでしまうかもしれなかったとしたら、それでもやりますか。——やりますか。すごいですね。すばらしい。そこまでの意気があることが必要です。

なぜならば、今まで、この地球では、正しいことをしていたら殺されてきたのです。でも、そういったところから自由になるには、それを恐れないことが必要です。恐れると、ロスチャイルドたち支配者たちの奴隷になります。彼らのことを恐れなければいいわけです。恐れなくなるためにはどうすればいいのかというので、はこぶねコミュニティーがあるのです。

正しいことをする勇気と、恐れからの目覚めと、おカネのために生きないということです。おカネは大事ですけれども、物事を選択したり、やるときの目的がおカネになっていてはダメです。それではロスチャイルドたちの思うつぼです。最終的には、自分がおカネのとらわれや恐怖のとらわれから解脱していく。

自分の中の「聖なる人」と出会う

どうやって解脱するのか。この世の中にはどこにも天国なんてありません。もし、唯一そういったものがあるとすれば、自分の中だけです。自分の心の奥に、自分の心の中の「聖なる領域」というのが恐らく誰にもあると思います。私は「聖なる人」と言っているのですが、自分の中の聖なる人と出会うことです。必ずいます。そしてそれは、誰がどれだけ圧力をかけても奪い取ることはできません。必ず一人一人の中には聖なる領域があり、聖なる人がいると思います。

そこに気がついたら、それをたまにしか思い出さないのではなくて、そのものとして日々を生きる。自分の価値観の中心に、自分の中にいる聖なる人を置くということです。レベルの低い自分ではなくて、レベルの高い自分を中心に置いて、それで世の中を見て行動していく。そうすると、人生がガラッと変わってくると思います。それを習慣づけて、自分が損をしても正しいことをする勇気を持つ。おカネのために生きるのではなくて、自分は本当は何のために生まれたのかを意識する。

それを「真我の目覚め」というのですが、本来自分がすべきことにもっとちゃんと向き合って、やってみようという生き方をすることです。

私利私欲で、「私がやったのよ」とか「私の名を残すために」とか「私が儲けるために」とか、それがあってもいいけれども、それだけのためではなくて、今崩壊していこうとしている日本や、このままでは人類は地球に住めなくなってしまうといったことに対して、価値ある一歩を、小さくてもいいから踏み出そうとすることです。そういう自分自身であってもらいたいなと思います。

恐らく自分の中の聖なる人は、そういうところに自分を持っていこうとします。でも、弱い自分もいます。いろいろな自分がいるのがわかると思います。実際問題おカネもかかりますし、子どももいますし、妻がいたり、旦那もいます。「ちょっと無理だから、それは坂の上に任せておいて、私はやらない」とか「時々講演に行って終わり」とか、そういうことではダメなんです。今までずっとそうだったでしょう。それを少しずつ改めてみようということです。行動する中にしか成長もなく、悟りもない。魂の成長もありません。内なる聖なる人は、行動の中にこそあらわれてきます。

大宇宙の調和の根源につながる

何のために生まれたのかは、それぞれ違うけれども何かがあると思います。本来、自分がしなければいけないことをなすために生きることが、その人にとって一番幸せです。画家だったら絵を描いたほうが幸せです。ミュージシャンだったら音楽をやったほうが幸せです。そして、そのほうが社会のためになる。作家だったら物を書いたほうが社会のためになる。それで食えるか食えないかは、また別の問題ですけれども、とにかくやりたいことをやったらいい。楽しくやればいいのです。

ただ、自己満足して終わるのではなくて、もし大宇宙の調和の根源の愛のエネルギーみたいなのが生きていらっしゃって、意識を持っている大きな意識体だとすればどうでしょうか。そこと我々は離れて生きていけるのでしょうか。はっきり言って、今の多くの問題は、人類がそことかけ離れてしまったから起こってきている問題です。つまり、3次元、4次元のこの問題は全部、天と人間が完璧に切れているから起こっていて、天と人間ががっちり一体化すれば、こんな問題は全然起こりません。我々はもっとレベルが高くなりますから、みんながダ・ヴィンチ、みんながエジソン、みんながバッハ、みんながビル・エヴァンス、すごい世界ですよ。すごいですね、みんな天才です。

みんな美人、みんな健康、みんな長寿、みんな幸せ、みんな好きなことをやって、互いに支え合って、互いに笑い合っている世界です。よくないですか？　誰もイヤなことのために生きなくていい。しかも自分の良心の呵責《かしゃく》を感じるような仕事を、生きるためには仕方がないからと、つらい顔をしてやらなくていい。そういう世界が来たらうれしいではないですか。売っているものは安心して食べられます。毒なんか入ってない。そんなものは誰も売らない。鍵をかけなくても誰も襲ってきません。みんながお互いに与え合う人になれば、みんなが利他の愛に生きる決意をすれば、この地獄社会も一気にそうなります。

みんながおのれの中に「聖なる人」を持っています。その聖なる人、聖なる領域は、実は私たちの中だけにあるのではなくて集合意識です。実は皆さん、意識の奥のほうでつながっているところがあるのです。それをさらに深く行くと、大宇宙の源のような愛の根源の世界、意識体みたいなところと一体になれるというか、一体になれなくても近づける。私はそれを天と呼んだり神と呼んだりしています。

神に近づくのは大変なことで、そこに行く入り口はどこにもありません。滝に打たれたらいいとか、般若心経を写経したらいいとか、修道女になったらいいという問題ではないのです。そういうことではなくて、自分の内なる心の奥にある聖なる領域をまず追求してみる。そして、「自分はこんなにすばらしいところがあるんだ」「こんなに美しい心があるんだ」と思ったら、そのものとして生きていく。弱い自分や低次元の自分に惑わされない。このように自分自身を高めていく必要があります。それが魂を高めるということです。

魂が高まった人しか、恐らく5次元には行けない。魂が高まった個人個人が、これから直接天とつながる。天とつながった個人には、宗教も政治も要りません。だから、はこぶね組合は、政治と宗教からは一線を引いています。本来の地上天国には、宗教もなく、政府もなく、政治家もいません。そういうものは過去の遺物です。

なぜならば、もう自分たちで幸せな社会をつくっていくだけの人間だから、もう苦しみのカルマを生み出す人間を卒業して、高次元の愛に生きる人に生まれかわるのだから、そのような高次の人になると、誰かに支配される必要はないし、指示される必要もない。恐怖やおカネに支配されている低いレベルの小さなアリンコみたいな人間から、ボーンと聖人化するというか、自分のすばらしい能力やよさや知性やクリエイティビティーといったものを最大限に出して生きていけるようになります。

しかしそれには、今のままではダメです。恐怖やおカネに支配されているようでは、いつまでもあなたの才能は開花しない。私は偉そうに言っているかもしれないけれども、私も自分に対して言っているのです。これが黄金律、大宇宙の法則ですので、私にももちろん同じルールが適応されます。

「はこぶね」で5次元の地球大文明の時代へ向かう

5次元の世界はこんなにすばらしい。その地球大文明が実は来ようとしているということです。

はっきり言えば、5次元に渡っていくための大試練が今から起きますし、選別も起こります。経済危機も来ます。今の金融の仕組みやマネーも一旦崩壊します。今のこの文明は行き詰まるところまで行き詰まります。我々が気づくまで、目覚めるまでです。

安倍政権がかわっても、我々が目覚めなければダメなんです。だから私は、選挙にあまり興味がないわけです。やっている方々が私利私欲だから。私利私欲ではないかもしれないけれど、党利党略と私利私欲は似ています。すごいことを実現しようと思っていても、やっていることが党利党略というのは違うし、しかも政治や宗教は必ず派閥や対立をつくってしまいます。神の世界には対立も派閥もない。愛と調和しかないです。そして、法案をいっぱいつくったら5次元の世界が来るわけでも、人々が救われるわけでもない。最悪に行くところをとめることはできるかもしれないけれど、ホップ・ステップ・ジャンプで、我々がすばらしい社会をつくっていけるわけではないです。

では、どうやってつくっていくのかということを今から話します。まずわかっていただきたいのは、我々は今、3次元、4次元にいますが、地球大文明へと向かって、5次元の人類に昇格していこうとしています。魂を磨いて、みんながミニキリスト、みんながミニお釈迦様、みんながダ・ヴィンチ、みんながビル・エヴァンスみたいな感じになっていくわけです。つまり、凡人がいなくなるということです。みんなマザー・テレサ。みんな聖人。

そこは全然レベルが高いところです。そこからすると我々はまだまだなので、そこまで持っていく道となるのが「はこぶね」です。はこぶね組合というのは、今現在、無農薬農家さんの全国区の組合になりました。3次元、4次元ではそれでやっていきます。在来種を中心に、日本の種を守るために、それを研究し、栽培する。それを無農薬・無化学肥料で育てて、皆さんにご提供する、薄利多売のあまり儲からないビジネスをやらせていただくわけです。本当に社会貢献です。お試しセットをやりましたが、完全に赤字です。それでもいいのです。これはやらなければいけないことだから、私の天命だからやっているのであって、別に儲けるためにやっているわけではありません。

ただ、儲けを出さなければ続かないから、そういった意味では、ちゃんと経営していかなくてはいけない。ほかにもナチュラル・ハーモニーの社長・河名さんとかが、一生懸命頑張っていいものをつくって売っていらっしゃいます。そういう意味では、「はこぶね」と同じです。ほかにも何個か、無化学肥料かどうかは知らないけれど、無農薬でやっているところがあります。無農薬といっても、結構ウソばかり言っている農家さんや業者もあります。農家同士も仲が悪かったり、性格の悪い人が結構いますが、そうではない人もまたいます。農家さんには視野が狭い人も多いです。しかし、本質をとらえている人もいるし、ごく一部にものすごい天才農家さんもいます。ただ、オーガニック農家さんだけではオーガニック農業を産業化できないのです。そういう能力には長《た》けていませんね。まだ、嘘も多いし、規格もない。しかも、とても小さな市場で、市場とはいえないぐらいです。だから、行政からは個人の趣味という認識で、あまり関わりたくない人たちという理解になっていたりします。国内シェアもたったの2%とあるとは言えない状況なほど、低い数字です。この小さい中で、オーガニック農家さん同士がライバル、競合しており、派閥《はばつ》争いまであり、互いによく思っていない現象もみられて、面白いなあと思って観察しました。うちはそういうのではなくて、ちゃんと「はこぶね規格」という全国統一無農薬食品安全基準をつくって、それに準じて栽培をしたり、検査をしたり、あるいは選んでもらったりしています。はこぶね規格の検査体制は今から整備します。その人件費や経費が、農家さんからもらえないので、出ないので、また知恵を絞って、あっと驚くビジネスモデルを考案してみたいと思います。

無農薬だけだったら、ほかにもあるわけですが、何で「はこぶね」でなくてはいけないのか。「はこぶね」とその他のオーガニック系の無農薬の業者や農家さんは何が違うのか。「はこぶね」は、ただ無農薬をやりたいだけではない。ただ種を守りたいわけではない。NAUはこぶね組合は、ただたんに自然栽培だけをしているわけではありません。はこぶね組合は、5次元の世界の礎となる、次の世界の社会体制です。5つの自立から自給自足をかなえて、一つ一つ今、固めていっています。

いまだかつてない未踏な難解なことに、複数同時に他動力で挑戦してきております。はこぶねNAUのしている事業の全ては、新しい国造りです。天の創りたかった世界を地上に創るためです。言葉だけでなく、具体的に実行しているのです。NAUコミュニティーとは、日本全国に、そして、世界各国の各地につくる、地上天国の礎造りであり、初めから5次元の世界を実現するためなのです。

TPPの批准と「はこぶね」

多分10年から12年ぐらい、試練の時が来ます。まだわかりませんよ。もしかしたらそれ以上かもしれません。つらい時期です。いろいろな危機、自然災害や金融崩壊。崩壊しますから、崩壊と言っていいと思います。経済危機、本当は破綻と言いたい。それぐらいになるでしょう。だからいっぱいおカネがあっても、あまり意味がなくなってきます。なぜならば、食べるものが毒ばかりになってしまったら、どれだけおカネがあっても意味ないです。

TPPが日本に持ちかけられたとき、3つの密約がありました。水道民営化、種子法廃止、そして教育民営化、この3つをやれとアメリカから強要されました。「この3つをやるかわりにTPPの交渉に入れてやる」という話でした。何が「入れてやる」だと思うのですが、日本はISD条項から何から、全部丸のみした。日本政府は日本を丸ごと売り渡したわけです。

私は、「この国はもう終わったな」と。私は政治で日本を変えようと思って頑張ってやってきたのですが、TPP後には、どんな地獄が日本を襲うか全てわかっていましたし、国内法をTPP用に変えられ、また構造的にも、TPP後には、完全に植民地に落ちたので、政権交代しても、独立国に戻れることはないと知っています。国際協定のほうが上ですし、11か国と提携しているので、どこも日本というカモを手放しませんから。TPP後は、政治では、日本を構造的に救うことができなくなると知っていました。

もはやこれまで。万策が尽きた。もう無理だな、日本を救う方法がないなと思いました。そのとき神と出会ったのです。神と出会うのはそういうときなんですね。私はその前から出会っていますが、「現代の方舟をつくれ。絶望の中に希望の光をつくれ」というメッセージがあったのです。

天がその本領を発揮するときは、人間の万策が尽きたときです。もうこれ以上無理だ。私たち人間ではこれ以上できない。もうお手上げだ。そこからが神の出番です。それをどうやって変えていくのかが神わざなのです。人間ではできないことです。人間ではできない知恵が、はこぶねコミュニティー、組合には詰まっています。私が考えたのではありません。私はクルクルパーですから、そこまで頭がよくない。私は全部、天や大宇宙意志から教えてもらって、こういう感じでというのを言っているだけです。

私は結構ちゃんとした組合の代表なので、あまり神がかったことを言うなと釘を刺されています。私は何度も「神」とか「天」とか言いますが、どこかの新興宗教に誘うつもりもなければ、何かの押し売りをするわけでもありません。私が言っている天とか神というのは、大宇宙そのもの、エネルギーの源そのものであって、心と意志をお持ちで、実際におられるのだから仕方がない。我々はそれに対してあまりにも無知で、ちょっとしたことを言えばすぐに宗教だと言われる。違うんです。神が宗教をつくったのではなくて、人間が愚かだから勝手に宗教をつくって、けんかしているだけです。私も宗教はないです。一応クリスチャンですけれども。低次元の人間たちにしか、政党や宗教は必要ないのです。

「はこぶね」をつくれというメッセージがあって、大宇宙意志の源の神からだと察知しました。これが私の天命だったということです。今考えてみると、もともとジャズミュージシャンだった私が、なぜかわかりませんが、一番したくなかった、人間の下の下の下だと思っていた国際金融に行くことになった。こんな仕事をするようになってしまったなと思って、すごくイヤでした。人のおカネを右から左に動かしてリベートを取る仕事です。でも、天職でした。やればできました。売った、買った、切った、はったという世界です。そこにはウソばかりつく経営者とか、ウジ虫みたいな心の汚い方々もいっぱいいた。また熱い男たちのすごい物語もあった。私は人のウソとか本質を見抜きますから、一生懸命とうとうと語ったりされても、私には本当の姿が、よく説明できませんが直感で感じるんですよ。株の動きもそうです。あれは人間のマス（集団）の心理です。おもしろいですね。

しかし後で振り返ってみたら、行きたくなかった、やりたくなかった。そういうところを経なければ、新しいマネーの開発には着手しなかった。だから今考えてみると、一つのレールが敷かれていたのだなと思います。そしてそれは全部、はこぶね組合、はこぶねコミュニティーづくり「天が創りたかった世界を地上に創る、現代のはこぶね創り」に帰着していくのです。

はこぶね組合とは地上の天国づくり

では、はこぶね組合とは一体何なのか。一言で言うと、はこぶね組合とは「地上の天国づくり」です。おカネの苦労から、おカネの支配から、政府や皆様を解放する。これが本当の目的です。ただ単に無農薬の野菜売りではありません。

何で大宇宙意志、エネルギーの源である大元の神が「はこぶね」をつくるのかというと、おカネの支配から皆様を解放するためです。これから大試練が来る。金融危機、食料難、マネーもパーになる。今のお金が価値を失っていく。ドル、円、ユーロ、〇〇通貨などが不安定になっていく。

さあ、どうする。どうやって生きるのだ。年金もどうなるかわかりません。今の若い人たちはかわいそうですね。今までの大企業から何から、官庁も含めて、全部根こそぎ泥沼になっていくわけです。だから一生懸命ネットワークして、頑張っておカネをためて、日本から出ようとしています。

けれども日本から出たって、同じ地獄が待っているだけです。あまり変わらない。今与えられている場所でベストを尽くせない人は、どこに行ってもダメだと私は言うのです。そんなネガティブな気持ちで海外に行っても、通用するわけがない。人間が大したことないのだから。日本みたいな甘い国で何もできないやつは、はっきり言って、海外ではもっと苦労します。日本で成果を出せないのなら、世界に行っても成果は出せないでしょう。世界で道を切り開いていくほうが厳しいのだから。

地上の天国づくりがはこぶね組合、はこぶねコミュニティーであります。地上の天国と言うとちょっと変な感じですけれども、実はその原型が昔、日本にあった。ここまで言えばわかりますね。だから何も新しいものをつくるのではありません。本来の日本社会を取り戻すだけでいい。そうしたら地上の天国になるのです。

それは縄文時代のような社会です。つまり、コミュニティーとしてみんなが助け合って生きていた社会です。世帯で生きていなかった。男性はみんなのために狩りをしたり、コミュニティー全体を守ったりしていました。女性は自分の子どもだけをかわいがるのではなくて、みんなの子どもを育てました。おじいちゃん、おばあちゃんたちは、自分の孫だけをかわいがったり、何かをしてあげるのではなくて、ほかの子どもたちも一緒にかわいがったり、教育したりしていました。そういう社会になればいいのだと思います。

これはそんなに難しい話でしょうか。そんなことはないですね。やろうと思えば、来週からでもすぐできる話ではないでしょうか。内輪もめをしたり、あの人が嫌いだ、この人が嫌いだというのはありますけれども、そういうことを経験しながらも、一生懸命本来あった日本の助け合いの共存共栄の社会、縄文時代のような社会を取り戻そうとして、今、各地ではこぶねコミュニティーができてきています。一般市民と農家さんのコミュニティー、漁師さんのコミュニティー、林業者さんのコミュニティーです。

こういうコミュニティーができないと、正直言って、小規模の無農薬農家さんは生き残っていけません。国が小規模の農家さんを潰すような政策をあえてしていますので、このままだとたった2%の無農薬の農家さんもいなくなってしまいます。彼らを誰かが守らなければいけない。でも、そんなことのために私財をなげうって頑張る人なんかいないです。だって儲からないから。この世界では、儲かるか儲からないかが非常に重要で、儲からないことはいいことでもやらないというのが常識です。逆に言えば、悪いことでも儲かるならやるわけです。

でも、私の天命なものですから、儲かるか儲からないかよりも、やらなければいけない。神の仕事だから、神がやれと言っているのだから、やらなければいけない。さあ、どうやってやるかというので、ない知恵を絞って、いろいろなビジネスモデルを考えてやっているわけです。本来あまり儲からない事業をいかにして採算のとれる事業に変えていけるのか。価値ある挑戦をしている最中です。あまり資金もない中で、楽しみながら苦労しています。

NAUはこぶねコミュニティーをつくるための活動

初めは、たった一人で始めました。講演をしてあちこちを回りました。五つ星運動の政党の最初のころみたいですけれども、最初は一人で講演して、講演のおカネだけであちこち回って、夜行バスを乗り継ぎながら、たまにはネットカフェにも泊まりました。初めて泊まりましたが、結構いけますね。おもしろいです。金融のときには、そんなことはしたことがなかったけれど、そうやってわずかなおカネで活動して、農家さんとかが来てくれて、食べていけといっぱい食べさせてもらったり、忙しい割にはデブになってしまいました。

講演料もそんなに高いおカネは取っていません。2000円とか3000円です。そうしたら、「あなたの内容だったら、〇〇さんみたいに10万とか9万は取れるから、私にプロデュースさせてくれ。坂の上零は今集客できるから、それを折半しよう」と言われました。悪い話ではなかったけれど、今までずっと良心的にみんなが来られる価格でやってきて、いきなり9万はないだろう。やっぱりそれはできません。だからありがたくお断りしました。誰のためにやっているのかというと、「はこぶね」をつくり、日本を守るため、守るべきを、まとめて守るためにやっているわけであって、みんなが来られる値段でないといけない。

何で全国で講演会をする必要があるのか。講演をするだけだったら、私のビデオを見てもらえばいいわけです。引き出しが多いので、講演のテーマも他分野にわたりますが。なぜわざわざ行かないといけないのか。私が何のために全国行脚しているかというと、各地域にいる心ある方々に会いたいからです。その地域ごとに、そこで力のある経営者、人望もあり、経営能力の高い人、人格の高い、人望のあるリーダーに相応《ふさわ》しい人に会いたくて、全国行脚してきました。また、本当に私の理念に賛同して、来てくれる方と会いたいのです。そして、その方々を中心に、そこで、その地方の救済、真の地方創生プロジェクトを成していく「はこぶねコミュニティー　NAU」をつくっていってもらいたい。つまり、地上の天国をその地域につくりたいのです。その核となるちゃんとした人間を探し求めて歩いているわけです。

だから何百人と来てくれなくてもいいのです。もちろん大勢集まってくださって感謝していますし、わざわざたくさんの人が私の講演会やコンサートにいらしてくだされば、本当にうれしいです。ただ、その地方のリーダーになってくださる素晴らしい方、キラリと光る立派なリーダーになれる人が2人でも3人でもいてくれたら、そこは発展して、組合サポーターが増えていきます。そこから何千人、何万人となっていきます。見ていてください。Noah's Ark Union、はこぶねコミュニティーは、たった一人から始まりましたが、世界規模で広がっていきます。なぜならば、天の仕事だから。これが5次元の世界に行く橋渡しだからです。だから「はこぶね」と言っているのです。

「はこぶね」という名前が嫌いな人もいます。「はこぶね」と言いたくなくて、ほかの名前をつけている人もいます。真意がわかってないですね。無農薬農業だけやりたいわけではない。新しい国をつくる、新しい社会をつくることが一番の要です。だから新しい社会をつくっていく核となるちゃんとした人間、つまり、愛のエネルギーの人、正しい生き方をする人、私心のない人、惜しみなく与える人、魂の気高い人、こういう人に会いたいわけです。

そういう徳が高い人、人望がある人を中心にしないと、その地域は浮かばれない。地上天国はできません。トップに変な人が来たり、私利私欲の人が来たりするとダメです。「はこぶね」にも、この種の、他の組織に入り、コントロールしようとして、内部から潰しにかかる邪悪な工作を展開する、悪意ある人も入り込んだことがありますが、出入り禁止にしました。結局、坂の上は集客できるし、人寄せパンダだから、あいつと組んでいるとうちの商品が売れるとか、「はこぶね」は結構人が集まっているからネットワークをやらせてもらおうとか、あるいは「自分が坂の上に語らせ、やらせている」というような根も葉もないデタラメを吹聴する人たちも来ました。日本のためにと頑張っている、世直し系の人にそういう人が多かったりしたことが残念でした。カッコいいことは言いますけれども、結局は自分のためにやっているのか、天のためにやっているのか、どちらかなのです。

自分がやったということを自慢したい人、私心や我欲や自己顕示欲や、自分が認められたい欲求があまりにも強い人は、必ず組織を私物化するからリーダーに置くことはできません。私はそういうのを見分ける目が甘いですが、大宇宙の源の神がふるいにかけて、相応しくない人を彼らみずから馬脚を現す形で、正体を見せてくれて、自然と距離を置き、遠ざけてくれます。本当に心がきれいな人で、経営能力もあり、志も高く、人格もすばらしく、絶対に裏切らない人をちゃんとトップに立てて、その下にビジネスができる人やマネジメントができる人がいるようにします。

ビジネスができる人やマネジメントができる人は必須ですが、トップになるリーダーならそれだけでもダメです。地上の天国に向かっていこうとしているわけですから。これはどういうことかというと、地球を救済していく、人類を救済していく、日本を救済していく、本当の独立国にしていくということです。

新しい国造りというのは、政府に対してエイエイヤーとデモをして、新しい政権、政党をつくってやるだけではないです。それもやってもらって結構ですけれども、それだけで変わるわけではなくて、私たち市民がそれぞれ各地域で、自分たちの理想の社会をつくっていけばいいではないですか。それにそんなにおカネがかかるでしょうか。選挙をするのはおカネがかかります。でも、それと同じぐらいのおカネがあったら、十分コミュニティーができて、みんなが幸せに暮らせる社会の原型ができます。

それができれば、みんなが幸せで楽しそうなところには人が集まってきます。そうすると広がっていくわけです。それが本当の市民革命ではないでしょうか。血を流さない市民革命です。それが、「我が町に未来をつくろう。地上天国をつくろう」を基軸に、各地域につくっている助け合いのリアルな市民の共同体、「ＮＡＵ　はこぶねコミュニティー」づくりの基本です。

なぜ無農薬・無化学肥料の農業を推進するのか

なぜ無農薬・無化学肥料の農業を推進するのか。農薬や化学肥料は、もともと兵器をつくる会社がつくっているのです。その利益は全部ロスチャイルド金融マフィアのものになります。ですからそれを買わないと、彼らは商売上がったりになる。いいことですよ。そのかわりに我々が何を得るのかというと、健康を得ます。自然が産業革命前の状態に戻りますから、環境保護に貢献します。大地がよみがえって、微生物がよみがえって、日本中、世界中の田畑が産業革命前のすばらしい自然に戻ります。そうすると、栄養価の高いちゃんとした野菜や穀物ができます。それを食べているだけで、ほとんど病気になりません。あるいは、なってもすぐに治ります。これにより、無病化社会の基本をつくれます。

そうすると、変な薬剤で人間を殺すような製薬会社も成り立たなくなります。病院も人であふれなくなります。いい社会ができるわけです。無農薬・無化学肥料をやるだけで、エイエイヤーともう言わなくてよくなる。坂の上〇〇党とかをつくってやらなくてもよくなる。私が「まもる会」をやっていたころ、ジャンヌ・ダルクと呼ばれたころと変わってしまい、「エイエイヤー！」と山本太郎のように目立った政治活動をもうやってくれなくなって、なぜか田舎をまわってオーガニック農業の組合をして、安全な食と農業の推進とタネの保護をしているというので、がっかりしたファン層もいます。実際、かつては6000人以上いた「まもる会」のメンバーが激減しました。多くの人がりりしく勇ましい坂の上零を期待しましたが、私がジャンヌ・ダルクではなくなり、農業をする姿に失望し、去っていったので、衆議院会館で一番大きなホールを毎回いっぱいにした集客力が落ちました。無農薬の農業を推進する人たちには左翼が多いので、坂の上零も左翼になったのでは？　とまで言われました。そんなことはありません。私ほどの保守はいません。

しかし、はっきり言いましょう。「まもる会」のメンバーには申し訳ないですが、私はもう政治活動はしませんし、政治では日本は救えないことを悟りました。対立構造の中に、真の統合と調和、新しい世を創ることはできないのです。私は政治を卒業しました。政治をやりたい人には、もちろん組合サポーターさんでもやってもらっても構わないですけど、それをやったからといって、地球は救えないし、すばらしい世界は来ません。政治で救える段階ではありません。それに、当たり前のことを言っているだけの法案だけでは、人間は感動しないからです。

人間は感動すると動きます。心が動かないと本当のムーブメントは起きません。だから音楽家のほうが、政治家なんかよりもずっと人を集めます。100の演説よりも、心を打つ一曲のすばらしい歌のほうが人を動かす。人を感動させる。ビジネスも芸術もはこぶねコミュニティーも、全部そうです。人を感動させてナンボです。

はこぶねコミュニティーは、市民がみずから新しい国を、新しい理想的な社会を、地上の天国をつくっていく物語です。市民が立ち上がってやるのです。これであれば、皆さん、会社をやめる必要がありますか。正しいことをするために、自己犠牲をする必要はないです。

みんなで楽しく田んぼを耕したり、みんなで楽しく地方創生プロジェクトをやったり、みんなで楽しくその地域がよくなる新しいビジネスモデルを行政と考えたり、あるいは小学校や中学校の給食に「はこぶね」の無農薬・無化学肥料の農作物を納品したりする。政治とは違って、対立なんかしない。調和しかない。誰かに勝った負けたの世界にはもううんざりなのです。それより、みんなで笑っていたい。楽しいじゃないですか。しかも皆さん儲かるのです。楽しく笑いながら、コミュニティーで和気あいあいとみんなで新しい社会をつくり、そしてガバッとは儲からないにしても、利益にもなっていく仕組み、それがはこぶねコミュニティーです。

今、貴重な日本初の8つの挑戦をしております。かつて誰もやったことがないことに8つも挑戦しています。そのうちの何個かは既に達成しています。いずれにしても、はこぶねコミュニティーが今何をやっているのか、具体的にどういうところに向かっているのかをお話ししたいと思います。それは今の混迷する社会を根本的に解決する方法になり得る、ほぼ唯一のものだと言っても過言ではないと思います。

写真による活動の紹介

「医食同源はこぶね組合」は、坂の上零の天命に基づいた信念と行動により起こりました。たった一人から始まったことです。天から現代の方舟をつくれということで、はこぶねコミュニティーの活動を始めました。現代の方舟は舟ではなくて、各地域のコミュニティーです。ここが将来、皆さんが逃げてこられるような場所であり、自分たちの食の安全を確保したり、切磋琢磨《せっさたくま》しながら5次元に向かっていくような場所であり、共同体です。最初は私が「ヨシッ、やろう」と思って始めて、そこから半年間で、奇跡のような感じで、もう既に日本最大で唯一の無農薬農家さんの組合になりました。それだけではありません。ビジネスや経営者や地域の方々や、各地でいろいろな方々が入ってきてくださっています。

ちょっとお見せしますね。これは私のいつもとめられているフェイスブックです。

これは福岡県庁の前です。講演しに行くだけでなくて、行ったら必ず飛び込みで営業もしますし、農家さんに突撃取材もします。最近は「特攻隊」というあだ名がついていて、「本当に来た！」と拍手までされます。「おお、来ましたね。イエイ！」とか言われる。私も入り方を考えようかとか、決めぜりふを考えようかと思っているぐらいです。呼ばれたら、ジャジャジャジャーンみたいな感じで飛び出たり、クルクル回りながら行ったり、いろいろなバージョンをつくってもいいかなと思ったりしています。音楽を流して「ちょっとだけよ」と入っていくとかね（笑）。それは冗談ですけれども、いずれにしても、官庁に飛び込みで行くわけです。そして決定権がある人、話がわかる人とお話ができたら幸せなんですが、そういう人を紹介してもらって、結構ちゃんと対応してもらっています。

これは福岡です。講演していないときは、ずっとこうやっていろいろな人と会ったり、官庁を巡ったり、農地を回ったり、結構忙しいです。1回講演をやって終わりではなくて、そこに数日は滞在して、農家さんの家にも泊まったりします。やっぱり泊まって一緒に過ごしてみないと、本当のことはわからないし、感情移入もできません。

これは大阪です。大阪市中央公会堂などで講演をしてきましたね。大阪の府庁に突撃で行きました。これは大阪コミュニティーの方々です。各地で集まってくれた方々を中心につくっていきます。

これは三重です。三重コミュニティーができました。これはミツバチを守るハニーさん（船橋康

博多、熊本、北九州、大分、九州での講演会、はこぶねコミュニティーの懇親会
REI SAKANOUE ピアノリサイタル

福岡県庁、市役所を飛び込み訪問。無農薬農家、農園など

関西での活動とライブ

現在日本全国の
27地域に
コミュニティ拡大中！

三重、愛知、岐阜、和歌山（中部）コミュ

DOCTORS FOODS 医食同源
NAU!!
はこふね
REAL ORGANIC

ドクターズブランド
医食同源NAU!!
はこふね組合

ドクターズフーズ
医食同源NAU!!
Noah's Ark Union

東京、沖縄、宮古島、石垣島、北海道、岩手、新潟、中国、長野、兵庫 ★全国の活動★

はこぶね各地で、地方創生プロジェクトを展開

貴）です。伊勢神宮にもお連れいただきましたし、地域でいろいろな方々との交流があります。

これは愛知のほうです。

今、無農薬農家さんをあちこち回っています。農家さんと徹底的にお話しします。私が女で素人で、よかったなと思います。男で農業をかじっていたら、絶対できません。なぜならば、向こうが競争相手と思うか、あるいはたたき潰すかになるので、結構大変です。私は金融で、農業はド素人で何もわからない人でよかったなと思っています。

こういう感じでいろいろなところに行っています。どの地方の講演も満員になりました。

これは名古屋での一幕です。

これは東京です。東京でも結構できました。

この人はAさんです。すばらしい無農薬・無化学肥料の農家さんです。この方の知識を今度は講習したいと思っています。はこぶね組合は研究学会でもあるので、今まで農家さんたちが自分たちで培ってきたノウハウを、今度は若い人たちが無農薬でこけないように惜しみなく教える。結構こけるんです。そしてやめてしまう。心折れてしまうわけです。そうではなくて、ちゃんと成功する土づくりや、堆肥づくりといったことを教えてくれます。

それも毎月安い金額でみんなでシェアできるようにしたいと思っています。ウン万円取るとかではなく。本当は取ってもいいし、活動費にしたいのですけれども、できるだけそうしないで頑張っていこうと思っています。

これは愛知の人ですね。

これは名古屋です。

これは福島です。

この方はKさんです。すばらしい農家さんです。この方のノウハウも、皆さんとシェアします。はこぶね組合は研究学会ですから、今死にそうで、なくなりそうな日本の在来種をかき集めて、無農薬・無化学肥料の農業をやって、それを販売していこうと思っているのですが、小島先生は本当に温かい土をつくられる。微生物がたっぷりだと土が温かい。ちゃんとした土をつくれば、台風が来ても倒れないし、虫も寄ってこないとおっしゃいます。知れば知るほど、農業は本当に深いな、農家さんはすごいなと頭が下がります。

天才みたいな農家さんたちがいます。ヨーロッパにも、すごい知識を持ったすごい農家さんや酪農家さんがいます。チーズづくりがあんなにも深いのかと思います。酪農だって、ちゃんとやればものすごく大変です。スイスとかイタリアとかドイツとかフランスの農家さんと、日本の農家さんが共同で研究して、一緒にやっていこうという話になっています。ヨーロッパでもかなり大きなオーガニックの農業団体、組合があるのですが、なぜか日本に行ったらレイコに会えということになっていて、この間、私のところに会いに来た。一緒に共同開発、共同研究していくことになりました。はこぶね組合は、名実ともに研究機関になったわけです。

このおじちゃんは、福島のある山奥にいました。この人はみんなから薬草博士と呼ばれていて、いろいろな薬草をつくっていて、本当にすごいんです。クマの胆嚢《たんのう》とか、そういうものを煎じたり、よくわからないのですが、こんなにもいろいろな人がいるのだなというのをあちこちで実感しています。

これは札幌です。なぜか知らないけれど、めちゃめちゃ高級なお寿司屋さんでごちそうになりました。

これは医者のG先生です。札幌ですね。医者もたくさんはこぶね組合で、良心的なお医者さん全国ネットワークに参画してくださっています。いずれ、NAU　CAFEを医者に運営してもらい、NAU　CAFEで、アドバイスや、はこぶね組合の無病化を促進する、医食同源の食材を販売したり、お料理を出しながら、そこと提携したクリニックや病院になっていきます。これも私のビジネスモデルですが、現在、NAU　CAFEの加盟店を募集しています。飲食店や旅館、病院、クリニック、温泉施設などがNAU　CAFE加盟店になります。企業の社員食堂や、幼稚園、学校給食にも卸していきたいです。

さて、これが奇跡のリンゴです。見てください。このリンゴ、普通のリンゴと何が違うかわかりますか。普通のリンゴは枝が下に行きます。これは垂直にバーンと空に行っています。これをつくるのは大変ですが、植物のミネラルが循環するのだそうです。植物ミネラルの循環だけで、化学肥料を与えないで、大きくてジューシーで栄養たっぷりのリンゴをつくっています。生命力は普通のリンゴの5倍から10倍だと言われています。

この葉っぱの一番先のところの細胞が、根の一番先の細胞をつくっています。そして根の先の細胞が、この一番先の枝や葉っぱの細胞をつくっています。そしてこの中で植物ミネラルが循環する。垂直のほうが植物ミネラルが流れるので、循環しやすいわけです。人間の体で血液が回るのと同じで、この中で植物ミネラルが巡回している。これはすごいなと思います。

この原理をちゃんとすれば、このリンゴは無農薬ではないのですが、農薬をそんなに使わなくて済む。果実を無農薬でやるのが一番難しい。一番簡単なのは米です。無農薬の果実は本当に大変です。だから高くてもしようがないです。普通のリンゴ農家さんは農薬を結構バリバリ使いますが、このリンゴは4分の1ぐらいに抑えています。それでも無農薬ではない。でも、最終的にはそこを目指してやっていこうとしています。ただし、化学肥料は使いません。完全に植物のミネラルと、土の力だけでやっています。こういう天才的な農家さんや、良心的な治す医者、地方の名士や地方をよくしたい心意気のある方々との出会いがたくさんあります。

日本全国行脚をして、各地で、様々な活動をされている様々な人と出会い、はこぶね組合の地方創生プロジェクトや、はこぶねコミュニティーづくりを進めていっております。

これはNAU!! のトートバッグです。関係ないですけれども、要はレジ袋を減らしましょう、なくしましょうということです。

これは石垣島にできたコミュニティーです。私の講演までは皆さん他人同士だった。そこにコミュニティーができることによって、農家さんと市民がこうやって助け合って、子どもも入って一緒に農園をつくっている。素人さんがゼロからつくっているのです。ここで在来種を中心に、無農薬・無化学肥料でつくって、それが皆さんのところに運ばれていくわけです。いい笑顔ですね。

これは北九州の皆様です。なぜか山田先生もいます。でも、「はこぶね」は山田先生が一緒にやっているわけではないです。講演でたまたまゲストで一緒だっただけです。

これは滋賀のコミュニティーです。パーティーをやっていますね。一旦つくってしまうと、勝手に回っていきます。勝手にどんどん大きくなっていきます。なぜだと思いますか。楽しいからです。

これは岡山ですけれども、子どもも一緒に田植えをやっているでしょう。はこぶねコミュニティーができる前は、めちゃめちゃ広いところをおばあちゃんが一人でやっていて、大変だった。今はこうやって、すぐに終わる。そして、やってあげたからおカネをくれというような人は、今のところはこぶねコミュニティーにはいません。なぜなら、皆さん研究員だからです。そのかわりと言ってはなんですが、収穫したときにお礼でもらったり、あるいはお野菜をもらって帰ったりします。

何かをやってやったからカネをくれとか、これをしてやったみたいな人が世の中、結構多いんですね。田畑だけではなく、事務局で頑張って受発注をやってくれている人もいますし、みんなが今できることをやりたいと思って、自主的に一生懸命やってくださっています。私を筆頭に、誰ひとりおカネはもらっていません。それがいいと自慢しているわけではないです。どこかの時点で、利益が出たらちゃんと払っていかなければいけないのですが、お金で来た人たちではないということです。理念に賛同して、一緒に新しい国をつくろうと思って、頑張ってやってくれている。どうやって「はこぶねコミュニティー」を各地域につくっていくのか、マニュアル化します（地域や人によって違いますが）。どうしたらよいのか、指示されなければ自分でわからない人も多いし、本部の方向性から外れたことを展開してもまたいけませんのでね。坂の上零なしでも、各地域で、自主的にセミナーをして、組合サポーターを増やして、コミュニティーを広げてもらいたいです。立派なリーダーなら、そうなっていきます。

そしてこの方々は本当に今の無農薬の農家さんを助けようとしています。こういう市民と農家さんの共同体みたいなものが、既にできているということです。

これは関東コミュニティーの横浜チームの方々です。私のところに近いから、事務所開きのときにお掃除に来てくれたり、いろいろなお手伝いをしてくれています。別に農業だけではなくて、いろいろやることがあるので、みんな一緒にやってくださっています。

昔は、こういう助け合いのコミュニティーが日本にあって、我々はこういうふうに生きていたわけです。それが失われてしまった。殺伐とした世の中になって、どんどん孤独で自殺する人がふえたり、ニートがふえたりしておかしくなっていますが、どうでしょう。皆さん、無理やり仕方がなくやっているように見えますか。坂の上にただ働きさせられて、クソーッと思っている感じに見えますか。皆さん、みずからの意思でこの理念に賛同して集まってきてくださって、一緒に働くのが楽しい。一緒に田植えをしたり、刈り取ったり、そして子どもも連れてきて、子どものいい教育にもなっています。

人間というのは、何かの役に立ちたいのです。自分は誰かの役に立ちたいと思う、清らかな美しい心が誰にでもある。ふだんは隠しているけれど、隠さずにそういう気持ちを中心に素直に生きていくだけで、自然と天につながっていくわけです。そういう活動がもう既に始まっているのです。これこそが、本当の政治、市民による「直接民主主義」ではないのかと思うのです。

「はこぶね」はトータルな問題解決法

こういったコミュニティーの方々と、今から地方創生プロジェクトというのをやっていきます。農業を守ると同時に、各地方には、日本のお祭りとか、日本の文化伝統とか、日本の暮らしとか、守らなければいけないものがあります。

よく種を守ると言いますが、種を守るにはどうしたらいいと思いますか。種を守ろうという法律をつくったら、種は守れるのでしょうか。守れないです。それも大事ですし、やらなければいけません。でも、法律ができたら種を守れるわけではないです。種を守るということは、その種を栽培する暮らし方や、栽培方法、農業のやり方を、まとめて守るということです。つまり、種を絶滅から守りたかったら、栽培するのが一番いい。

グローバル企業とかが、多分、日本の固定種にも特許を申請して、使わせなくしてくるでしょう。今までみたいに、ネギやトマトや米や大豆や、我々の主食の大事な部分とか、そういったものを農家さんが栽培しようとすると、カネを払えとか、まるでヤクザ商売ですよ。高い損害賠償を払えと言ってくるかもわからない。実際、そういうことがNAFTA（北米自由貿易協定）をアメリカと結んだカナダやメキシコの農家さんで起こっているわけですから、当然、日本にも起きてくるでしょう。TPPをやってしまったから、これは起きてくる。それに対抗するために、はこぶね組合をつくっているわけです。

これはトータルな問題解決法です。フルパッケージです。各部分ではなくて、全体でいきます。しかも地球規模です。神がやることは、必ずダイナミックでチマチマしない。全部一気に、地球全体のことになるようになっています。

では、どこに向かっていくのかというと、5次元の世界にです。天がつくりたかった世界を地上につくるということです。

8つのチャレンジ

1つ目、はこぶね組合は研究学会です。だから研究をします。石垣島から北海道まで、もう研究チームができていて、在来種を今かき集めています。日本の古来の種があれば、ぜひ私にください。

参院選が終わった後、2019年の秋ぐらいに、自家採種を禁止するような法案を出してくるかもしれません。こういうふうに言い続けていると出さないかもしれないから、言い続けなければいけない。出さないほうがいいのですが、もし最悪、出してきたら、種子法云々《うんぬん》と言っている場合ではなくなってきます。それを条例で撤回したりすることもできますが、すごく時間がかかる。もちろんそれも同時にやっていきますが、それと同時に、研究をしていればいいわけです。ウソではなくて、本当に在来種や微生物や土壌や、在来種で無農薬・無化学肥料でも収量を落とさずにちゃんと栽培していけるカリキュラムの研究をしています。それを研究員にご提供しているわけです。

研究員は、それを研究費としてもらいます。代金ではなくて。だから研究しかできないわけです。全部研究で落としますから、うちの税理士さんは大変です。もらうものも研究費としてもらうし、払うものも研究活動費として払う。一緒にこうやって頑張る人たち、スタッフは全員研究員です。組合員は、研究をサポートする人でサポーターという名前です。一般消費者ではないです。一般消費者には売りません。研究員とサポーターです。クローズドな組合ですから大丈夫なのです。研究をやってはいけないということであれば、大学も農大もモンサントでさえ全部ダメです。

2つ目、研究ですから、国際学会と連動してやっていきます。いろいろな大学も入ってきます。もう既に、EUのある大きな無農薬の研究団体や組合さんと組むことが決まりました。本当に名実ともに研究学会です。

3つ目として、はこぶね組合は無農薬農家さんの全国区の組合でもあります。農家だけでなくて、漁師も、林業者さんもです。なぜ林業者さんが入っているかというと、森や山を守らないと大地が守れないからです。全国区というのがすごいですね。初めてです。私がやる前は誰もやってなかったそうです。

4つ目、はこぶね組合のオリジナルというか達成したことは、全国統一無農薬食品安全基準をつくりました。これも全国区です。この基準ができたからこそ、加盟店ビジネスができるのであり、消費者が選びやすくなった。いろいろなレストランとか、そういったところが仕入れることができるようになったのも、組合と全国統一の無農薬食品安全基準があるからです。

私が勝手に決めたのではありません。ちゃんと全国区の自然農や、奇人変人みたいなおじさんたちゃ、仙人みたいな人や、どこのヨーダだみたいな人がいっぱい集まって、スター・ウォーズの会議みたいな感じでした。ダース・ベイダーみたいなのが出てきて、ちょっとわけがわからなかったですけども、いわゆる全国統一無農薬食品安全基準をみんなでかんかんがくがく、唾を飛ばしながら、けんかしながら決めました。「全国統一無農薬食品安全基準はこぶね規格」といいます。

この規格ができたことによって、無農薬の業界、オーガニックの業界に革命が起こりました。ウソ八百は通じない。今まで無農薬ではないのに無農薬として売っていたり、あるいは無農薬だと言いながら除草剤をまいていたり、無農薬だと言いながら化学肥料を使っていたり、ことしは無農薬かもしれないけれど、去年までその土地は農薬をまいていたりした。こういったことがちゃんと区分されていきますので、ウソがまかり通らなくなるということです。同じハウスの中で、こっちは無農薬、こっちは農薬をまく、これをやっているのです。それはないだろうということで、ちゃんと規格をつくりました。これができたから加盟店ができます。

5つ目は、NAU!!という医食同源。これは今からですが、はこぶね直販マーケットができてきます。オーガニックのJAを卸売り市場にもつくっていきます。日本初で、全国版のオーガニックのJAのしくみを創りあげていきながら業務用NAUオーガニックマーケットをIT事業化して、どのレストランでもNAU CAFEとなり、高品質の自然栽培のオーガニック食材が仕入れられる「仕組み」を日本全国規模で創ります（https://naumarket.com）。

単に業者が農家さんと消費者を結びつけてマージンを取るという普通のビジネスモデルではなくて、ちゃんとこのはこぶね規格に基づいて生産管理からやる。だからこの規格が非常に重要で、これを検査する人がはこぶねコミュニティーの検査員です。うちは市民たちが農業を一緒にやっている。ここがほかとは全く違う、ほかにはないところです。

6つ目は、市民と農家のコラボ、コミュニティー。これもほかには全くないところです。はこぶね組合の専売特許のような、ここにしかないものです。これのことをNoah's Ark Community、NAU!!コミュニティー、はこぶねコミュニティーと言っております。

各地域のはこぶねコミュニティーによる地方創生、地域の助け合い、オーガニック食料の自給自足、共存共栄のコミュニティーを各地域に創っているため、実際に、災害の際にも、地域のNAU!!コミュニティーは、互いに助け合って生き残る力、「助け舟」になるでしょう。

7つ目、日本の種、在来種の保存、保守、栽培をやっています。これは研究とリンクしています。このようにやっているから、たとえ特許を取られても、特許権を主張できません。なぜなら、我々が先行でやっているからです。だから、できるだけ多くの在来種の品種を栽培しておきたいし、研究しておきたいのです。だから集めています。今、まだ120ぐらいしかないから、もっとふやさなければいけない。我々はこれから種の研究所とも一緒になってやっていきます。もう「はこぶね組合」イコール「栽培するシードバンク」になっています。単に冷蔵庫に入れているだけはなくて、ちゃんと耕しているということです。

食べていけなくなる恐怖からの解放を

誰しも生物としての恐れや不安があります。自分の生きたい人生を生きることができない人も多くいます。その最大の原因は「食べていけなくなる恐怖」から生じています。自分の生きたい人生を生きると「食べていけなくなる」ので、目先の生活のためのお金を得るために生きるようになるわけです。せっかく人間として生まれてきたのに、もったいないですよね。人はパンのみに生きるにあらず。しかし、大多数の人は、パンのみに生きて人生を終えてしまうのではないでしょうか？

はこぶねコミュニティーはこの生物の根源の恐怖「食べていけなくなる」を最大限、一緒に解決していきたいのです。COCONAU、はこぶね組合の複数の事業は、これを解決することを目指した具体的なビジネスモデルになっております。この根源的な恐怖を解決することにより、人は価値ある一歩を踏み出せますし、お金の支配を極力受けない世界を創ることに貢献できます。みんなを自由にしたい。金の支配から、各国の政府や人民、企業を解放したい。金融改革。金融が、デビルから、エンジェルに生まれ変わる。地上天国は、そこからしか生まれないと私は思います。それは、はこぶね組合とは別事業ですが、エンジェルバンクで目指していきたいと思っております。

8つ目、地方の文化伝統、暮らしを、農業とともにまとめて守る。あと、自然も、ミツバチも守る。なぜならば、無農薬・無化学肥料、オーガニックを推進するからこそ、ミツバチが帰ってくるのです。種と日本の農業とともに、日本の自然やミツバチ、地域の暮らし、地方の文化伝統、こういったものをまとめて守ります。日本を守るということは、つまりそういうことです。

日本を守ろうと言っている人たちが、実は日本を守っていないことがよく見られるようになりました。だから本当に日本を守るには、はこぶねコミュニティーを地域につくることではないかと思うわけです。はこぶねコミュニティーとは何かというと、本来日本にあった共存共栄のすばらしかった社会を、もう一回この近代の日本に復活させるということです。それは縄文時代のような社会です。

ただし、アーミッシュみたいに文明を否定して、薪をたいて生きましょうと言っているわけではありません。炊飯器ではなくて火をフーフーしてお米を炊きましょうと言っているわけでも、現代文明を否定すると言っているわけでもなくて、最先端の現代文明は取り入れる。フリーエネルギーや新しいマネーや経済を取り入れながら、しかし暮らしのあり方、社会の構造としては、昔の縄文時代のような社会にしていこう。そして、自然とともにほかの生命体を絶滅させない生き方をしていこうということです。

無農薬・無化学肥料をやっていくだけで、自然が循環します。だからごみとかがなくなる。これだけで我々は健康になり、知性が戻り、頭もよくなり、幸せになります。そして、みんなで食料を生産すると安心しますね。都市部の人は、宅配してもらえますから備蓄もできます。

さっき見たスタバみたいな丸いマーク（P196）は、女の人が赤ちゃんを抱っこしている絵です。NAU!! と書いてありますが、これから、ドクターズブランド医食同源「NAU CAFE」の加盟店募集ビジネスを展開します。病院や学校給食、そしてレストランとか寿司屋とか、こういったところに卸していきます。このマークがあったら、「はこぶね」のものが食べられるな、安心なものが食べられるなとわかる。全部でなくてもいいのです。一部のメニューだけでもいいからそれでつくってもらう。

そうじゃないと、私の行くところがなくなります。2019年7月からゲノム編集が出回り、兵器化した食品が並びます。食べた人は大体「ジワジワ・アウシュビッツコース」ですから、私はイヤだな、「はこぶね」のものしか食べたくないなと思っています。「はこぶね」のものも、ちゃんとはこぶね規格B以上のものをくれと農家さんに頼む。今、農薬をバリバリ使っている地方の農家さんが農薬を使わないようにさせるには、受注を持っていくしかないです。幾ら正論を説いても、彼らはやめません。なぜならば、無農薬のものをつくっても売れないし、農薬を使ってつくったら売れるからです。

また、NAU　CAFEは、地域のNAUはこぶね組合サポーターさんたちの、はこぶね組合から供給される、無病化を目指した、医食同源の食材を買ったり、ピックアップする拠点にもなります。各地域の組合サポーターさんたちが集まり、大事なセミナーや集会をする拠点にもなります。「非常事態宣言」が出されたら、共産主義の国のように人々が集まることや、集会は禁止されますが、地域の飲食店や温泉施設、クリニックであるNAU　CAFEに集まれば、「食事をしているだけ」ですから、大丈夫なのです。

NAU　CAFEの店も、本部も生産者や、里山NAUビレッジ（生産）や、組合サポーターたちの世帯やレストランや病院全てが互いにメリットを与え合い、利益を得て、互いに共存共栄できる仕組みになっていないといけません。全方向に、参加する全員にいい！　これを目指していますので、すばらしいビジネスモデルの発明ですね。

（独自の経済圏マーケット、COCONAU。coconau.com　業務用オーガニックNAUマーケット。https://naumarket.com）

全て経済ですから、無農薬のものをつくったほうが売れるという仕組みをつくればいいわけです。そのビジネスをやりましょうということです。そして、それを決めた営業の人自身にも、その人が属するコミュニティーにも利益になるという話です。みんながウィン・ウィンになって、健康になって、ロスチャイルドも潰れて、ああメデタシとなるわけです。

こういう8つのチャレンジをやっているわけですが、この8つのチャレンジは日本初で、このNoah's Ark Unionは恐らく世界へ行くでしょう。はこぶねコミュニティーを今各地方でつくって中心になっている方々、そしてそこで一生懸命頑張ってやっている方々は、将来、そのノウハウややり方を世界のあちこちに持っていって、そこの地域にはこぶねコミュニティーをつくる中心的な指導員になっていくと思います。なぜならば、共存共栄の社会を教えられるのは恐らく日本人だけです。ほかは奪い合ったり、殺し合ったり、奴隷がいた文化です。ポリネシアはいなかったみたいですけれども。

いずれにしても、まずは日本を救済することです。どうやって救済するのか。各地にはこぶねコミュニティーをつくって、そこを地上天国化する。決して「エイエイヤー!」、すなわち、対立構造を創って、相手を打ち負かす政治としてではなくて、みんなで楽しくハッピーに笑いながら、儲けながら楽しく市民革命をして、自分の地域に地上天国をつくる。みんなで笑いながら、どこにも敵をつくらず、楽しく勝つ仕組みとビジネスモデルです。本来のすばらしかった、気高かった、美しかった日本の社会を取り戻すということです。

「はこぶね」でやっていくプロジェクト

各地域のはこぶねコミュニティーでは、地方創生をプロジェクトとしてやっていきます。地域の自治会とか、観光協会とか、あるいはＪＣとか中小企業のおじさんたちグループとか、そういう方々と組んで、行政とも組んでやっていく。地域で守らなければいけない日本の伝統やすばらしいものを、残念ながら日本人はアプリシエイトしないし、日本のすばらしいものを高い値段で買ってくれない。１００円ショップに並ぶ人ばかりになって、そういうものを使っていると安っぽい心になってしまう。

本当にいいものを知るべきだけど、本当にいいものを知らない日本人がふえました。正直言って、今の日本人の若い人は教養がないです。すばらしい音楽を聞くチャンスがない。すばらしい文学を読んでいない。ほとんどゲームばかりやっていた。塾にばかり行っていた。そんな変な子がふえています。はっきり言って、そんな人は要りません。言われたことしかできないから、そんな子は使いません。本当に今、日本は人材がいません。今の20代、30代が社会の中心になったら、この国は終わります。まともな子も中にはいるけれども、少数派です。芯がなく、打たれ弱く、折れやすい。気骨がない。自分でビジネスを生み出せない。指示待ち。気迫がない。金太郎あめみたいで、みんな同じか、似ている。

お母さんが子どもをダメにしたというのもあると思います。私の子どももそうだからしようがないけれど、みんながヒエラルキーの上のほうの、あがめなくてもいい方々をあがめて、ああいうふうになるのよ、あれはエリートなのよ、あなたもエリートになりなさい。東大に行きなさい。〇〇省に入りなさい。〇〇しなさいと言って、お母さんたちは子どもをダメにしていった。何のクリエイティビティーもない人間になって、恐怖とおカネに支配されて一生が終わる。そういう日本人になったから、日本は今、経済でもひとり負けしています。

ソニーはすばらしいイノベーションをたくさんしてきて、日本の製品は世界を席巻しましたが、今はすごいものを生み出していません。日本はすごく高い技術があるのに、むしろ下請けみたいになっています。自分たちのブランドをつくって、自分たちで売ればいいと思うのですが、「失敗したら怖い」とか「上司に何を言われるかわからない」とか、そんなパーばかりになってしまった。腰抜けです。私は経営者だから、そんな人は要らない、何の魅力もない。雇うなら、外国人のほうがましです。

求職している人は、「どうしてもあなたが欲しい」と思わせるようなものを持ってください。誰もができる、one of them。「資料をつくるのはうまいです」。So, what? そんなのは誰でもできます。「マネジメントできます」。So, what? 一番要らない。

一番必要なのは、無から有をつくる人です。どの時代でもそうです。大体8割の人はついてくるだけで、2割が仕事をしている。その2割の中で、本当にクリエイティブで何かを生み出していくのは、さらにその2割。そして突出した力があるのは、さらにその2割。8対2になっています。

個人の力が本当に重要な時代になってきました。「〇〇の坂の上」ではないのです。例えば「IBMの坂の上です」とか「〇〇省の坂の上です」とかではなくて、「坂の上の〇〇だ」でなければいけない。自分を主体として生きている人でないと、本当のものは生み出せない。しかし、そういう教育を受けていないので、今、世界で通用する日本人はかなり少ない。そんな人がおカネを持って世界に行っても、何にもならないよと言っているわけです。

大変きついことばかり言っていますが、事実ですからね。世界は日本のように甘くない。本当に実力社会ですから、実力がない人が行っても厳しいでしょう。

はこぶね組合は、地方創生プロジェクトを各地域でやっていきます。自治体や観光協会と組んだり、あるいはそこにいる奇人変人みたいなおもしろいおじちゃんとか、いろいろな人を集めてやっていく。私は各コミュニティーが独創性にあふれてほしいのです。クリエイティブで、ほかにまねができないなにがしかの商品なりアイデアなり、そういったものをみんなで生み出して、新しい文化をつくっていってもらいたい。イオンモールみたいに、どこにも同じものをつくるという、ショボい、しょうもないことは決してしたくないわけです。私はクリエイティブな人なので、ああいうのは大嫌いです。これがヒットしたから、ここでもヒットするはずだ。しかも中身は安っぽいものばかり。

そうではなくて、地方の自慢になるようなもので、しかも日本の伝統を入れて、みんなが欲しくなったり、おもしろくなったりする商品やサービスを考えて、それをウリにしたらいい。例えば、民家の再生と農業ツアーをくっつけたり、あるいは1日忍者体験をやってもいいかもしれない。いろいろな人たちが集まれば、いろいろな知恵が出てくると思うので、そういうクリエイティブなところに頭を使ってもらいたい。言われたことだけやります、資料だけつくりますというのは誰でもできる。みんな本当はクリエイティブだから、こうしたらいいんじゃない、ああしたらいいんじゃないというアイデアを出し合って、よりすばらしい地方文化にしていく。

ドクターズブランド医食同源NAUのブランドで、オーガニックの独自の加工品をつくっていきまして、発売もしていきます。ほかにも様々なすばらしい品を開発し、これから独自ブランドで世に出していきます。

はこぶねコミュニティーをつくっていくのは本当にすごい、映画になるようなストーリーなんです。一介の市民が、私やあなたのような普通の人が、5次元の世界をつくろう、日本を守ろう、日本の地域を再生しようと頑張ってやっていく物語です。これがストーリーにならないわけがない。多分、ハリウッドから映画を撮りたいと来ると思います。私は初めから皆さんに、英語のドキュメンタリー番組にするから、必ず写真とかビデオを撮っておいてねと言っているのです。後でBBCとかに売り込んで、ドキュメンタリー番組をつくらせます。

各コミュニティーが主役です。皆様が主役の、皆様の物語です。私は単にその舞台とトータルな仕組みを新しいビジネスを生みだすモデルという形でつくっているだけです。

みずからが闇の中の光になる

これは研究員が主役の物語です。研究員とは一体何かというと、普通の人ですけれども、私は「闇に光をともす人」と呼んでいます。要は、みずからが闇の中の光になるということです。これから世の中はどんどん行き詰まっていきます。過酷になっていきます。闇が深まります。闇が深まれば深まるほど、輝きましょうということです。誰かほかの人を持ってきて、その人に追従して輝くのではなくて、自分が輝く。自分が闇を照らす光になるということです。みずからが新しい世界をつくる主役であり、みずからがヒーローです。みずからが絶望の時代に希望をつくる人になるということです。

そういう生き方をしているだけで、聖なる人になっていきます。自分の中の聖なる領域が普通の意識になってきます。忘れたころに時々出てくるのではなくて、常にそういう人になっていく。そうすると、必ず天から選ばれる人になってきます。初めは意識しないとできないのですが、意識しなくてもそういうふうに生きていけば、天から選ばれる人になります。天から選ばれる人が、最終的には残ります。天に選ばれる人をいっぱいつくるためのはこぶねコミュニティーでもあるということです。

とは言いながら、けんかも時々しています。あの人嫌い、この人嫌い、あの人やめさせろ、この人やめさせろ、この人が来るのだったらイヤだとか、私は疲れます。わざわざ内部から潰そうと思ってやってきたり、どうでもいい、しょうもないことで揚げ足を取ったり、人間って本当に……アホだなと思うようなことをする人も実際います。同時に、すばらしい人格で、理念からブレずに、本当に一生懸命やっている人もいます。我々はどちらにもなれるのです。

これからの時代は選別の時代です。2016年末で、天の忍耐の時代は終わりました。それまでは、天はみんなを救おうとしていたので、手を差し伸べていました。でも誰も天からのその手を取らないので、選ばれる時代になってしまった。選ばれると言いますが、自分自身の魂が高次元に上昇し、利他の愛に生きる人に変われば、自然と「選ばれる」のです。自分自身がその一定の基準に達しないといけないということなのです。それもせず、神は全てを助けると言うのは、傲慢です。

神は全てを助けたいのですが、実際、助けようとしておられますが、人間の側も、その手を取ろうと自ら反省すべきはして、自ら天につながれる人に昇格しようと魂を磨いて、努力する必要があるのです。

もちろん、大宇宙意志の源の神、サムシンググレートは、最終的には全ての人を救おうとされてはいるのですが、とはいえ、順番があります。いきなり全員は無理なので、残すべき人を残す。気がついて、本当に自分の生き方を改めた人からしか救えないので、組織の名前を「はこぶね」と名乗りなさい、と命じたわけです。

明らかな偽預言者、ニセモノも今、「はこぶね」と言いだしました。注意してください。ホンモノを見極めてください。それだけ、この「はこぶね組合」がホンモノなので、偽預言者のような人も、「はこぶね」を名乗り出しました。

大宇宙意志の大元の神は、宗教や政党をつくろうとは一切されていませんが、現代の「はこぶね」をつくろうとされているのです。これが、当はこぶね組合の、医食同源ＮＡＵ、はこぶねコミュニティーです。

私も、選ばれるかどうかわかりません。それはまだわからない。選ばれたいからやるとか、そういう貧相な考えではなくて、それをすることが正しい生き方だから、そういうふうにしたいから、それがあるべき姿だからということでやるべきです。人はだませても、神はだませません。心の中は全部お見通しです。正確なジャッジメントが下ると思います。

いずれにしても、こういうコミュニティーをやります。ある意味、修業の場みたいなところもあるかもしれませんが、絶望の中にあり、みんなで笑いながら、血を流さないで、楽しく市民革命をしていく。新しい世界をこれから切り開いていくということです。誰かがしてくれる、与えてもらうことを当然のように待っている姿勢ではなく、自主的に各地域でセミナーをして、組合サポーターを増やし、コミュニティーを広げていき、各地域に地上天国をつくり、地方創生して、ともに明るい未来を創っていく活動をする。みんなの「はこぶね」をみんなでつくるのです。楽しみながら、笑いながら……。そうして、自分の魂を上昇させていきます。天につながれるように。

はこぶねコミュニティーのビジネスモデル

最後に、はこぶねコミュニティーのビジネスモデルを挙げておきます。NAU!!です。まずは農家さん、漁師さん、林業者さんを守る。つまり、大地・海・森を守るということです。つまり第1次産業を守る。これを国がまとめて潰すので、はこぶね組合がまとめて守るというわけです。これを守らないと地方がボロボロになっていきます。日本の自然もボロボロになる。山を守れなければ、大地も守れない、海も守れない。全部つながっているわけです。当たり前のことなのに、なぜか政府にはわからないのです。

そして、農家さんや林業者さんと私たちのような一般の市民、地方の人や都市部の人が一緒に助け合うことによって、コミュニティーをつくります。これをはこぶねコミュニティーといいます。各地域にもうできてきています。お互いに相互に助け合う、共存共栄のコミュニティーです。

これを一つの単位と考えて、もう一つ、エンジェルバンク（https://angelbankjapan.jimdo.com）というのがあります。これは私の会社で、2つのことをやっています。新しいマネーを発明して、世界特許を取って保持しています。もともと金融ですから金融の仕事をしているのと同時に、インドでいろいろな展示会とかビジネスマッチングとかをやっています。インドと金融に強いわけです。ＪＡＰＡＮ　ＥＸＰＯへの出展企業、事業者、地方自治体、各種団体、開発者など、常に募集しています。インドだけではなくて、インドネシア、ドイツ、イタリア、アメリカ、ロシア、フランス、イギリス、ベトナム、フィリピンなどにも強いです。

これからエンジェルバンクで、企業や店舗向けの新しいＩＴサービスも提供していきます。製品だけを並べて安売りするアマゾン形式のショッピングサイトではなく、はこぶねコミュニティーづくりのストーリーの主役である一介の市民の熱意ある「自分の町に未来への希望の道をつくり、地上天国を創っていく物語」を前面に出してプロデュースしていく。この地上天国づくりの感動のドキュメンタリーの物語が、いずれ映画になると思いますが、はこぶねコミュニティーの一番の財産であり、存在価値でしょう。それまでは他人同士だった一介の市民が、奮い立って、新しい国を一緒に創っていく物語です。ワクワクするじゃないですか！　それを実際に、NAU、はこぶねコミュニティーは各地でやっているんです。

これと似たコンセプトで、その企業版を展開します（しかし、これは、エンジェルバンク合同会社で展開します）。

「NAU志大賞、ものづくりJAPAN」です。

志のある製品やサービス。これが誕生するまでの企業や経営者、開発者、社長たちの真実の物語を、坂の上零の「ホンモノ発見シリーズ」と「坂の上零の、日本の技術が世界を救うシリーズ」の2つの番組にご出演いただき、対談形式で、起承転結をつけて、取材させていただきます。物語を前面に出すので、ミニ映画のように構成にして、プロデュースしていきます。これに賞を出す形になります。製品メインではなく、製品ができるまで、その裏にあった社長や、開発者たちの真実の物語、何のためにそれをしたのか、どうやって苦難を乗り越えたのか。評価の点は複数ありますが、その市場や時代をつくった製品やヒット商品、またはおおくの人を助けた商品、これらを生み出したストーリーに着目して、賞を出す形で、販売もしていく、ショッピングサイトです。志に賞を出すというアイデアは、消毒液やインドビジネスでの私のビジネスパートナーの一人である児玉克哉先生のアイデアです。

「NAU志大賞、ものづくりJAPAN」のショッピングサイトには、この賞に値する企業がずらり並んで、彼らの製品が買えるようになっています。その英語版は、「https://japanexpo-ab.com」(制作中)です。インド企業や、海外の企業とのビジネスマッチングや、海外市場に打って出たい企業と企業をつなぐ、B TO B 海外事業をサポートするコンサルティングサービスです。

日本では冷遇され、開発費などもらっていないが、ものすごい天才的な技術が日本には結構あります。その事業化のために、インドや海外の企業とつないでもらいたい企業様用です。具体的に、JAPAN EXPOなどの展示会をインドでも主催していきますので、リアルとネットの両方から、海外市場での活路を見出すサービスです。こちらにも、「NAU志大賞、ものづくりJAPAN」の企業や店舗の製品やサービスを英語のホームページをつくり、ご紹介していきます。海外市場とのビジネスマッチングサービスもオプションで入手できます(NAU志大賞、ものづくりJAPAN http://Samuraipride.com)。

こちらで利益を出したら、組合の研究に資金的なサポートします。

坂の上零。たった一人で全国行脚。そして、1年後、日本最大規模のオーガニック農家の組合と仕組みを創る。そして、COCONAU、日本初の日本版SNSと独自経済圏のCOCONAUを創出。今も、奮闘しながら、新たな一手を。それは、NAUポイントと、NAU Card.
医食同源NAUはこぶね組合は、お金の要らない世界を創る。
NAU若返りビレッジもこれから作り、経済危機と食糧難に準備していく。
さらに、666のマイクロチップを拒否しても、人間として生きていける世界を創るため、資金繰りをしながら、かつてない前人未到の挑戦を同時に複数、グローバルなビジネスモデルとして推進し、挑戦している最中。

新しい世の土台となるビジネスの仕組みをつくる

経営者、投資家、事業家、その道の専門家とできるビジネスパーソンのグループをつくります。「NAUビジネスブレイクスルークラブ」です。ビジネスの経営者グループが、これから一つの軸になって、各地方にできているコミュニティーの皆さんをサポートしていきます。一緒に働くこともできるかもしれません。例えば地方創生で、「この地方でとれる特産品の小麦粉を使って新しいクッキーをつくりたい」「わかりました。じゃ、やりましょう」と、ビジネス軍団がいるからすぐにできる。悲しいかな、素人のおばちゃんがいっぱい集まって、ああでもない、こうでもないと言っても、動かない。ビジネスはビジネスマンがやる。マーケティングはマーケターがやる。プロがいるのですから、その方々にやってもらう。仕事は、仕事ができる人がやったら速い。しかも的確です。

できないことをやらせると、つらいですから、できることをやってもらおう。さっき言った、学校の給食に「はこぶね」を入れるとか、自分の行きつけのレストランに仕入れてもらうとか、これは誰でもできることです。あと、農家さんを助けるとか、検査に行ってもらうとか、こういったことはできます。ただし、これには費用がかかります。だからこういったものをちゃんとサポートできるように、ビジネスのほうが機能していくというわけです。

両方にちゃんとしたシステムが必要です。今、かなり高いですけれども、頑張って7500万円ぐらいのシステムを導入しようとしています。それをこっちから出せというわけにはいきません。あまりにも疲弊しすぎていて出せない。また、住む世界が違います。だからビジネスのほうから出すしかないです。

我々が頑張って、自分たちのビジネスを持ち寄ってやる。経営者同士、ビジネスができる人同士は話が早いから、一を話せば、大体十わかります。わからない人に頑張って話すと、一を理解してもらうのに、十も百も労力がかかる。そんなに暇じゃない。だから、ビジネスはビジネスでやる。ここは社会貢献ということで、研究と社会貢献と、農家さんと一緒に頑張ってやるとか、本当にそういうすばらしい、新しい5次元の世界をつくっていくストーリーです。

でも、それにかかる費用が出てきます。それをどうするのか。月1000円で賄えるのか。難しいと思います。なので、ビジネスのほうでサポートしていく体制をこれからとっていきます。

私は、経済が日本と世界を救うのかなと思っています。その経済も、今までは地球の自然を壊していく経済だったのが、これからはそうではなくて、こういうコミュニティーをつくって、そこを応援していく。みんながハッピーで幸せになる社会を応援することが経済にもいいという、ビジネスとして、企業として「はこぶねづくり」に参画することが、それぞれの事業にも好循環をもたらすこととなり、メリット、利益をもたらす仕組みの、新しい目からウロコのビジネスモデルをまた新たにつくっていかなければいけない。これが今の私の課題というかチャレンジです。つまり、地球を守り、自然を守り、新しい経済で国を栄えさせ、地方を守り、人々に貢献し、世の中をよくすればするほど「企業として儲かる仕組み」を坂の上零がコンサルティングしてから、考案し、ご提案してまいります。そういう地球によいことをすることが収益を具体的に上げる仕組みを、数字で見せられる仕組みを私はつくっていきます。各企業ごとにコンサルティングをしてご提案してまいります（坂の上零へのコンサル申込〈予約制・1回無料〉：bluemen3939@yahoo.co.jp）。

いろいろなビジネスの方がいますが、本当に地球をよくする画期的な技術やアイデアを持っている、能力がすごく高い、あるいはいろいろなことができるといった方々を集めて、プロジェクトや何か事があれば、すぐにこの人、この人、この人で「はい、Aチーム」とか、別の案件は、この人、この人、この人で「はい、Bチーム」とか、パパパパパと振り分けて、すぐ動くことができるようにする。

そういう人材や、モノや、プロジェクトが集まれば、必ずおカネも集まってきます。やっぱりそこなんですよ。できる人のところにおカネは集まるし、仕事も集まるし、ビジネスも集まる。各地方で、いろいろないいアイデアが出てきたら、これをやってみようかとビジネスのほうの会議にかける。いいとなったら投資も集まるかもしれないし、一緒にやれるかもしれない。こういう新しい連携を考えています。最終的には、経済と、理想と研究で一つという感じで、これを両輪でやっていく必要がある。

初めは「はこぶね」のほうだけしか考えてなかったのですが、これだけだと多分どこかで行き詰まる。構想はすばらしいのですが、その経費を誰が払うのだということです。資金は足りません。月1000円のみの会費で賄えるのか。あるいは、農家さんから取るのか、市民から取るのか。できません。ないところからは取れないし、この方々は世の光ですから、純粋に新しい国をつくろうと思ってやってもらう。しかし、世の光をしている人が、必ずしもビジネスができるとは限らない。ほとんど無理でしょう。だから、それは経営者グループでやる。我々がおカネを稼ぐ。それを全部ではなくても、組合のほうに行くようにしてあげるという循環をつくっていく。

そういうのはやりたくないという経営者は来なくていい。どうぞ今のままやっていてください。だけど時代が変わったので、こういうことのために売り上げの3%とかをあげてもいいのではないか。農家さんや漁師さんや林業者さんを助けるために、私たちはビジネスを頑張って、売り上げの何%かが行くようにしようよ、組合の運営費にしようよ、ということです。

サーバーとかそういうシステムは高いし、すごいシステムだからランニングコストだって何百万円します。しかしこれは必要です。必要なものは神がくれるけれども、それをどうするのか。身の丈以上のものですけれども、それがピッタリになったころには、自分がそれだけの器になっている。常にそうです。必ず身の丈以上のものに挑戦して、そしてそれが達成できる自分になっていく。あまりにも遠いところではダメですけれども、常に身の丈以上のものに挑戦したほうがいい。今は、このシステムをちゃんと機能させて、こういうビジネススキームをつくるということが私の挑戦です。

本来、これは政府がやることです。でも政府はやらない。仕方がないから民間でやろうとしていますが、その経費が半端ない。それを税金からもらえるわけではないし、補助金をもらえるわけでもない。かといって、野菜やお米を売った粗利から出せるかというと、全然出ない。正直言って、人件費にもなりません。月会費が1000円だけだと、めちゃくちゃ安くしているので、5000名ぐらい集まってようやく経営はトントンです。これからその5000名を集めていかなければいけないし、「ドクターズブランド医食同源NAU　CAFE」の加盟店も集めていかなければいけない。でもそれ以上になったときには、ビジネスとしてのポテンシャルはすごく高い。なぜならば、食料は絶対なくならないからです。

経営をやっている以上、最初のころは横ばいでも、知名度が上がってくればグーンと急カーブを描いて、伸びていくようになる。大体こういうカーブを描くことはわかっています。あるところの数字を達成したときぐらいから、ビューンと行き始める。この辺が大体3年ぐらいかなと見ています。それまでの運転資金を持っておかないといけない。だから半年ぐらいで5000人、1年で1万人の組合サポーター数を達成しないといけない。そのためにも、日本で初めての日本版SNSであるCOCONAUを世に出しました。

日本初、待望の日本版SNS「COCONAU」

現在に至る前、全てのSNSは海外のITサービスです。日本のSNSは待ち望まれてきました。フェイスブックメッセンジャーも、ラインのチャットも、すべてプライバシーはないに等しく、政府、検察、警察、税務署、政府側の機関に丸見えにされます。どこの誰が、どこの誰と、どんな話をしているのか、どんな関係なのか、丸見えです。どんな仕事をしており、誰と誰がつながっているのか、なども、全部筒抜けです。ビジネスで既存のSNSを使うことが危険です。情報はほぼすべて見られています。スパイし放題です。これでいいのでしょうか?

あなたは自分自身の性器を丸見えにされると恥ずかしいはずです。しかし、インターネット上は、それに等しい状態です。さらに、個人情報も売られています。企業へのビッグデータも、個人の趣味や性質に合わせて、ピンポイントのマーケティングが可能です。企業からしたら、SNSを使えば、どこに自分の商品を買ってくれるお客様がいるのか、まるわかりになります。趣味や、その人の住所まで。これが企業が喉から手が出るほど欲しい情報で、実際に、それは商品となっています。

サーバー代など半端なくかかるので、本来この種のITサービスは無料ではないのです。本来は月額にしたら、6万円ぐらいのサービスになります。しかし、それを無料で提供しているのです。それは普及させるためですが、集めるデータに価値があるからです。

そういうプライバシーがない今の状態は異常です。性器が丸見えと同じ、あなたの情報や会話、誰とつきあっているか、内緒話も、お悩み相談も、浮気も、仕事も、大事な会議も、会話なども、ぜんぶ丸見えです。

きゃ〜！　いやだ〜！

しかし、もうラインやフェイスブック、インスタグラムは手放せませんでしょう？　なくなったら困るでしょう？　もう依存してしまっているでしょう？　そこなのです。そういう手放せない状態になってから、課金してきたり、電子マネーを出してきたりします。COCONAUは、日本初の日本版SNSです。COCONAUのフリマは、メルカリやヤフオクと同じで、COCONAUの掲示板は、フェイスブックやツイッター、2ちゃんねると同じです。メッセンジャーの機能は、お金がかかるので、弊社はデータやチャット記録を売ったりしませんから、完全に無料だと負担が大きすぎるので、今はしていませんが、技術的には可能です。COCONAUの「食品・加工品」には、ホンモノのオーガニック食材が組合サポーターの農家さんから直接、組合を介さず手に入れることができます。組合サポーター同士で、NAUポイントで物々交換する仕組みです。COCONAUは、フリー会員と月1000円の会費を払う組合サポーターの2種に大きく分けて分類されます（これから、各地域で実際に一緒に、NAUはこぶねコミュニティーをともに作っていく組合サポーターは「研究員」となります）。

COCONAUは、ほかのSNSとは違い、それ自体の中に、フェイスブックやメルカリ、ジモティー、ラクマ、ヤフオク、楽天、ツイッターの機能が全て一つに内在しておりますので、巨大なシステムです。COCONAUでは、NAUポイントで物々交換できるサービスがあることと、個人情報をビッグデータとして売らない日本版の良心的なSNSであること。

さらに、「666」の電子マネーを拒否しても、COCONAUで生活に必須な物資や、遺伝子組み換えではない、質の高いオーガニック食材などをメインとした食料を、NAUで物々交換できるのです。この点が、COCONAUにしかない、前人未到、日本初の、驚きのメリットです。

これは今から来るファシズム監視時代にコロナなどの偽パンデミックを口実に、コロナなどのワクチンを全国民に打たせて、政府がワクチン接種を義務化してくる試練から、あなたを、そして大切な人々、子供たちの命を守るための「武器」です。大宇宙意志の源の神のご計画と人間の救済なのです。

質疑応答

坂の上　では、質疑応答に入りたいと思います。

質問者A　在来種（固定種）の種は、世界で2％しか残ってないのですか。

坂の上　それぐらいですね。かなり低くなっています。このままだと10年と言わず、数年後には日本の在来種はほぼ全滅状態になっていくのではないでしょうか。縄文時代から綿々と続いた我々の農業がなくなるということですよ。遺伝子組み換えの農業は、私は農業とは言いません。

質問者B　農家、漁師、林業に、畜産は入れないのですか。

坂の上　畜産は農家に入っております。北海道はほとんどそうじゃないですか。遺伝子組み換えのエサを食べていない、ホルモン剤や薬剤などを家畜にやっていない牧場を探すのは結構大変です。でも、何軒かありました。何軒かあっても、日本中の需要には全然応えられない。少なすぎます。だから、自分たちで開拓するしかないかなと思っているぐらいです。実際、今数カ所で、はこぶねコミュニティーを村としてつくってくれと言われていますので、来週、実は下見に行きます。あるところなんか9万坪で、いいじゃないかと思っています。県の民家再生事業とか、そういったのと連動させて、そこにはこぶねコミュニティーをつくっていく。

都会で行き倒れている人がいるでしょう。私はネットカフェに泊まってよかったなと思ったのは、そこにしか泊まれない若い人たちに結構会ったのです。そこに泊まらなければ、私はその人たちと会うことはなかったです。そういう方々とは、今まであまり接点がなかった。そういう方々とちょっとお話をしてみたら、圧倒的な貧困なんだなというのがわかりました。そのまま頑張って都会にいても、未来が見えない。だったら一緒に田舎に行って、はこぶねコミュニティーで農業をやろうよという話です。

今、若者が何万人も自殺で死んでいます。だったらはこぶねコミュニティーに来てほしいです。このビデオを見ている若者、死ぬのだったらはこぶねコミュニティーに来て、一緒に農業をしませんか。責任感があり、ポシティブで、途中で投げ出さず、根が明るい人であれば、我々は人が足りないので、ぜひ来てもらいたいです。

それに、何も都会にへばりついていることだけが人生ではない。地方で一緒に農業をやったり、新しい社会をつくっていくことだって楽しいです。一人でやってくれだったら、多分できないでしょう。心が折れてしまうかもしれないけれど、そこにコミュニティーがあって、受け入れてくれる人たちがいて、温かい仲間がいれば、農業も楽しいです。日本の民家も、守っていかないともうなくなってしまいます。そういうのを再生しながら、農業をやりながら、楽しく地方で生きていく道もある。何も都会にへばりついて、やりたくもない仕事をして、ネットカフェに住んでいる必要はないわけです。

本当に自殺したい人とか、本当に困っている人とか、一緒に農業をやりたいという人は、ぜひ坂の上までコンタクトください。ただし、性格が腐った人、与えられることを当然のように待っていて、与えることを知らない人、感謝の気持ちがない人、恩知らずな人や、すぐに投げ出す弱い人には向いていません。

そういう人はみんなが迷惑しますし、せっかくのコミュニティーが振り回され、互いに不幸になりますので、はこぶねコミュニティーにも来ていただかなくて結構です。ポシティブで明るく、前向きで、責任感があり、人の優しさや恩に報いる当たり前の人の心が備わっている人、人間の心を持っている人に来てもらいたいのです。

はこぶねコミュニティーは新しい世をつくっていく仲間ですが、国連の難民キャンプではありません。無料で食べさせてもらう場所でもなく、はこぶねに依存して、おんぶにだっこになる目的で来てもらうと困ります。あくまでも理念に共鳴してくれる人との、新しい国造りです。はこぶね組合、坂の上零の理念に賛同し、長く続け得られる責任感のある人で、将来はリーダーになれる器の人を求めています。

また、マイクロチップを人体に入れ込み、全人類、全日本国民をＡＩに管理されるロボットにしようとしてきます。各国政府が自国民にマイクロチップをうめこむために、ワクチンを（コロナなどの偽パンデミックを口実に）義務化しようと企てて来るでしょう。しかし、これは罠であり、あなたや私、全人類に６６６を入れられてしまうことに他なりません。注意が必要です。ワクチンは効かないし毒ですから、やめるべきですが、私がかたく拒否する理由はここにあります。それを25年も前から一人で予言し、絶対にワクチンをうつな、食材にも毒を盛られてしまうので、食べ物は自然のはこぶね、ＣＯＣＯＮＡＵで販売しているような質の高いオーガニック食品を食べることで身を守ろうと訴えてきたのです。ワクチン義務化に反対する人々、マイクロチップを人体に入れられて、ＡＩに支配されたロボットになりたくない方々を守るためのＣＯＣＯＮＡＵ、ＮＡＵポイントで、物々交換するしくみでもあります。組合サポーターに登録して、互いにＮＡＵポイントで物々交換したり、互いに守り合いながら、新しい世界をつくっていき、サバイバルしましょう。
（組合サポーターのなり方：https://coconau.com →よくある質問）

質問者Ｃ　はこぶねコミュニティーのお野菜をぜひ購入したいと思ったのですが、現在の供給量はどんな感じですか。

坂の上　ありがとうございます。今はお試しでやっています。組合をつくればいいというものではなくて、自家採種が禁止になったときでも対応できるような仕組みを幾重にもつくって、その上で組合をやっています。かといって、完全に守れるかどうかはわかりません。最大限守れるというものですが、保証はできません。なぜなら、また法律を変えてくるかもわからないから。だけど、今のところは大丈夫じゃないかという内容です。そして供給は、今のところ結構できるだけの準備はあります。

ただ、事務局とか、やらなければいけないことが結構ありまして、それは全部おカネがかかることです。今までは坂の上の個人のおカネだけで、私財をはたいてやってきたのですが、これからは事業になって、もっと大きな金額が必要になってきますから、それができなくなる。だから会費も取らなければいけないし、早急にパートナーを組んでいかなければいけないかなとも思っています。同じ志で、一緒に頑張ろうと思っている方々と組んでやっていく必要がありますし、ヨーロッパの団体とも組んで一緒にやっていく必要があります。そういう意味でも、世界規模になってくると思います。同じ目的の人たちが、お互いに助け合わないとやっていけない。一定数以上はまだないから、農家さん、生産者さん、漁師さん、卸業者さん、卸売市場さんや飲食店オーナーさん、お医者さん、自治体や、自治会など、どんどん組合サポーターをふやしていかなければいけないという状況です。

質問者D　２つ質問があります。

ヤフーなんかのシステムに似ているかなと思うのですが、ヤフーの場合はポイントがありますよね。期間限定でヤフーのショップで使えるようなポイントですけれど、そういったものをエンジェルバンクと組み合わせてつくって、その中にいるいろいろな天才の方とか起業家の方とか、そこの商品をお互い買い合ったりするような経済圏をつくる発想はありますか。

もう一つは、もしこの神の国の新しい物語を映画に撮るとすると、と思うのです。坂の上さんがとても魅力的なので、坂の上さんを撮りたい。私は海外で映画祭もやっているので、海外の方が見たときに、「この場所に行って、この人たちがつくったものを食べて、この人たちがやっている忍者○○を体験したい」とか、「この滝の水を飲みたい」とか、具体的で魅力的な場所と、プラスアルファ、すごく魅力的なストーリーと人が必要だなと思いながらお話を聞いていました。

先ほど言われた、もう都会では生きていけないという若者が田舎に行くというストーリーはすばらしいと思うし、それは実際に行われているかもしれませんが、プラスアルファ、何か今パンと思いつく、この場所にその地域の魅力を生かしたレストランがあるとか、体験ができるとか、そういう「はこぶね」の具体的な場所とか物語はありますか。

坂の上　ございます。

まず一つ目の、これが1つの経済圏になり得るかという質問ですが、なり得ます。実はそのためにやっております。結局、経済なんです。日本初、日本版SNSである、COCONAUは、新しい独自の経済圏をつくり、NAUポイントで物々交換する仕組みです。新しい経済を生み出すことが重要です。それも、組合独自の「ドクターズブランド医食同源NAU」のホンモノのオリジナル商品を増やしていくこと。加工品、サプリメントなど、社会貢献をする具体的な商品、それも驚くべき発明を加えて、坂の上零の処方も入れて、商品開発をしていきたいと思います。

衰退していく日本経済において、新しい経済をつくり、経済を救うこと。NAUで物々交換するCOCONAUで、内需を高めること。だから初めに、政治とは経済政策だと言いました。金融政策と経済政策、こういうものをちゃんと立体的にきちんとビジネス化していけるのが政策であって、それをちゃんとやっていくのが事業であり経営です。

それをやっていきたいのですけれども、各国の各都市、各地にNAUマーケットができると、こちらでも経済圏ができ、あちらでも経済圏ができますね。そしてそれをシステムで結んで、世界と結ぶワールド規模の巨大な経済圏がいずれできていきます。食と水と、あと医療も入ってきます。まだ言ってないけれども、良心的なお医者さんネットワークというのを全国でつくっています。お医者さんが400名を超えたら、第二の医師会みたいにしたいと思っています。そこにちゃんとした良心的なお医者さんがいるとわかれば、その地域の方に行ってもらえばいいわけです。

ゆくゆくはヤフーやアマゾンみたいな感じになって、その中でしか使えないポイントを考えています。NAUポイントです。新しいマネーも組み込もうと思っていて、だから大金がかかってしまうのです。でもそれは、やらないといけないことだから、必要なおカネだからやります。通貨の単位も「NAU」と決めています。言ってしまいました。1ナウ、2ナウ、3ナウです。

例えば、市民の人が農家さんのお手伝いに行きました。漁師さんのお手伝いに行きました。それに対して、ありがとうポイントみたいな感じでポイントがつくような形にして、それで医食同源はこぶねマーケットの中で商品が買えるとか、何かとかえられるとか、そういうことも考えています。つまり、マネーのような形で使えるようにしていく。自分がやった善意の行動がおカネになるということですね。私はその特許も取っています。「善意バンク」というものです。

私はいろいろ特許を持っています。特許は毎年の維持料の支払いが高いんですよ。毎年毎年、また支払いが来る、どうしよう、エーンみたいな感じです。アメリカの医療費が高いから、アメリカの医療費を安くすればするほど儲かる仕組みをつくって特許を取っています。誰もやっていないけど、これだって一大ビジネスになります。

NAUという組合の独自通貨をつくって、自分たちがお手伝いしたものがポイントになって、それが通貨として使える。または将来、円とかドルがパーになる時代が来ると思いますから、物々交換をする必要が多分出てくるでしょう。コミュニティー同士でも、「うちはミカンをつくっています」「うちはリンゴをつくっています」「じゃ、かえましょうか」というのが出てくると思います。そういうので物々交換ができる仕組みもつくっています。あと、メルカリではないけれども、いろいろなものを出展したりもできるようになっていますし、求人募集もできるようになっています。NAUはこういったところでも使えます。

あと、私のフェイスブックはいつもいつもとめられていて、前から思っていたのですけれど、日本版のSNSが絶対に必要じゃないですか。だから創りました。

こういったこともできます。その1個だけでも巨大なビジネスになります。ピンチはチャンス、我々が今ピンチだと思っていることを全部ビジネスモデルにして、チャンスにして、飛躍のネタに使います。

ホップ・ステップ・ジャンプの一番最初は現実を知る。世界の現状、日本の現状を知る。現実を知ると絶望します。それがホップです。ステップは今日です。具体的にどういうふうに地球を救っていったらいいのだ、日本を救っていったらいいのだ。これがビジネスモデルで経済として動かなければ、絵に描いた餅です。エイエイヤーだけではダメです。やっぱりおカネを動かさないと、経済を動かさないと。だけどそれをやれる人は少ない。

エイエイヤーは誰でもやれます。正論を吐くことは簡単です。しかし、それをどうやってビジネスモデルにして、そこから収益を出して、農家さんたちを具体的に助けるのか。どうやって、それで理念をかなえて、地方創生していき、具体的にどうやって種を守るのかというビジネススキームをつくれなければ、絵に描いた餅です。それをやっているのがはこぶねコミュニティー、はこぶね組合だということです。

複数のオーガニック系の業者がいますが、ここまで考えてやっているのは、はこぶねコミュニティーだけです。生協さんもやってない。パルシステムさんもやってない。何とかマルシェさんもやってない。やる気はあるかもしれないけれども、いずれにしても、本当に本気で、日本の種、オーガニック農業を守り、地方を守り、農家さん、漁師さん、林業者さんを助けたいのであれば、はこぶねコミュニティーしかないでしょうという話ですね。ほかにあったら教えてください。ぜひ学ばせていただいて、取り入れますから。

もう一つの質問は、そういう具体的なストーリーがあるのかということですが、もうあります。実は、淡路島135度線の「里山NAUビレッジ　第一号」で、ゼロからの開拓が始まりました。

山中達治リーダーが移住されました。あとは、各地域にコミュニティーができているということは、そこで動いている方々のストーリーがあるわけです。そこに来る前のストーリー、例えば、原発から逃れて福島から岩手に来たという人もいます。その方々は今、一生懸命農業を始めています。そこには東京からやってきた人もいます。私の講演にも何回か来ましたが、「自分の存在価値がわかりません。東京にいても僕なんかごみみたいです。はこぶねコミュニティーで第二の人生を切り開きたいと思ってやってきました」という若者もいて、岩手に行くか、どこに行くかを決めたりしています。ケーキ屋さんをやっていた人がログハウス職人のところに今いて、そこを中心にはこぶねコミュニティーをやっていこうとしています。

中部コミュニティーでは中部地方での物語がありますし、石垣島は石垣島で物語があります。全てのコミュニティーに、そこにかかわる人たちの物語があるのです。脱落したところもありますが、もう既に興っています。九州では、無農薬や、種を守ろうという栽培も始まりました。関西では関西で、今まで他人同士だった人たちが一緒にマルシェをやったり、いろいろ出てきています。

三重では、民家再生と同時に、はこぶねコミュニティーのツアーをやったらどうかと。もともと武家屋敷がすばらしいところだったのですが、このままではなくなってしまう。あれは残すべきです。だからそういうのをみんなで改築しながら、武家屋敷を回るツアーを組みながら、農業もやって、みんなで生きる村をつくろうよということです。

ただ、やっぱりみんなカツカツです。いい人々ですがお金がないので、なかなか大変です。開拓資金が必要ですが、足りていません。私の営業費も、自分の講演料から出してきて、組合を設立するまでにこぎつけました。どうしてもビジネスの方々が頑張って、寄附ではないけれど、少なくともブレークイーブン・ポイントでガーッと成長していくところまでは、事業としてビジネスを回し、お金を生み出し、経営ができる人々がサポートする必要があります。今は創業期で、土台をつくるためにまだまだ3〜4年はかかると思います。

各コミュニティーに、それぞれの人の物語があります。今、集まってきてくれているのは、ものすごく意識レベルの高い方々がメインです。日本を本当に救おう、日本を頑張って守っていこうという方々が中心になって研究員さんになって、そこのチームのリーダーやサブリーダーをやってくださっています。本当にすばらしいです。

私利私欲でやる人や、自分が評価されたいがためにやる人がトップに来てしまうと、そこの地域はその人のレベルに合った人しか来なくなります。これは決まっているのです。そうするとレベルが低くなってしまう。だから、私の理念に共鳴してくださっていて、ちゃんとした徳の高い人を中心に据えないといけない。また、それを見きわめる目を持っていないといけないということです。ありがたいことに、天に近いような、あるいは通じているような、そんなすばらしい方が今いっぱい集まってきてくださっています。そういった方が集まるから、すばらしい方々がさらにいっぱい集まってきて、そういった方を中心に各地域ですばらしい物語が展開中です。

岡山は岡山で、いろいろ苦労して、苦労して、苦労したあげく、岡山に流れついたある女性の物語があります。彼女は家族中から変人扱いされ、反対されながらも、私がやっていることは必ず認められるからと、無農薬を一人でずっとやってきた。娘さんたちから、お母さんやめてくれと言われても、ずっと自然栽培をお一人でやり続けてきたのです。私の講演会にいらしてくださったので、ラインをつくって、そこに岡山の人を全部放り込んでいったら、最初は独りぼっちでしたが、直に12人ぐらいになりました。そうすると小さくてもコミュニティーができるでしょう。会うようになりました。他人同士が今はコミュニティーをつくっています。

今、たくさんの人が集まるようになって、地域ごとに一緒に田植えをやったり、民家でお茶会をやったりしています。そうすると楽しそうだから、近所の人とか、いろいろな人が来るようになるわけです。すばらしい、美しいところです。日本の秘境です。ずっと農薬をまいていない土地だから、豊かないい土地です。温泉もあり、観光地化されていないから、本当の日本、本当のジャパンが味わえます。海外から来た人は、変なところに泊まるよりもそこに泊まったほうがよっぽどいいと思います。一緒に農業体験をしたり、すばらしい民家やお寺もあります。

これから農業体験ツアーもやっていきます。農業だけでなく、失った日本の美しさや人のあたたかさ、子どもたちの教育なども含めて、農業だけでない有意義な学びや体験があるようにと願っています。そこで何かを感じれば、いずれ一緒にコミュニティーをつくって農業をやりながら、とか、コミュニティーに入りたいなあ、と思ってもらえたらいいなあ、と期待しています。

［Jump 篇］

希望の未来

第3回

世界金融崩壊
世界を救う坂の上零の新しいマネーとNAU

2019年6月30日ヒカルランドパークセミナーより

自然、生命、大宇宙と調和した
循環型の新しい国造り！
みんなで生きる世界を創る！
我が地域に未来を創る！
お金がなくても暮らせる経済圏の創出
本来の日本
再現
① COCONAU
② 業務用Organic NAU Market
（日本のオーガニックのJA）
本物のオーガニックの組合内の直販市場
NAUポイントで物々交換
（世界電子通貨）
各国の各地域にできる
NAUはこぶねコミュニティー
医食同源
NAU CAFÉ
②NAU Doctor
①ドクターズブランド医食同源NAU
独自ブランド
NAU!!
自然と生命、里山と都市生活、多様な人々をつなぐ、
５つの自立を目指し、新しい循環型コミュニティーの創出！
持続可能な次世代の社会体系：NAUはこぶねコミュニティー
トータルな解決法：衰退する日本に、地上天国をつくる！
NAU!! CAFE
（卸売オーガニックNAU MARKET：日本のオーガニックのJA: http://naumarket.com）
https://coconau.com

地球を救うホップ・ステップ・ジャンプ／目からうろこの楽しい戦略！

今日は、地球を救うというテーマの3回目、ホップ・ステップ・ジャンプのジャンプです。

1回目のホップは、現状認識をちゃんとしましょう、今をちゃんと知らなければ戦略も立てられないということで、世界の情勢、動向、日本の動向と現状を詳しくお話ししました。当然、絶望します。でも、絶望を知ることが大事です。絶望から逃げて「私、ハッピー」と言っていても、ただの自己逃避になってしまう。それでは世界を本当にすばらしいところに変えていくことはできないわけです。

2回目のステップは、では、この日本をどういうふうに救っていくのか。日本がこれから衰退していくことは確実ですが、その日本を救っていく。今の日本の惨状は、参議院選挙の前に言うのもなんですが、政治ではなかなか変えられません。政権がどう代わろうが、結局、その上にいるのはロスチャイルドであって、TPP協定や日欧EPA、日米FTAが来ますから、小さなことは変えられますけれども、根本的に日本が植民地から脱することは、政治では極めて難しいという状況です。だから、新しい国をつくろう。その新しい国とはどうやってつくるんだというお話をしました。つまり、はこぶねについてお話をしました。

今日は、ジャンプです。飛躍していかないといけません。医食同源の医と食については詳しくやりました。あとはマネー、経済、教育とか防衛とかいろいろあるんですけれども、一番重要なところはマネーと産業です。産業と金融は必ず連動しますので、今日は私が発明した新しいマネーについてお話しさせていただきたいと思います。

初めて私自身のことを語る

冒頭に申し上げるのも僭越ですが、今日はどこまでちゃんと話そうかなとぎりぎりまで悩んでいました。まず最初に普通の人は、国際金融や金融商品の仕組み、世界をお金がどのように回るのか、その流れや仕組みを知りません。それを知らない人に、私の新しいマネーの特許の説明をしても、理解できないでしょうから、変に誤解を与えてしまうだけになります。そして誤った理解を事実のように語られると困りますが、実際にそういうことも起きました。「はこぶね組合」を潰したい目的で、以前はこぶね組合から出入り禁止にされた方がデタラメを吹聴したこともあり、事実ではないこと、ちゃんと理解していないのに、理不尽に攻撃する手段にしてしまったことがあります。そういうこともあり、この特許は、日本では実施しません。やるとすれば、外国でやります。ですから、日本国と日本人には関係ありません。本書では、金融の専門家として、金融知識としてだけ、マネーについてだけ語ることもできます。そのほうが誤解されなくて済むから無難です。

しかしながら、この新しいマネーを何で私が発明することになったのかという経緯から話さないと、本当のところが見えてこない。なぜこのマネーが必要なのか。なぜこれが世界を救うのか。そして、これが天から来ているものであるということがわかっていただけない。

私は自分のことを本当に語りたくない人です。いろんなことを語っているけれども、自分のプライベートは語っていません。自分のことを語るのはすごくイヤなのです。なぜかというと、とてもつらい人生だったからです。今でこそこうやっていろんなところに呼ばれて、「先生」と言われて講演会やいろんなところに引っ張りだこですけれども、私は大学も出ていないんです。もともとは変人扱いされていて、これで随分損しました。

今までの世界では、正直言って、童話の『みにくいアヒルの子』だったような感じですね。誰からも求められず、愛されもせず、醜い、醜いと言われて、「おまえ、どこかへ行け」と言われて、居場所もなく、あちこちを転々として、いじめ抜かれたあげく、何か知らないけど白鳥になっちゃった。最後のオチはいいのですが、そこに行くまで、醜いアヒルの子は死ぬ寸前まで行きます。誰からも顧みられずに冷たい社会の風に吹かれて、最後は餓死する寸前まで行って、白鳥の群れにたどり着いて助けられるのですが、何と自分も白鳥だったというオチがついているんです。僕、あんな美しかったらいいな、そうしたらどれだけみんなからいじめられずに済んだだろう。どれだけみんなに受け入れてもらえただろうと思っていたら、自分も白鳥だったということです。

私は小説家でもあり、小説も書いていますけれども、作家というのは自分をさらけ出してナンボなんですね。別にストリップをするとかそういうことを言っているわけではありません。小説とか文学の場合は、作品の中に自分の思いとか意見をバンバン入れてはいけない。登場人物の生き方とか行動とか出来事で物語の構成を組んでいくのです。だから、普通の本よりも文学を書く作家のほうが、文章力がかなり上でないとできないのですが、私は自分をねじ込むことをあまりしないで、これだけいろんなところで語っていながら、そこでさえも自分のことはずっと隠してきたのです。

しかしながら、この新しいマネーについてちゃんと理解してもらおう、ちゃんと話そうとすると、私の見せたくない、あまり語りたくない、できれば忘れたい過去を語らないといけなくなってきます。そこをカットすると、通り一遍のただの学術書になってしまうのです。それだと、皆さん、わざわざおカネを払ってここに来た意味がない。私は小説家でもありますし、やっぱり今日は何かを感じ取って、つかみ取って帰ってもらいたいから、言いたくない話もします。

だから、私が人前で自分のことについてお話しするのは、今日が初めてです。

音楽を通じて「神」と対話する

私が、新しい金融システム、新しい銀行システム、新しいマネーを発明することになる前のいきさつをお話ししたいと思います。

冒頭からこう言うのもなんですけれども、私は普通の家庭で育ったわけではありません。常にお父さんとお母さんがそろっていて、帰ったらご飯があって、普通に愛される家庭の子がうらやましくて仕方がなかったです。私もぜひそうでありたかったのですけれども、そういったことはなかった。常に愛情に飢えていたのでしょう。そういう意味では、とても悲しく、厳しい環境下にあったのかなと思います。普通だったことがあまりないので、普通の人がうらやましかった。

エピソードはあまり語りたくないのですけれども、人間として生まれてきた私の最初の記憶は、父が母を殺そうとしていた影絵だったのです。オレンジ色の影になって見えるのですけれども、父が母の首を絞めようとしていたのを覚えています。今、母はまだ生きていますけれども、何度か自殺未遂をしています。これだけでも大体想像がつくと思いますが、かなり過酷な人生で、気が狂ってしまったりとかいろいろありました。

そのとき、児童相談所なるものがなかったんですけれども、私もあちこちを転々としたり、いろいろありまして、とても大学に進学させてもらえる環境ではなかったのです。それもあって、なぜか知らないけれども、3歳ぐらいで、ピアノでひとりでに遊び始め、演奏も自然とするようになっていました。そのせいもあり、ピアノを習いだす前に、ある程度弾けるようにはなっていました。

もともと絵がうまかったり、ピアノが上手だったというのもありまして、そちらのほうに没頭していって、自分の悲しみや、人の愛に満たされない淋しさ、苦しむ人を見て、苦しみから助けてあげられない悲しさ、人間の本質を観察して、人間の生きる悲しさや、誰からも理解されない苦しみをずっと絵や音楽で表現していたように思います。

ピアノがメチャクチャうまくなってしまいまして、ジャズ・ピアニストになっていくのですが、なかなか変わった子でした。私の生い立ちの中でラッキーだなと思うのは、すばらしい音楽や文学や映画の鑑賞には恵まれていました。小さいころから感性を高めたり、鋭く育てたりすることには事欠かなかったと思います。特にベートーベンやバッハやショパンの音楽が好きで、その当時はレコードでしたけれども、よくレコードを聞いていました。普通に聞くというよりは、私の場合は、作曲家がその曲を作曲したときの気持ちが乗り移ってくるのです。

ちょっと重くなってしまうのですが、ショパンの「夜想曲」は優しく体をなでられるようなすばらしい旋律です。芸術がわかるなんていうものではなくて、その本質をガーンと感じることができたのです。ショパンはとっくに死んでいて、いないのですけれども、ショパンが作曲した音楽を介してショパンと対話するってわかりますか。ショパンの魂に触れる。私はショパンが特に好きでした。ベートーベンも好きでした。彼らの人生で得てきた葛藤や苦しみや悲しみが、音楽に生きているのです。生半可な人生を生きた人はあんな芸術を創作できません。どれだけ苦しんだかのあらわれなのです。文学も絵も音楽も、傑作とはそういうものです。それが歴史に残っていく。そういった巨人たちの音楽や絵画を聞かせていただいたり、見させていただいて、そうか、あなたはこれだけつらかったんだな、大変だったんだな、悲しかったんだな、この女性のことをこんなに愛していたんだなというのがありありと伝わってくるのです。

私は、神しか生命を創造できないと思っていました。生命を創造できるのは神だけだと思っていたのですが、何と芸術家は生命を創造できるのです。人間の科学は、変な遺伝子組み換えはやっていますけれども、アリ1匹、葉っぱ1枚、創造できません。そういうすばらしい生命や芸術をつくり出したのは神です。初めから変なことを言う人だなと思うかもしれないけれども、私と神のつながりがないと新しいマネーが説明できないので、今日はそこから始めます。なぜなら、神が私を介して、新しい金融システムを創造していると感じたからです。だから、これは私の発明ではなく、天からの人類へのギフトです。「はこぶね」も、神が名づけ、神がしています。私はたんなる神の従順な手足にすぎないのです。

誤解を受けるかもしれませんが、私が言う神は、別に宗教の神でもないし、○○教に洗脳しようとか、特定の宗教を押しつけようという気持ちは全くありません。そうではなくて、アインシュタインが「サムシング・グレート」と呼んだ偉大なる意識体というか、エネルギー体というか、ものすごい愛の塊の存在がいらっしゃることは事実なのです。これはどう説明するかわからないけれども、今の科学はレベルが低すぎて説明できないのです。しかしながら、私は小さいころから、そのご存在と、音楽を通して対話をしてきたのです。ここがわからないと、なぜ私が国際金融に寄り道したのか、新しいマネーに何で私が行くのかもわからないです。

私は、金融なんていうヤクザな、インチキくさい、うさん臭い、しょうもないことをやりたくなかったけれども、やらされることになります。しかも、天職だったというオチがあるのです。

作曲家の魂を感じ取っていた孤独な子ども時代

私は小さいときに自分がすごく孤独だったものですから、いろんな天才音楽家たちの音楽に傾倒していきました。クラシックや、なぜかジャズもいっぱいあって、はやばやとビル・エヴァンスにノックアウトされてしまった、ビル・エヴァンスの最盛期のころの「枯葉（オータム・リーブス）」を聞いたときに、ガツンと殴られた感じがした。何千回と聞きました。私のジャズ・ピアニストのキャリアは、コピーして同じように弾くまねから始まりました。もちろん、彼を超えたことは一回もないのですけれども、「枯葉」の中でも、ビル・エヴァンスの旋律や、アドリブや、彼の音楽それ自体が私に語りかけてくるのです。喉がカラカラだ、どうか愛をくれ、助けてくれ、僕を愛してくれという彼の想いが聞こえるのです。本当に彼もつらかったんだろうと思うし、孤独だったのですね。そういったときに名作を残しています。

すばらしい文学もそうです。あまりハッピーな人はすごい演奏をしないし、すごい文学の傑作も書かない。特に音楽はそうですけれども、あまりハッピーな人は、人の心をガーンと打つような、歴史に残るようなすごい音楽は作曲しません。みんな苦しんで、悲しんで、傷ついて、ボロボロになっています。芸術家は、ある意味、そうやって自分を切り刻みながら、でも、その中で神の美を表現していく。人間の愛を信じようとか、あるいは、特定の方に対する深い愛を絵にしたり、音楽にしたりして、そういったものが残っています。ショパンもそうでしたし、バッハも、ラフマニノフもそうです。

それが国という単位や、あるいは神への葛藤や、何で我々はこれだけ哀れなんだ、何で人間はこれだけ苦しまなければいけないんだという、言葉にしたらえらい陳腐にしかならない人間の本音の部分を、芸術家たちは教会の絵にしたり、あるいは、すばらしい音楽にして残してきました。

それがすなわち、音楽や芸術、文学の中に生きている作家や作曲家、アーティストの生きた想念のエネルギーが、私のお友達だったのです。あるいは、世界名作文学を読んでいたり、図鑑は大好きで片っ端から読んで、恐竜の名前なんか全部言えます。何であなたはそんなに恐竜の名前を知っているんだというぐらいよく知っています。

音楽がすごく好きな人は、科学も好きになっていきます。どうしてこの宇宙ができたのかなあ、何で今日の後には明日が来るのかなあ、つまり、時間とは何だろうということです。どうして人間はこれだけ愚かなのかなあということを小さいころからずっと考えてきて、今も答えが出ません。

音楽に込められた作曲家たちの想い、想念、彼らの魂は命を持っています。だから、ずっと生きるのです。形がないものだからこそ永遠なのです。形があるものは絶対永遠にはなり得なくて、必ず終わりがある。どんなすばらしい荘厳な建築物もいつかなくなりますが、目に見えないものは残ります。だから、私は音楽家が芸術家の中では一番すごいなと思っているのですけれども、そのとき心から作曲して出てきたものは、そして、それが神に捧げられたような、自分の深いところから出てきた高次元の作品であればあるほど、歴史に残ります。

声にならない本当に伝えたい想いをそのままガツンと受け取ることができる感受性があったのです。それは普通の人にはなれない運命であり、多くの悲しみを感じることになるのです。神のお感じになられる悲しみは巨大です。神の大悲。そして、人類の悲しみを。そんなものとは無縁の普通の人にどれだけなりたかったか。特殊な感性、芸術性、本当の想いを感じ取る感性があったのでしょう。

しかし、その時代ではなかなか認められなくて、ブラームスなんか墓の中から楽譜が出てくるのです。天才なのにかわいそうに。でも、そういうものなのです。私はブラームスのセレナーデも好きですけれども、芸術家、特に作曲家は命をつくることができる。自分の作品の中に自分の魂を練り込んで、それが命を持って永遠に生きるのです。

だから、私は今も、誰よりも音楽家に最高の敬意を払っています。私がどれだけ事業で成功しようが、どれだけ新しいマネーで名を残そうが、ビル・エヴァンスの足元にも及ばないと思います。せめてブルー・ノートに出演してから死にたいなと思っています。やっぱり私の中では、音楽家やすごい演奏をする方が一番なのです。それに比べたら、金融も実業も屁みたいなものですよ。だって、彼らは命をつくるのだから、どれだけすごいことか。作品をつくる。芸術ってすごいですよ。人間しかできない。サルはできないのです。

どれだけ科学者が立派だろうが、私は芸術家のほうが立派だと思います。及びません。確かに科学者はすごい数式は書くのかもしれないけれども、本当に神をあらわすような音楽をつくれますか。すごい荘厳な芸術をつくれますか。そして、それに永遠の命を持たせることができるか。できないでしょう。せいぜい神がつくったものを、この部分だけわかったよと言って発表しているにすぎません。それをいじくって、○○論と言っていろんな薬をつくったり、機械をつくったりしているにすぎないわけです。こういうのはまだ子どもの遊びです。

本当に5次元の技術になったら、こんなところにいかない。もっと飛躍してUFOになってしまう。その話は今日はしませんが、実は空飛ぶ車はもうできていますから、ＵＦＯもできる。技術はすごいところまで来ています。でも、最終的に突出していくためには、科学者でも神とのつながりとか、ひらめきとか、神の域のものが必要です。だから、天才であればあるほど、私が言っていることの意味がわかると思います。

私はちょっと変わった子でしたから、音楽作品の中に息づく魂や、作曲家の想念や、そのとき作曲家が感じていた魂を込めた思いを、ピアノを弾きながら、あるいは聞きながら、ガーンと感じることができたのです。一言で言えば、小さいころから物事の本質を一発で見抜くことができた。みんなそうなのでしょうが。

しかし、その能力は決して私を幸せにしませんでした。なぜなら、私から言わせれば、ほとんどの人が、あれっ？　という思いを持っているから、それがわかってしまうとつらいでしょう。ウソを言っていてくれたほうがまだいいのですけれども、言う前から相手の心が大体わかってしまっている。こいつはだまそうと思っているとか、人の想いや、心の中もわかります。だから、せっかくすてきな人だな、いい人だなと思っていても、ああ、この人もか、この人もかというのが結構ありました。

なかなか本当の友達や本当に愛する人ができなくて、そういうものに飢えていたのです。つまり、神からの愛は受けていましたが、人間の愛に飢えていたのです。人間の誠実さというか、「Honesty is such a lonely word」という、あのオネスティです。あるいは、人間の神聖さ、そういったものにちょっと飢えていたのかなと思います。

だから、今も人間の中で一番尊いと思うものは、知性でも、財産でも、美貌でも、キャリアでもなく、その人の中に宿る神聖さであり、忠誠心、誠実さであり、その人が何のために生まれて、生きているのか。その本願どおりにその人が生きているかどうかです。その人が本願どおりに生きたほうが幸せになるに決まっているわけです。きっと自分でもわかっているんだけれども、そこを見ないように、グルグル同じところを回っているのを見ると、私はわかってしまうものだから、もうちょっと意識をこう変えて、こういうふうにいくと、もっと違うのにと思ったりもします。ただ、あまり言うと上から目線だとか、何様だと思っているんだとか思われるので、あまり言わないようにはしてきましたが、最初から「問題の本質や、解決法、答えがわかってしまう」ということは、かなり孤独だった。

あまりに孤独なのでピアノがうまくなってしまった。ピアノにしか語りかけることができなかった。そして、泣きながらピアノを弾く中で、神に出会うときがありました。どういうふうに出会うかというと、神様は「レイコちゃん」みたいな感じで来るのではなくて、神の思いがガーッと内側から湧いてくる。これは作曲する人しかわからないと思いますけれども、手が勝手に動くのです。

それが音楽になっていく。それが新しい曲になっていったり、いろんな表現になっていったりするのです。

だから、私は100%芸術家なのです。何でこの芸術家が金融に行ったのか。私もちょっとわからないのですけれども、私の意思ではなかったのです。したいわけではなかった。でも、そういうちょっと変わった孤独な人だったのです。

世の終わりの映像を見る

転機が訪れます。小学校6年生だったか中学1年生だったか、12歳のときです。いまだに忘れられませんけれども、世の終わりの映像を見せられます。それが強烈でした。私は絵がうまかったので、油絵にして描きました。私の絵はいつも学校に飾られていました。住んでいる市からも、駅近くに壁画を描いてくれと言われた。今思えば、やっておけばよかったなと思ったのですけれども、夏休みずっとそんなでかい油絵を描くのはイヤだなと思って、やらなかったのです。誰もが私が画家かピアニストになると思っていました。ピアニストにはなりましたけれども。

それで、私がその新作を持っていったんです。そうしたら、先生たちが「ちょっとこの子は頭がおかしいから、精神科に行ったほうがいい」と言われました。

どんな絵を描いたかというと、世の終わりの映像ですけれども、地平線いっぱいに人間がウワーッといて、体がひねり曲がったような、地獄絵みたいな感じです。まともに立ってちゃんと歩いている人はあまりいなくて、四つんばいになってうめいていたり、広島の被爆者のような感じです。空が鉛色でドヨーンとしていて、右側にブラックホールじゃないけど小さな穴があいて、グルグルと大きくなってきて、そこがブワーッと恐ろしい勢いで人間たちを吸い込み始めるのです。人間たちが地上からそこに吸い込まれていく。でも、そこに吸い込まれていっていることも本人は気がついていないのです。いずれにしても、そっちのほうに吸い込まれていく。

反対の左側のほうには、なぜか裸だったのですけれども、女神か天使みたいなきれいな女性、メーテルみたいな人がいて、神に祈りながら泣いているわけです。でも、こちらに女神様がいるのに、誰もそっちを向かないで、下ばかり見ている。目先のおカネ、目先の生活で自分の足元ばかり見て、何も見えないわけです。

人間たちが穴に掃除機のゴミみたいにブワーッと吸い込まれていくのに、誰も女神様のほうを向かない。女神様がそこにいるのに、そっちに行けばいいのに、女神は手を差し伸べているけれども、誰も取らない。

その中には、光っている人も何人かポツポツといるのです。光っている人は、そっちのほうに吸い上げられていきました。でも、大多数が、ブラックホールみたいな、よくわからない気持ち悪いところに吸い込まれていったという映像だったのです。

12歳のときにそれを見せられていますから、かなり強烈です。そんなときにそういう映像を見ると、それがこれから人類が向かっていく道だなということが私はわかるので、あまり希望がないわけです。15歳にして人生真っ暗です。ほかの人たちは、私はどこどこに行こうかしら、何になろうかしら、マッチやプッチ、格好いい、キャー、○○君、格好いいと言っていました。バカじゃないの、どうして人間はこんなに愚かなのかといつも冷静に考えていました。そういう意味では、子どもらしい時期がなかったわけです。ずっとソクラテスみたいな感じです。かわいそうですよね。

当然、同年代にお友達や話し相手がいないので、結局、大学の先生とかそういった方々と議論をするようになった。なぜ人間は苦しまないといけないのか。どうしてこの世には苦しみがあるのか。どうして私たちはこれだけ愚かなのか。どうして人間は同じところをグルグル回っているのか。どうして目があいているのに全然見えていないのか。「君の質問には私も答えられない」と言われたのですけれども、各宗教やいろんな人たちを渡り歩いて議論を吹っかけたり、はっきり言って、あまりかわいくない子だったのです。ずっと深く思考する哲学少女みたいになってしまった。それだけ孤独で、愛情に飢えていたのでしょう。

変人扱い

当然、そういう人は先生も扱いにくいし、周りも扱いにくいわけです。ですから、この社会には私の居場所はないんだなということはかなり早い時期からわかっていましたが、15歳ぐらいで決定的になる。みんなが高校を出たり、大学を出たりして、その後、生きていく道の先には滝つぼがあって、いずれみんなそこに落ちていくんだなということが最初からわかっていた。今のようにっちもさっちもいかなくなるずっと前に、これからどんどん行き詰まっていく時代が来ることは40年ぐらい前からわかっていたので、結構つらかったです。それを誰にも話ができないし、議論をする相手もいない。ただ、私はわかるんです。

だけど、それを言っても、「あなた、病気だから」とか言われて誰にも相手をされない。「あなたはピアノを弾いていればいいから。サヨナラ」みたいな感じだったのです。「レイコちゃんは芸術家でおかしいから、気にしなくていいですからね」という感じで、いつも変人扱いでした。変人扱いもなれているから、いいんですけれども。

若い頃に、『医療殺戮』を書かれたユースタス・マリンズさんとの出会いがあった。あの方が日本に来たら、なぜか私の部屋に泊まっていたのです。その当時は、今で言う「陰謀論」という言葉もありませんし、フルフォードさんも中丸薫さんもいなかった時代です。広瀬隆さんや太田龍先生しかいませんでした。そのときからわかっていたことです。だから、つらかったです。そのときから啓蒙活動を始めたのですけれども、誰ひとりまともに聞いてくれない。講演とかに呼ばれるようになったのは、今になってやっとですよ。それまではただの変人ですから、「はい、はい」で終わり。本当に一生懸命伝えても、伝えても、なかなか理解してもらえなかった。

大恋愛と別離

そういった中で転機になることがありました。初めてですが、私をすごく愛してくれた人がいたのです。その人を忘れるのに18年もかかってしまいました。アメリカ人でした。名前はもちろん言いません。今、死んでいるのか生きているのかわかりませんが、アメリカ政府の高官だったのです。

彼が〇〇〇の関係の人だということが、後々にわかります。しかしながら、そのときはわからなかったのです。片や芸術家で、片や頭が四角い官僚で、全く違う。どこに接点があったのかわかりませんけれども、大恋愛してしまったのです。イギリス系アメリカ人のＷＡＳＰで、いい家柄の坊ちゃんでした。

ご実家に連れていかれて、「反論しなくていいから、とにかくニコニコ笑って、『そうです。そうです』だけ言っておけよ。何を言われても言い返すなよ」と言われた。アメリカ中の親戚が集まって、「何でうちの子がジャップと結婚しなきゃいけないの」みたいな感じで言われた。なぜならばすごい由緒正しい家の人で、すごいお屋敷でした。

でも、そのお屋敷も、私は3歳から4歳のときにずっと映像で見ていたのです。あっ、ここだと思って、「ここがこうなっていて、ここにピアノがあって」と、家の中まで全部言ったら、「おまえは来たことがあるのか」と言われたから、「そういう映像を見ていたんです」と。部屋の中に飾ってあった写真も全部見えていたのです。それを言うと、「いやー、きっと誰かが言ったに違いない」と言っていましたが、初めて行ったのです。アメリカの南部でした。

お庭に小さい物置きがあって、聞かなきゃよかったのですけれども、「あれは何なの」と聞いたら、「もと奴隷が住んでいたな」と言われまして、「あっ、そう」という感じで、厳かにお食事会が始まりました。「本来であったらあっちに住まなければいけない人が、何で私たちの一族になるわけ」みたいなことは言わないけれども、顔に書いてありました。ケネディ家と並ぶような南部の元イギリス貴族のすごい家だったのです。

私の家は、日本ではチューリップが3本ぐらい生えているようなしょぼい家なのですが、インドではマハラジャさんの家族になり、アメリカではそういうところに行き、何か知らないけれども、いつも社会のトップクラスのところに吸い上げられていってしまうのです。別に本人が望んでそうなるのではなくて、勝手にそうなっていく。

そのときもそうだったのですけれども、彼のお父さんやいろんな人と話をして、初めは反対していましたけれども、あの子は芸術家だから、普通のジャパニーズじゃないから、まあいいやということになって、結婚が決まりました。

ところが、結婚式の2週間ぐらい前に交通事故が起こりました。幸せの絶頂でした。それが事故ではないことは、私はわかっています。

彼は跪いて私にプロポーズしました。アメリカ人はよくやりますが、日本人は死んでもやりません。そのプロポーズを受ける交換条件として、アメリカ政府の仕事をやめてくれと言ったのです。心からそう願いました。それは彼を苦しめるから。だって、その先に何があるのかわかっていましたから。彼は、アメリカの正義を完全に信じている人でした。アメリカが強くて世界の警察官でないと、世界は平和にならないと真剣に思っていた。洗脳されていますからね。彼も正義のためにやっていたのですけれども、正義のためにこれからあちこちに行って工作活動をして、いろんな国の人たちを不幸にしていくんだなと思って、私はそういうのはやめてほしかったんです。自分の旦那に戦争に行ってもらいたくないでしょう。それと同じで、結婚するから、あなたが何をしていてもいいけれども、アメリカ政府の仕事だけはやめてくれないかと言ったのです。超エリートだったのですけれども、彼は私と結婚したかったから仕事をやめました。政府には申請を提出して、私と結婚してもいいという許可が出た。許可がないと結婚できないのです。ユースタス・マリンズさんと仲がいいのを知らなかったのかな。アメリカ政府のことをボロクソに書いているのに（笑）。

彼は日本でのいろんなことにも携わっていたみたいで、私はそういうこともわかっていました。彼はすばらしいクリスチャンで、そういうことがいつかわかったときに愕然《がくぜん》となるでしょう。俺は何と罪深いことをしてきたんだと思う日が必ず来るから、そういう苦しみを味わわせたくないから、初めからそこに行くなということだったのです。

事故が起こったのは政府の仕事をやめて民間に移る間で、ちょうど保険が切れていたのです。アメリカの医療費はバカ高いのです。モロにかかってきました。顔面喪失。顎も頬骨も全部なくなって、歯もなくなって、顔が潰れてしまったわけです。下半身は左足全体が重度の熱傷です。見るも無残で、言葉が出ませんでした。それで私が着るはずだったウェディングドレスがずっと着ないままあるということです。この話はしたくないのですけれども。

そこで死んでいたら、まだよかったのですが、生き残ってしまったから苦しみが続くのです。私はピアノもやめなければいけない。彼を支えるためにおカネの苦労やら何やらいろいろある。そういうことを自分が愛する女にやらせていることが、なまじエリートだったから、彼は男としてものすごくつらかったのです。男はみんなそういうものでしょうが、白人も、日本人も男は男。自分の愛する女を守りたいし、幸せでいてもらいたいのです。自分の愛する女を生活のために働かせたくはない。それは守っていることにならないから。これが男の本能です（去勢された最近の男は違うのでしょうが）。彼もその例にもれず、若いアメリカ人でも、私に大切にされている、彼に大事にされて、守られていると実感してもらいたかったのです。それが彼の男としての自尊心であり、プライドです。自分の妻、愛する女がみすぼらしい服を着て、わずかな金のために生活のために働かないといけないようなみじめな生活をさせたくない。男として養い、守ってやりたい。好きなことをして、幸せに安心して子どもを育てられる環境を整えることが男の仕事であり、男らしさなのです。それができて初めて一人前の男なのです。彼もそう思っていました。

しかし、彼は、彼が愛した女を幸せにしてやれていない。守ってやりたいし、養ってやりたい。大事にしてやりたいのに、養えないし、守ってやれていない。その悔しさ、男として情けなさと感じてしまう。愛する女を守れない男。彼はそれが男として許せなかったのでしょう。それが、時に自暴自棄の言葉になってしまいました。

こんなことなら死んだほうがよかったとか、いろいろ言うわけです。私が一生懸命頑張っているのに。いろいろありました。

私はそのとき、ものすごい美人だったのです。今は違いますけど。ある大富豪のアメリカ人に、「そんなやつ、いいじゃないか。俺と一緒になれ。カネはいっぱいあるんだ。好きなものを何でも買ってやる」とプロポーズされて……。いろいろありまして、愛し合いながらも、貧しさなどにつぶされて、生き別れました。

しかし、別れた後も、何だか知らないけれども、彼は私にしか本当の話をできないのです。私もそうだったのです。だから、深いところでつながっているのですね。切っても切れないのです。互いに愛し合っていたのです。

私は日本に帰ってきて、ある広告代理店のクリエイティブディレクターをやりながら、ジャズ・ピアニストもやっていました。でも、なかなか忘れられなかったのです。よく「女心と秋の空」といいますが、ウソですね。忘れるのに18年かかりました。幸せの絶頂だったときに「悲劇」が起きて、生き別れになってしまったからです。

金融との出会い

彼から電話があったとき、彼もポロッと本当のことを言ったのでしょうね。「実はあれは事故じゃなかったけれども、僕はどうせ自殺しようと思っていたんだ」と言いました。私は「はあ？　私の存在は何だったの」と絶句しました。つまり、人間の抱える闇は相当深いんです。神のひと声や、たかが女の愛なんかで救えないものだとわかったのです。一生懸命頑張って尽くしたけれども、結局、やればやるほど彼がダメになっていってしまった。最後に聞いた言葉は、あのとき確かに彼は私のことを愛していたけれども、そのときでさえ彼は死のうと思っていたとはっきり言ったのです。ということは、彼の苦しみや、心の闇や、抱えているいろんなものを、私の愛は救うことができなかった。

それを聞いたときに何かがプチンと切れたみたいになって、受話器がストーンと落ちてしまって、それ以来、私は重度のうつ病になっていきます。引きこもりになって、誰にも会わなくなって、そこから黙々と小説を書くようになるのです。それが『天使になった大統領』(現在は、4巻まで出版済)です。これは8巻までありまして、自分の苦しみや悲しみを吐露していったところから小説になった。だから、小説を書くなんて思っていなかったけれども、自殺しないために頑張って書いていたというのが本当のところです。

それでもやっぱり苦しくて、もう死にたいなと思っていました。そのとき、ちょうどアメリカのパパ・ブッシュがイラクに核査察に行くのだと言って、イラクのスカッド・ミサイルがイスラエルを向いたのです。あっ、これだと思った。私は一応クリスチャンなので、自殺してはいけないということはわかっていました。死後の世界が何もないとは思っていないので、恐らく神に「おまえは何で自殺したんだ」と言われるのです。そうしたら、「あなたこそ何で人間をこんなふうにつくったんだ」と私は言いたいのですけれども、そう言ったところで相手は神なので勝負にならない。そこでひらめいて、自殺しないかわりに殺されればいいんだと思った。それでイスラエルにポーンと行ってしまったのです。そこが金融とのかかわりの始まりになります。ここまで長かったですけれども、やっと来ました。

周りの人には、書いている小説の取材で行くのですと言っていました。実際、第5巻から出てきます。ニコルソンが古代ユダヤに落ちて、聖書の登場人物がバーッと出てきて革命に巻き込まれていきます。そういう小説の取材で歴史の勉強に行くんだよと言っていましたが、それはウソで、実はイスラエルに行って殺されようと思ったわけです。だから、帰ってくるつもりはありませんでした。

初めにイエス様が回られたところを私も回ってみて、最後に、はい、これでいいと思って、危ないところばかりに行っていました。そうすると、昨日もそこで人が死んでいるのに、今日そこにいる私は何で死なないのか。死にたくない人が死んで、死にたい人は死なないわけです。今から爆破があるぞというのでみんな逃げてくるのに、私はやった！　と思って、そこに向かって全力で走っていったら、イスラエル兵がとんできて、右と左にガシッとついて、ズーッと引っ張っていく。「やめろ！　放せ！」と言って暴れました。

そうしたら、椅子に座らせられて、「あなたは何しに来たんだ」と聞くので、「実は殺されたいなと思って」と言いました。「ハーッ、見たところ若いし、きれいだし、もっと楽しいことがあるだろう」、「楽しいことって何が?」、「おいしいものを食べるとか、いい男とデートするとか」、「いい男とデートしたら楽しいの? おいしいものを食べたら楽しいの? 単純でいいわね」と言ったら、「君は重症だ。じゃ、聞くが、あなたは何でそんなに死にたいんだ」と言うから、私は禅問答みたいに同じことを聞き返すわけです。「じゃ、聞くが、あなたは何でそんなに生きたいんだ」と聞いたら、2人ともシーンとなって、「やっぱりこの人はダメです。僕たちの手に負えない」とか言って、ある偶然の縁で、ある天才画家の家に行くのです。

その方はものすごい天才です。ユダヤ人ですが、すばらしい絵を描かれる方で、私の絵もいっぱい描いてくれました。後にプロポーズされますが、断ったらフィェーッと気が狂ったみたいになってしまいました(笑)。この人こそ死ぬのかな、どうしたのかなみたいな感じです。しばらく一緒に住んでいたのですが、彼はジェントルマンで別に手をつけるわけでもなく、黙々とずっと絵を描いているのです。

そこに彼のファンで、絵を買いに来ていたユダヤ人の金融の経営者とか、ヘッジファンドの会長たちがいたのです。私はそのときガリガリに細かったので、「あの亡霊みたいなのは誰?」、「気にしないで(Don't worry about me.)」とか言っていたのですけれども、いずれにしても、そんな中の一人に、ある有名なヘッジファンドの会長がおられて、私とお食事をしたいと言うから、したのです。

「聞いたところによると、あなたはイスラエルに死にに来たんだって？」というから、「ええ」と言ったら、「あなたは金融をやれ」と言われたのです。「金融というのは人間の下の下の下がやることだ。人間のカスがやることだ」と私が言ったんです。本当にそう思っていましたから、「金融なんて、人のおカネを右から左に動かしてリベートを取る仕事でしょう。そんな仕事、別に要らないじゃん。何の役に立っているの。それよりも一生懸命にモノづくりをしていたり、すばらしい文学を書いたり、すばらしい絵を描いたり、音楽を創作したり、すばらしい技術の開発や研究をしている人たちのほうがよっぽど立派よ。あなたたちはファイナンシャル・プロスティテュート（金融売春婦）なのよ」と言ったの。

そうしたら、「ハハハッ」と笑って、「僕たちはプロスティテュートなのか。そのとおりだな」と言っていました。この人もおもしろい人で、後で仲よくなったのです。でも、「君は金融をやるんだ。君は男に生まれたらよかった。女で残念だったな。君はすごい経営者の力を持っている。君だったら大企業の1個や2個ぐらいはつくってしまう。でも、女だから、かわいそうに能力が落ちるな」とかいろいろ言われた。「きっと君は金融に来るから、そのときには電話をくれ」と言われて、行くわけがないと思っていました。しかし、行くことになったのです。

ルシファーとの出会い

それはどういったところから来たかというと、イスラエルに行くちょっと前だったと思いますが、私はピアニストでしたから、ある有名な歌手と一緒にコンサートツアーを回りました。私のツアーだったのですが、なぜか寺院で私のピアノ・リサイタルがあったのです。昼、そこでリハをやっていたら、そこに変なおばちゃんが来たのです。そこは由緒正しい、すごく古い寺で、いろんな檀家《だんか》さんたちもそこにいたのですけれども、私たちが入った部屋にはなぜか結界みたいなものが張られていたみたいで、誰も入ってこられない。後で聞いたら、そこに近づけないんですって。私はそこで、その彼女とずっとお話しすることになるのです。初めは和尚《おしよう》がいたけれども、和尚は気分が悪くなってどこかへ行ってしまった。行くなよー、助けてくれよーと思ったのですけれども。

その当時、除霊といって、私がピアノを弾いたら、そのモノについている変な霊が音楽で癒やされて成仏するという現象が結構あったのです。私には全然見えませんし、鈍感ですから感じないのですが。ルイ13世、フランス革命のころのピアノがあって、ある有名なコレクターがそのピアノをオークションで買ったのですけれども、不吉なことばかり起きるし、夜、勝手に鳴る。それで霊能者を呼んで見てみたら、フランス革命で殺された貴族が200人ぐらいワーッといるということらしい。なぜか私が呼ばれて、「このピアノで演奏してください」と言われたんです。私は何も聞いていないのですが、演奏すると、「その曲じゃないと言っている。あなたの作曲した交響組曲第5番のレクイエムをやってくれと言っている」と。コレクターのおばちゃんが何で知っているのと思うじゃないですか。でも、それを演奏したら、ガタガタガタとなって、フランスの貴族がそのピアノから出ていかれて成仏されたわけです。

そういったことに呼ばれて、結構やっていたのですが、お寺に来たおばちゃんは初めて会ったのだから、そういうことは知りません。初めは「つらい。つらい」と言っていたのですけれども、あるとき、突然、男みたいな声になって、「私を救ってみよ」と言い出したのです。「誰だ、あんだ」と思って、9時間ぐらい、ずっとサシで話していました。それが悪魔《ルシファー》との対話となったのです。そのときに、これから何が起こるかとか、彼が天界にいたころの話など、いろんな話をされました。それは長いので割愛しますが、それだけで一冊の本が書けるぐらいで、しかも、世界は彼が言ったとおりになっています。

その当時、私はピアニストで、自分が金融に行くなんて思いもしなかった。想像もよぎらなかったのですけれども、彼が言った大事なことを一言だけ言っておくと、「私は後悔している。神のもとに帰りたい」と言っていましたね。ルシファーでさえ、神のことを話すときは敬語でした。そして、「神のもとに帰りたい。後悔している。人間は汚い。人間なんか大嫌いだ。こんな連中にあがめられても何もうれしくない」と言っていました。しかしながら、彼はこれから最後の戦いをしなくてはいけない。「自分はもう後がないことはわかっている。だから、一人でも多く道連れにしてやるんだ」とは言っていました。

バッハのことから、モーツァルトのことから、いろいろ話しました。私はやっぱり音楽作品が好きなので、「それにしてもバッハの『マタイ受難曲』は傑作ですね」と話したら、「私がアイデアをやって、私が書いたのだ」と。彼に言わせると、バッハの「マタイ受難曲」とモーツァルトの「レクイエム」は、ルシファーが作曲したそうですよ。そういえば、曲調が何か似ています。あの荘厳さ、すごいですね。ピカイチですごいでしょう。やっぱりすごいんですよ。

二人ともルシファーに「歴史に残る大作を作曲したい」と依頼したので、その願いを聞いて、実際に、歴史に残る傑作を作曲できたのだそうです。真相は不明です。モーツァルトはレクイエムを最後まで彼一人で完成させるまえに行方不明になり、死んだと言われていますが。ルシファーは、自分に頼まない人間には彼の力を貸さないと言っておりました。ちなみに「私の作曲した楽曲には、力を貸してくれたんですか？」と尋ねたら、私には彼の力を貸していないみたいです。

「なぜ？」とルシファーに聞くと、「お前は私に頼まなかったから」ですって。

どうりで駄作を書いてしまった私……（笑）それは冗談ですが、ルシファーは、自分にひれ伏して頼まない人には、彼の力を与えないということです。

何が言いたいかというと、ルシファーの力を借りない限り、彼とは対等であって、彼は怖くないのです。なぜ人間がルシファーに魂をとられるのか。それは、人間の方からルシファーに跪いて、頼んだからです。自分の野望や望み、願いを実現するために、自分の魂と引き換えにしても、かなえてほしいと悪魔に頼んで、そういう契約をしたからなのです。

ルシファー曰く、この世界は私のもの。みんな私を拝む。お前は私を拝まない。

ルシファーは独り言のように彼の胸の中の思いのたけを私に語りました。

「私は、アメリカ政府の上にいる。EUの上にいる。国連の上にいる。日本政府の上にいる。この世界を全て支配しているのは私だ。みんな私のカネを集めて不幸になっているんだ」と言うわけです。「かわいそうね。それであなたは満足したの」と聞いたら、「全然していない。神のおそばにいたころのほうが幸せだった。早く帰りたい」という話ばかりして、「だけど、私は帰らせてもらえない。居場所がないから、この地球にいるしかないんだ」ということなのです。

何だかかわいそうになっちゃって、「ルシファーちゃんが成仏して、いつか神に許されるように祈るわね」と言って、ギューッとしてあげたら、「おまえは変な女だな。私のために祈ってくれるというのか」と言うから、「ええ。私はあなたが好きよ」と言った。結構お友達なのです。ルシファーは、自分を利用してきたり、自分に依存してきたり、頼んできたりする人は魂をとりますけれども、自分に依存してこない、頼んでこない人には何も危害を与えないと私は思います。やっているかもしれないけど、私には来なかった。

でも、私は、初めはずっと疑っていて、そのおばちゃんは演技がうまいなと思っていたのです。そうしたら、6時間ぐらいたったときに、やっぱりルシファーだなと判明した。「おまえはまだ疑っているのか」と言う。私の考えていることがわかるのです。

「だって、何であなたが私みたいな者に出てくるのかわからないから」と言ったら、

「いずれわかろう。おまえは私の前に立ちはだかる。いずれな」と。

何でただのピアニストの姉ちゃんがと思うのですが、「私に何しにあらわれたの」と聞いたら、最後に3つのことを言って、それで消えていきました。

その3つのことは、ここでは言わないですけれども、私を誘惑して、たぶん魂を取ろうとしたの

だと思います。でも、その誘惑に乗らなかったので、「また会おうな」と言って、行ってしまいました。私は会いたくないのですけど、結構優しくて、いい人でした。

彼は本物のルシファーなんだと私が何でわかったかというと、私が書いた『天使になった大統領』の3巻、4巻あたりに出てきますが、悪魔と神の対話の部分があります。ニコルソンの魂の浄化をルーレットにかけて、神と悪魔の戦いが始まるのですが、そのときに悪魔の言葉を結構汚い感じで書いているのです。そうしたら、彼が「私はあんなしゃべり方はしない。私は美しいのだ。私は神から美しくつくられた。見えるか」と言うから、「全然見えない」と言ったら、「単純でよかったな」と言われたのです。

とにかく「全ての知恵は私に与えられた」と言っていました。だから、知恵で彼に勝とうと思ってもダメですね。ロスチャイルドたちは詐欺がものすごくうまいでしょう。全部ルシファーの知恵です。同じ土俵で戦っても勝てないから、技術もマネーも全て5次元のものをつくらないとダメです。前置きが長くなりましたが、これから話します。

はっきり言えば、天とルシファーの戦いが始まるそうです。地球は大混乱になって、行き詰まるところまで行き詰まる。そして、今の文明は一旦崩壊するということです。私が言っているのではないですよ。天界の天使や、ルシファーが言っているのです。

でも、やっぱりなあと、私がまだ疑っていたときに、私は自分が小説を書いていることを編集者の読売新聞の小野秀夫さん以外、誰にも言っていなかったのに、私が書いていたルシファーのせりふのところから、ずっとしゃべり始めたのです。そのおばちゃんが知るわけないじゃないですか。ヒエーと思って、「すみません。著作権侵害でしたね」、「そうだ。書き直せ」とか言って、それで書き直しました。彼が言っていたせりふ、「私は後悔している。神のもとに帰りたい」とか、これを書けというから書いたんです。

何が言いたいかというと、この新しいマネー、日本人が中心となって開発した新しい5次元の技術が地球を救うのです。それが近未来に実現しようとしています。その新しい技術の事業化と新しいマネーが具現化されてこないと、地球は救えないということであります。その新しいマネーの前に、NAUポイントが始動します。

新しいマネーとは

まず、マネーとは何か。

明日から給料をもらえなくなっても、今の会社に行きますという人はいますか。いませんね。結局、人間の行動やいろんなことを決めるときに、おカネは、大なり小なり計算に入っているものです。最近は、愛とか恋とか、そういったものにまで入ってきているそうで、ちょっとがっかりしています。それぐらいは美しくあってもらいたいと思っているのですが、それにしても、なぜ人間がおカネのために生きているのか。おカネのために生きなければならない状況をつくり出しているのは、今の金融システムです。

だから、無から有を生み出しているわけです。全く価値がないものなのに、あることにして、返せなかったら担保をとる。具体的な屋敷とか、田畑とか、事業権とか、いろんなものをとるわけです。返せる人からは現金が来ます。どっちにしろ儲かります。

それで味をしめて、貸すものがなくても、あることにしておカネを発行していれば儲かる。債務者からも儲かる、債権者からも儲かる、どっちからも儲かるということになったわけです。どうやったら、より儲かるかを考えて、みんなが平和にやっているところに亀裂を入れて、対立構造をつくって競わせる。選挙もそうです。戦争もそうです。○○主義で戦わせるのもそうです。そういった紛争や戦争をとにかく各地にいっぱいつくる。そして両方にカネを貸す。そのカネも中身は空っぽなんですよ。そして、負けたほうからは債権をとり、勝ったほうからは利益をとる。両方ダブルで儲かるということをやってきて、巨大なロスチャイルド財閥になっていくわけです。

シティにある英国銀行なんて、ロスチャイルドの庭みたいなものです。自分の屋敷の前が英国銀行で、散歩圏内です。ロスチャイルドの庭の中に英国銀行があり、そこが過去200年間、牛耳ってきたわけです。ほとんどの戦争や、平和や、いろんな協定といった談合は全部シティで決められた。ウォール街ではないのです。郵政民営化もシティで決まっていたことです。日本の簡保のカネを吸い上げると決めたのですね。そして、小泉純一郎さんという適当な役者を選んで、賄賂をガッポリやって演じさせた。国を売らせた分だけ日本の政治家が潤って、彼らがゴッソリ持っていく。日本のおカネは英国のチャネル諸島の保障に消えるというルートだったのです。だから、アメリカ政府も使われているわけです。皆さんはアメリカまでしか見えていないけれども、その後ろにいつもロンドン、シティがいるということです。

私は、ヘッジファンドのおじちゃんのおかげで、それを早くから知ってしまったのです。レディーファーストとか言うけれども、日本のほうが女性に優しいです。ドイツとかイギリスは、女があまりできすぎるとすごく嫌うのです。日本もそうかもしれない。だから、初めは仕事を誰も教えてくれない。みんな意地悪するわけです。何でハーバードも出ていない、ＭＢＡも取っていない、よくわからない変なピアノの姉ちゃんがいるんだ、会長は狂ったのか、会長の女じゃないのかとか、いろいろのことを言われるのですけれども、私は結構できたのです。そうすると、おもしろくないのですね。結局、女が実業の世界で本当に勝っていこうと思うと、後ろに仕事ができる男がいて、操られているわけじゃないけれども、女が本当に自分の力でやっていないと思われるのです。サッチャーでさえそうでした。夫の力で選挙に勝ったことは確かに事実です。

私は、自分の力でしていたのです。今もそうです。私は男性に甘えて、養ってもらい、守ってもらいたいのですが、養ってもらって守られたことはない。だから、男に頼れなかったので人に頼る方法が普通の女のように上手ではない不器用な女になってしまいました。だから、男や他人に頼らず、自力でビジネスをしていました。けれども、なぜかそう見られないのですね。それは実は日本の人よりもヨーロッパの人のほうがすごかった。女性差別がかなり強かった。女がそんなにできなくて、美人で、ニコッとしている分にはいいんですよ。親切にしてくれて、あちこちに連れていってくれて、いろいろ買ってくれるけれども、あの女、めっちゃ仕事できるじゃん、自分よりも利益を上げるじゃんとなると、途端に気分が悪くなる。一緒に組むか、あるいは、邪魔するか。だから、私は、女よりも男の嫉妬のほうがすごいと思う。

でも、今はやっとおばちゃんになったから、うれしかったですね。私は、早く若くない人になりたかった。ある一定の年にいきたかったのです。なぜなら、口説かれなくて済むから。こっちは実力でやっているのに、どこどこのホテルで話をしようかとか、ふざけんじゃないよとパシャーンと水をかけると、もう契約なし。こういうひどい目にもいっぱい遭ってきた。

生意気だったものですから、ピアニスト時代も、生活のためには、いろんな場末のクラブでピアノの先生もしたわけですよ。そうすると、演歌をやってくれとか言うのです。ふざけるんじゃないよ、とは言いませんけれども、「すみません。できません」と言うでしょう。そうしたら、ママさんに呼ばれて、「うちは芸術家は要らないの。ニコニコ何でもやってくれる芸人が欲しいんです。偉い芸術家の先生は明日から来なくて結構」とか言われて、苦労しました。

でも、やっとおばさんになったので、口説かれることもなく、ちゃんと仕事の実力を認めていただいて、よかったなと思っています。だから、私は早く40歳を越えたかったのです。女が男性社会の中で生きていくのは本当に大変だった。女が仕事ができたら、嫉妬で本当に男からむちゃくちゃにされるんですよ。誰も私を守ってくれませんでした。一度、男に愛されて、養ってもらい、守られてみたいものです。

信用創造

現在までの金融システムは詐欺マネーでした。一言で言うと、中身は空っぽです。ロスチャイルドたちはこれを犯罪だとわかっているので、自分たちしかそれができないようにしてしまって、それが犯罪であるということをわからないようにするために、「信用創造」という言葉を勝手につくり、銀行だけがおカネを刷れますよということにしたのです。

信用創造とは、ないところから、あるものをつくり出すということです。仕入れゼロ。こんな商売、いいですね。Aさんが「事業資金2000万円貸してください」と来たら、「いいですよ」とコンピューターに2000万円と打ち込む。そこで2000万円が出てくるわけです。空気です。その2000万円は何にもかえられない。何かがあったときに何かにかえられると思っているのはAさんの幻想です。みんながだまされてくれている。

だから、こういう詐欺は世界規模ででっかくやらなければいけないですね。そのために、中央銀行なるものをつくるわけです。中央銀行の上に世界銀行があって、ロスチャイルドがいるのです。世界銀行は、世界の貧困をなくすというスローガンですが、貧困をなくそうと言っているところが貧困をつくっているわけです。麻薬を撲滅しようと言っているCIAとかアメリカ政府が、麻薬を密輸しているのと同じです。

この詐欺マネーが世界に流通すればするほど、貧困が必ず生まれるようになっています。なぜかというと、利子を取るからです。詐欺マネーの上に利子を取る。どこまで強欲なんだという話です。

私が1万円をAさんに貸した。Aさんは私に2年後に、利子を10％つけて1万1000円返さなければならない。そうすると、Aさんはこの10％をどこかから持ってこなきゃいけない。利益を稼いで1万1000円返す。でも、この1000円を取られる方々が必ずいるんです。その方々は、必ずほかからも取られる人たちなのです。

詐欺にだまされる人たちのカモ・リストがあるのですけれども、似たりよったりで、いろんな詐欺師が餌食にしていくのです。結局、損をする方々が決まってきて、そういったところがスラム街になっていったり、貧困になっていきます。ですから、利子を取る金融をやっている限り貧困はなくなりませんが、利子を取らなかったら、今の銀行業は成り立ちません。つまり、最初からこういう土台にあるわけです。しかも、マネー自体の中身は空っぽですから、何にもかえられない。金《きん》がないのに、あることにして発行しているわけです。

それで開き直って「信用創造」という言葉をつくって、中央銀行や、その配下にいる大銀行にしかできないようにした。一般の人たちは信用創造できないという構造がある。もうちょっといくと、マネーを刷れるということは、新しい国をつくるということになります。この仕組みから逃れたいから新しくつくりましょうと言って、〇〇コインとか、ブロックチェーンとか、暗号通貨とか、そういったものが生まれてきました。

チューリップ・バブル

しかし、中身が空っぽであれば、必ず経済危機が起こるようになっています。

わかりやすく説明すると、かつてイギリスが7つの海を制する前に、インドを侵略する前に、オランダが強かった時代があったのです。オランダの証券取引所で1個のチューリップの球根が今の価格で2億8000万円まで値をつけたことがありました。今でも1個の球根が2億8000万円というのはおかしい。その当時においても天文学的な数字でした。しかし、当時のオランダ人、ヨーロッパ人たちは、自分の全財産を売ってでもその1個の球根を買ったわけです。なぜかというと、球根の値段が上がっていったから。今の仮想通貨、○○コインと似ていますね。期待値で上がっていくわけです。そんなの通貨であるわけないのですけれども、多くの人が儲かったから、アブク銭を稼いだから、自分もあやかりたいということで全財産を球根に投資した。あるいは、銀行も球根に投資するのだったらおカネを貸しますよとか、アホみたいな話なのです。人間というのはここまでアホなのかという一つの具体的な史実です。子どもたちだけが、大人はバカだな、何をしているんだろうと思っていたと思うのです。

あるとき、その球根がパーンと天井を打って、値段がピューッと一気に急落します。どこまで落ちるのでしょう。球根の本当の価値の数字まで落ちるのです。それを実体経済といいます。実体経済があるところまでしか落ちません。実体経済というと球根です。その当時のヨーロッパ人の多くに残ったのは、巨大な借金と1個の球根だけです。

よく球根を見てみると、頑張っても360円だなという感じじゃないですか。でも、そんな当たり前の感覚、アホでもわかる感覚が、大人には失われてしまう。それを麻痺《まひ》させるのが、信用創造や、中央銀行システムや、こういったものを幾重にも正当化する○○経済学とか、○○大学の○○先生とか、財務省○○官です。私はただの詐欺師だと思うのです。でも、それがわからないから何か偉い人なのかなとか、竹中（平蔵）が言うから本当なのかなとか思ってしまう。全然そうではありません。私は小さいころから本質が見えるので、詐欺師が何か言っているとしか思わない。天才バカボンのパパぐらいにしか私は思わないですよ。竹中と天才バカボンのパパはつぶらな目が似ているでしょう（笑）。

こういうところに巣食っているのが、政府とか、○○機関とか、○○大学とか、○○経済学の教授とか、こういうのがブワーッと来るのですけれども、これは権威づけといいます。ロスチャイルドたちが、自分たちの詐欺と金融犯罪を隠すためにこういった方々に一つの権威を与えて、彼らはエリートなんだ、偉いんだと、一般の方々にむやみにあがめるようにさせたカムフラージュなのです。本当は詐欺マネーです。中身が空っぽだからです。球根のときはまだ球根が残ったけれども、球根もない。彼らが発行している円とか、ドルとか、ユーロは中身が空っぽなのに、それが実体経済の何倍にもなっているのです。そろそろ天井を打ちますね。

天井を打つころになってきたから、今MMT《モダン・マネタリー・セオリー》とか言って、また煙に巻こうとしているわけです。現代金融理論とか言っちゃって、何を言っているのか。みんなでジンバブエになりましょうと言っているわけですよ。円をジャブジャブ刷って、みんなで消費する。消費するのはいいかもしれないけれども、今だって既に円もドルも刷りすぎています。それが皆様のポケットに回っていないから、中小企業や一般大衆に回っていないから、こういうことになっているわけですね。回っていればみんな消費に回ったはずだけれども、回っていないのです。これから、そこから吸い上げていこうとしているのに、これ以上おカネを刷ってもどうしようもないですね。タコが自分の足を食って生きているような今の日本経済で、これ以上不必要なおカネを刷ってしまうと、本当にハイパーインフレになってしまって、分厚い札束でリンゴを買うことになる可能性があります。

電子マネーにもホンモノとニセモノがある

そういったことがこれから来る。つまり、円の価値がガタッと下がる日が近いと思います。大混乱が来るだろうから、これからロスチャイルドたちが何を仕掛けてくるかというと、政府通貨です。電子マネーです。もう聞いたことがあるでしょう。AI化は結構ですけれども、電子マネーなるものを政府が発行してくると思います。日銀が発行しなくても、政府が発行する。政府が発行したから信用できるというものではありません。電子マネーは最終的にはチップになります。

ベーシックインカムを払うべきだという議論があって、私もそれはそうだと思います。これから社会を大きく変換していかないといけない時代です。今までの大量消費・大量生産の産業の仕組みでは地球がもたない。それをやっていると30年以内に人類の9割が間違いなく死滅するのです。

我々は、最後の瞬間を見る人になるかもしれない。それぐらい破滅は間近です。今までの暮らしがこれからは続かなくなることが明白なのです。

地球を破壊するエネルギーをつくっている原発や、地球を破壊しながらいろんな石油製品を売っている大企業は、今までは経済を支えてくれていたけれども、これからはそういったことをやっていたら地球が破滅するわけですから、新しい技術と新しいマネーがどうしても必要になってきました。これが出てこないと世の中は滅びます。

マネーのほうは私が持っています。ほかの技術はほかの天才たちが持っています。こういう人たちが今一つに集まって、中央政府がダメなので、みんなで地方創生ということで日本を救っていこうじゃないかというご提案を、最後にしたいと思います。

各自治体や政府がこれから電子マネーをつくっていきますが、それも何とかえられるのかということをちゃんと見ないといけません。ホンモノとニセモノが全てにあります。人間にもあるけれども、マネーにももちろんある。金融にもある。ホンモノはごくわずか、ニセモノはワーッといっぱいいます。○○コイン、○○通貨、ネズミの子どもみたいにいっぱいいるじゃないですか。よくあれだけあるなというぐらいあるのです。タケノコみたいにあるけれども、多分2~3社ぐらいしか残らないと思います。だから、今のうちに早く売り抜いたほうがいいですね。

これから出てくる暗号通貨は、何を見なければいけないかというと、実体経済のバックボーンがあることです。マネーとは価値の交換です。ニセモノのほうは、空気と価値のあるものを交換している。何にもかえられない。まだ球根があればいいですけれども、球根さえないのです。コンピューター上の数字にすぎない。

そのコンピューター上の数字がこれから電子マネーになっていくと、皆さんの財産はどこで管理されるのでしょうか。スーパーコンピューターです。そのスーパーコンピューターはどこが持つのでしょうか。政府あるいは銀行です。その上に誰がいるのでしょうか。やっぱりロスチャイルドです。結局、何も変わらない。電子になっただけで、古い詐欺マネーから新しい詐欺マネーに移行するだけです。

もっとひどいのは、今までだとたんす預金ができたのですが、これから紙幣の価値がなくなって、さらに、新札にかわると、お金の価値を意図的に下げるでしょう。デノミはかつて、日本政府はやりましたが、複数の要因が重なって、今ではお金の価値が暴落するでしょう。また、キャッシュレス化の推進で、お金はパーになっていきますから、電子マネーにしないと買えないようになってしまう。紙幣を持っていても意味がなくなってしまう。今、聖徳太子の古いお札がいっぱい出てきても変えられません。お金とはそんなもの。そんなもののために我々は一喜一憂して、人生の9割を生きる必要はないではないかと私は思っているのです。

この電子マネーは政府が管理する。つまり、政府を牛耳るロスチャイルドが管理するわけです。そうすると、私みたいに彼らにとって不都合なお話をしたり、彼らの本当のことを暴いたり、はたまた、新しいマネーをつくるようなやつは、財産を全部消してやる。簡単ですよ。坂の上零の財産、ここにいっぱいおカネを持っている、はい、なし。パシッとコンピューターを操作したら終わりです。お預けです。いきなり使えなくするのです。カードと同じです。あれっ、あそこに幾らあったけどなと思っても、それは使えない。あなたは反社会勢力と関係があるからダメとか、政府に意見したからとか、何とでも言えるじゃないですか。あなたにはあげないとか、あなたは誰々の悪口を言ったからダメとか、本当のことを書くからダメだとか、たぶんそうなってきますね。つまり、AI管理されたマイクロチップを人体に入れられた奴隷しか持てないチップマネーで、政府には逆らわない、権力には逆らわないということになります。

それをいいことに、彼らはたぶんやりたい放題やっていきますね。今もやっていますけれども、どんどんひどくなります。独立国ならいいのですけれども、日本は独立国になっていないから、財務省がどれだけ政府の電子マネーを発行しても、やはり後ろにいるのはロスチャイルドなので、非常に危ないということでございます。

まだ毒されていないのは、地方の都道府県とか市であります。だから、地方から日本を救っていくしかないのかなと思っていて、私は今、各地方にリアルなNAUはこぶねコミュニティーをつくっています。それが現代のノアの方舟になると思っています。結局、おカネがなくても、つまり、ロスチャイルドたちの詐欺マネーがなくても、生きていける社会を早くつくる必要があります。まずは食、水、住むところを確保しないといけない。新しい国ですよ。そして、新しいマネーをつくる。だけど、ロスチャイルドのように食、ワクチン、政府発行の電子マネーなどにより、人体内にチップを埋め込んでこようとしたり、政府に逆らったからあんたから没収するとか、そういうことはしない。今までみたいにむやみに中央銀行とか、○○省とか、○○政府とか、○○先生とか、○○教授とか、こういうのを信じている人たちは軒並みやられるということです。

だから、今、資産が何兆円あっても、H・Tさんが日本を売って500億円ぐらいもらっても、S・Aさんが3兆円ぐらい賄賂をもらっていても、それが何だという話ですよ。もらっているかどうかわかりませんけれども、そういう話は聞きますね。まあ、もらっているでしょう。でも、彼らはしょせんロスチャイルドたちの手のひらで踊っているだけの役者ですから、彼らにとって不都合だなと思ったらすぐに握り潰されます。

彼らの紙のおカネがこれから電子マネーにかわりますが、資産を電子マネーにかえた段階で、次にそれがチップになって、あなたの人体に埋め込まれてくるだろうということです。そうすると、AI支配された、人類総家畜化になります。それが666です。ですから、政府が発行するマネーやロスチャイルドたちがこれから発行する電子マネーは、666なのです。残念ですね。

電子マネー、電子マネーと言って、これから儲けようとしている人たちに冷や水をかけてしまうようなことを言ってはいけないけれども、本当のことを誰かが言わないといけません。だから、仮想通貨バンザーイ、暗号通貨バンザーイと喜んでいたらダメですね。あの方々はＳＮＳや、ＩＴ業者です。

でも、あれはマネーではない。決済システムなんです。決済はします。Suica や PayPal、Alipay みたいなものです。でも、中身が空っぽだからマネーの価値はないです。価値の交換ができない。その決済システムをいろんな政府に売りつけて、電子通貨を発行させせようとしています。これは新たなチューリップの球根です。まだ球根があればいいけれども、新たな詐欺まがいです。

政府はＭＭＴなるものでみんなにおカネを配って、消費がふえて、それはいいかもしれないけれども、フェラーリのお店は、このダイヤモンドとフェラーリをかえてくれるでしょうか。たぶんかえてくれない。このダイヤモンドのほうが価値が少ない。でも、私が1億円持っていったら、たぶんかえてくれる。なぜならば、それぐらいの値段だから。つまり、彼らがつくった詐欺マネーは、たとえ中身が空っぽでもモノの価値を示すものです。これが電子マネーになったら、完全に単なる空気です。本当は何ともかえられないわけです。

政府が発行しても、どこが発行しても、中身が空っぽなら、やはりインチキな電子マネーです。

江戸時代の終わりに、大名の金、小判と何の価値もない新しいお金の紙を交換することになりました。金と紙切れを交換するのです。価値があるものと、価値がないものの交換がここから始まります。そして、電子マネーでも、こういうことが起こってきます。暗号通貨、仮想通貨、なんとかコイン、中身が空っぽで、実体経済の裏づけがないなら、全部同じです。私の特許の新しいマネーには実体経済の裏づけと、資産価値の根拠とがあります。何かと交換可能なのです。何ともかえられない空気ではありません。金本位制と、プラチナ、または、私の特許の新しいマネーぐらいしか、現在のところ資産価値の裏づけのあるマネーになり得るものはありません。

何で経済危機が起こるのかというと、何度も言っていますけれども、価値がないものと価値があるものを交換するからです。価値があるものに見せかけて、実はないものと交換しているから、経済危機が起こるわけです。小判やおコメや金《きん》で売買しているときは、ちゃんと等価のもので交換しているから、そんなことにならなかったでしょう。そばが1杯3文とか、小判で何とか、本当の小判だから資産価値があった。

あとは、武士のお給料はおコメだった。おコメは2年以内に使わなければならない。蓄財できないから、徳川幕府は頭がいいですね。権威がある人、偉い方々、社会的に上の方々にはあまりカネをやらないようにして、食べ物と領地をやった。領地は多くの方々を養うためのコメをつくっているわけです。それは自分たちで食べられないから、みんなに分けるでしょう。ところが、権威は全然なかったけれども、商人はおカネを扱ってよかったのです。だから、ほとんどの武士たちは偉そうにしながら、上方商人のところに行って、「ちょっとおカネを貸してください」とか言っていたわけです。ほとんどの武士が赤字で、商人に頭を下げておカネを借りていた。日本みたいにこんないい国はないですよ。偉そうにしながら「拙者はカネがないんだ」と。「旦那、またですか」と言って貸してあげる。

そういう真っ当な社会に、ちゃんとした対等な価値を交換する経済に行かないといけない。別に物々交換をやれと言っているわけではないけれども、おカネが何とかえられるのかというのが非常に重要だということで、これが根拠ある実体経済の裏づけのある金融システムの発明と、新しいマネーの発明の根幹になったのです。

新しいマネー、新しい産業、新しい経済の統合

おカネの役割は、実はたった3つしかありません。価値の交換と、価値の査定と、価値の流通です。それだけです。だから、あまり価値がないもののほうがいいんですね。紙幣とか、貝殻とか、そういった感じのほうがいいかなとは思います。あまりデカイのをゴロゴロ持ってくるのは大変ですから。

価値の査定というのは、我々は生まれたときから既におカネがあるから、おカネで物事を幾ら、これは幾ら、あれをしたら罰金幾ら、結婚したら結婚資金幾ら、死ぬときも葬式に幾らとか、とにかく全て幾らというのがあって、無意識のうちに値段を査定するようにできています。おカネというものが生活と切り離せなくて、脳裏に刻まれているからです。

だからこそ、おカネは空っぽなんですよ、おカネを使わないような世の中にしていくことが、ロスチャイルドたちの支配から出る、つまり、人間家畜化されないで済む方法なんですよということに、なかなか気がつかないのです。選挙で何党が勝とうが、あと100回ぐらい首相がかわろうが、政権交代しようが、新しいマネー、ロスチャイルドたちのインチキマネーではないマネーが流通していかないとダメだとわかりますね。一番大事なところがそこなのです。ポイントはそこです。しかしながら、それを唱える人はいない。

今から、日本銀行も、各国政府も、SNSも、いろんな電子マネーや暗号通貨を出してきます。しかし、中身がないもの、市場経済と結びついているか否かを見ないといけませんよ。

紙幣を刷る権利、紙幣発行権を政府に取り戻せばいいんだという考え方があります。もちろんそれは正しい。けれども、それは政府、国家がまっとうな独立国で主権がある場合のみです。今の政府は完全に牛耳られており、操り人形なので、政府が持ったところで同じです。大手メガバンクが持ったのとあまり変わりません。そういったところでない、全く新しいマネーをつくる必要がある。そして、マネーと金融と経済、産業は常に連動している。コインの表と裏ですから、マネーだけあっても仕方がないので、そのマネーと交換する技術や事業化したもので、今までの大量消費・大量生産の社会ではない、新しい社会をつくっていかなければいけないということです。ですから、マネーだけ出せばいいというものではありません。新しいマネーと新しい産業と新しい経済、5次元の経済がセットです。どれか1個だけでもダメなんです。今バラバラな状態ですけれども、これを統合して一つにしていこうというのが私のプランであります。

ゆくゆくは、それとはこぶねコミュニティーを連動させていきたいと思っています。はこぶねコミュニティーは、マネーや経済のほうではなくて、各地域にコミュニティーをつくって、新しい社会をつくっていこうとしていますが、それはまずは食の自立と水の確保、医食同源、医と食の2つに重点を置いています。

でも、その2つだけでも新しい国はつくれない。本当に世界中の人々や政府をおカネの奴隷状態から解放するためには、ロスチャイルドたちの管轄ではない新しいマネーを発行する必要があり、彼らが発行し得ない新しいすごい技術ができているのですけれども、それを事業化する。そして、新しい産業を生み出して、全く新しい社会をつくっていく必要があるのです。

ここまで言ったから言いますと、それをできる力がある国は日本だけです。日本にはすごい技術があります。プラズマ技術もありますし、宇宙からプラズマエネルギーを集めて地球にピンポイントで、電線もなく送電することも可能になります。電気代がタダになる技術もある。その技術を兵器に使えば大変なことになりますけれども、いずれにしても、すばらしい技術がもうできていまして、地球は全く違う星になることができます。今みたいに海を汚し、山を切り刻み、ゴミを大量に出し、大量消費・大量生産のこんな愚かしい生き方をしなくても、我々は生きていけるすばらしい技術が実はあるのです。

ところが、それが出てきてしまうと、既存の大企業は全部死んでしまいます。あれだけの雇用を維持できません。そうすると、大量失業者が出ます。どうするんだという話です。それも困りますね。

さらに、意図的に起こされたウイルスや自然災害などにより、ほぼ強制的に経済恐慌、経済危機は創られます。お金の価値を下げて、経済を低迷させる。金融崩壊となってリストラや不況にして、パーにさせるためでしょうか。ロスチャイルドらは、ドル、円、ユーロ、なんとか仮想通貨、なんとかコインなど、まとめて無価値にしてしまうでしょう。

なんのためでしょうか？

政府が創る新しい電子マネーを発行させるためです。

では、なんのために、政府に電子マネーを発行させるのでしょうか？

今までの借金をチャラにさせたり、踏み倒すことと、経済危機を救うためなどいろいろありますが、究極の目的は、そこにはありません。

それは、ＡＩに管理されるワンワールドを創ることが最終目的です。ＡＩに全人民を管理させるつもりです。その布石として、ワクチンや電子マネーを普及させていくのです。

だから、新しい社会をつくっていくしかないのです。技術の進歩はとめられない。ＡＩが多くの仕事を奪うことはわかっているじゃないですか。医者要らずになって、いろんな病気がポンポコ治るようになってきます。医食同源のはこぶね規格のまともな自然食材を食べていたら、無病化社会となってゆき、自然や大地も浄化され、元の自然に戻ります。そうすると、人間の寿命も延びます。でも、今の年金制度では生きていけません。新たな金融システムが必要です。新たな社会体制が必要です。それを考えるのは本当は政治家や役人の仕事だけれども、そんなの頭のある人は、もういません。いても殺されます。政治はそのような構造になっておらず、金に支配されているために、政治家になったら、真の政治ができない構造になっています。利権屋にならない限り、政治の世界では生き残れないのが現実です。だから、政治では変わらないと言っているのです。

新しいマネーを制するところと、新しい技術を開発した技術者、これに投資して事業化する事業家たち、こういう方々が次の時代をつくります。まさに経済をつくり、新しいマネーをつくることこそが本当の政治であり、本当の国家政策ですが、我が国政府は税金を使って本当の政治や国家政策をできない状態にあります。奴隷ですから。何で奴隷になるのか。おカネというものに支配されているからです。

だから、我々気がついた人たちを、このおカネの支配から早く解放しないといけない。おカネの苦労から解放されたら、皆さん、どれだけ幸せでしょうか。おカネのためにやりたくない仕事や、行きたくない会社や、満員電車に乗って、イヤな上司に怒られて、何のためにやっているか、自分の存在価値もさっぱりわからない。そういう仕事をやり続ける必要はもうないのです。新しい社会をつくろうというのが私の提案です。

それはできるのです。だから、それを各地で実際に始めてきています。まずは食の自立からですが、食だけでなくて、次は電力の自立、医療の自立というふうになっていきます。ある方は、防衛はどうするんだ、攻めてくるぞと言われました。それは新しいマネーと新しい技術の事業化で新しい経済を生み出したら、考えます。軍隊もつくらなきゃいけなくなるかもしれない。学校もつくらなきゃいけなくなるかもしれない。病院もつくらなきゃいけなくなるかもしれない。しかしながら、それは全部おカネのかかることだから、経済ができてからです。まずは新しい産業、新しい経済で、それを円とかドルでやりとりしないで、新しいマネーでやりとりしていくことが大事であります。

なぜなら、円とかドルはこれからパーになって、全部電子マネーにかわっていくのですが、それが666なのです。最終的には人体に入れてこようとするでしょう。財産没収です。AI世界政府があなたの財産を管理します。政府に歯向かったら、あなたは財産なしということになります。売ったり買ったりできない。困っちゃいましたね。私がワクチンを拒否する理由の真意もここにあります。ワクチンを介してAI支配されるマイクロチップを人体にうめこむからなのです。666を人体に入れて全人類を大宇宙意志の源の神から引きはなし、ルシファーとともに「ほろび」の道に入れることが、その本質なのです。

はこぶねコミュニティー

おカネとは何か。価値の交換、査定、流通を正しくするものです。

では、おカネの条件とは何でしょうか。〇〇マネー、暗号通貨、仮想通貨とかいっぱいあります。それでアブク銭を儲けた人もいますけれども、それはやっぱりアブク銭なのです。なぜかというと、実体がないのです。それも含めて全部電子マネーにかわったときには、没収ということになります。政府に歯向かわなければ没収されないかもしれないけれども、歯向かった段階で没収ですから、坂の上零の財産は初めからもらえないということになるので、私は絶対に電子マネーや、暗号通貨などにはしません。

かといって、紙幣も通用しなくなったら、売ったり買ったりできなくなります。私はどうするの？　皆さんの家に居候させてもらって、掃除しますすみたいな。でも、おカネをとられるということは、それぐらい厳しい状態になるんですよ。そういう日が近々来ます。世界中、恐ろしい勢いで電子マネー化、ＡＩ化です。コンピューターと電子マネーに管理される時代が来る。それに逆らったら、我々は生きていけるのでしょうか。いけませんよね。だけど、私はチップ奴隷にはなりたくない。だから、「はこぶね」と言っているのですけれども、今のうちに各地域にはこぶねコミュニティーをつくって、そこに移住する。そういう時代が来るまでは、普通に宅配サービスをやったり、はこぶね組合から、オーガニック食材を仕入れてくださる病院や飲食店を加盟店にした、ＮＡＵＣＡＦＥを今から各地に増やしていくのです。ＣＯＣＯＮＡＵと業務用のＮＡＵマーケット（オーガニックのＪＡ、http://naumarket.com）では、無農薬・無化学肥料で安全なものを売っています。組合を介さず、生産者や卸業者が自由に販売しています。

遺伝子組み換え反対や無農薬を推進することはＪＡさんには厳しい目で見られますけれども、これを推進していくことが血を流さない市民革命であって、ニューコート、ロスチャイルドたちの資金源を断つまではいかないかもしれないけれども、大きく低減できます。なぜならば農薬も化学肥料も、もともとは化学兵器をつくっている会社がつくっているものであり、それが製薬、ワクチン、いろんなものになっている。ということは、無農薬・無化学肥料の農業に戻るだけで、彼らの利益は少なくなりますけれども、彼らの資金源がかなり減り、その分だけ日本が遺伝子組み換えやゲノム編集から助かって、我々が健康になる。

いいものをちゃんと食べれば、遺伝子組み換えでない自然の種で、無農薬・無化学肥料のものを食べれば、知性も高くなって、本来の日本人の精神性、霊性を取り戻します。そうすると、いい子が育ちます。親を刺したり、「おい、おまえ」とか言う子はいません。ちゃんとした子になります。だから、基本は食べ物です。ここをちゃんとしていくことによって、日本を根底から変えることができる。血を流して戦わなくてもロスチャイルドに勝つことができます。

具体的解決法を持っているのは坂の上零と山田正彦先生

こういったことと、マネーと連動してやっていく必要があります。幾らいいものを食べていても、それを買うことができなくなったら困ります。インチキマネーですから。

これから、大量のニセモノの中にちょこっとホンモノがある。だから、ホンモノを見抜く目があるかどうかです。ホンモノの人や、本当に解決法があるかどうかですね。こういう厳しい時代になってくると、単に知識を与えている言論人や先生ではダメなのです。今の問題に対して的確に解決法をもたらさないと、存在価値なんかないのです。今現在の植民地化された日本の中で、誰が解決法をもたらせますか。いろんな格好いいことを言う人はいっぱいいます。中国の脅威が……とか、いろんな詳しいことを説明してくれる先生はいっぱいいるのです。みんな正しいと思いますけれども、じゃ、どうしたらいいの。日本はどうやって進めばいいの。私たちの暮らしはどうなるの。

どこに進んでいけばいいのという具体的な解決法を包括的に持っているのは、僭越ながら、私と山田正彦《やまだまさひこ》先生だと思います。ジャンルは全然違いますよ。山田正彦先生たちは国を相手に種子法廃止違憲訴訟をされております。種子法が廃止され、自家採種禁止はまだされていませんけれども、これからされてくる可能性があると言う人もいます。それが来てもいいように、私は結構ちゃんとした仕組みをつくり込んではいるのです。いずれにしても、それは日本国憲法違反だ、生存権違反だということで闘っておられます。これはすごいことなのです。

なぜならどれだけ政権交代しようが、どれだけ議員を国会に送ろうが、政治では変わらないのです。過半数をとるのもすごくおカネがかかるのです。頑張って過半数をとって、法案をやっと通した。でも、上にＴＰＰの協定がある。外資系の会社の３人の人が出てきて、これはＴＰＰ協定に抵触するからダメよと言われたら終わりです。日本の最高裁が出した判決よりも、たった3人の外資系の社員が否定したら終わりです。そんな状態ですよ。だから、はっきり言って、国会なんかもう要らないわけ。今は、ただ日本人を搾取するだけの政府になっていますから、政治で日本が変わったのは、TPP批准前までです。それだったら何とかなった。でも、今は批准されてしまっているから無理です。

では、TPPを脱退したらいいじゃないか。脱退しても、日米FTAがある。日欧EPAがある。アメリカとの通商交渉もある。もう無理です。ただ一つだけ覆せるのは、これが日本国憲法に違反だということになれば、日本国憲法のほうがTPP協定よりは上なので、その一点で覆すことができる。だから、これは非常に価値がある闘いです。

しかしながら、裁判は長い時間がかかる。それまでに我々は病気にされる。遺伝子組み換えのものを毎日食べていると、2~3年したら必ず体調が悪くなりますよ。2019年7月から、ゲノム編集の食品も表示なく出回ります。私は、こういうものを子どもたちに食べさせないでほしいと心から思って、お母さんたち、お父さんたちに訴えているのです。

マネーの条件を満たす保険市場

マネーの条件とは何か。6つあります。

① 世界共通の資産価値があることです。例えば岡山のどこかだけしか価値がないものとか、そういうのはダメなのです。あるいは、○○マニア愛好会の間でしか価値がないものとか、誰かさんのブロマイドとか、そういうものは資産価値になりません。

② 実体経済があること。先ほども過去のオランダのことを申し上げました。愚かしい例でしたけれども、球根は残りました。ところが、今の○○通貨とか暗号通貨は、球根さえ残りません。どうしてみんながこういうものに一喜一憂して投資するのか、私はさっぱりわかりません。はっきり言って申しわけないけれども、それだけ人間はアホなんだなと思います。だから、知性と今の学力は本当に連動しないのです。子どもでもわかることが、東大を出て何で気がつかないんだ、何でだまされているんだと思う。やっているほうは確信犯ですから、わかってやっています。

③ 流動資産化できること。証券化や資産化ができること。つまり、固定資産だと大変です。一つのものをギーコギーコと割って、何かと交換しなければならない。経済が回らなくなる。そうでな

くて、流動資産にできることが大事です。そういう意味では電子マネーもオーケーです。ただ、どこが発行するかによります。政府、既存のSNSなどの発行する電子マネーは危険です。

④地球由来の物質が価値の査定の背景になっていないもの。つまり、石油とか、CO_2排出権とか、食料とか、山とか、土地とか、ダイヤモンドとか、鉱山とかでないものです。なぜならば、それは時代が変われば必ず価値がなくなるからであり、終わってしまうからです。石油ももうすぐなくなります。ただし、一つだけ価値が変わらないと思われるものは金《きん》です。金が本当にあるのであれば、金本位制もあり得るかなと思います。ただし、どれだけ埋蔵量があるかによります。

⑤国や時代を超えて、価値の変動がそれほどないもの。つまり、いつの時代でも一定の価値を提供し得るものです。

⑥社会に必要不可欠、それがないと困るもの。つまり、昔は馬が移動手段だったけれども、今は馬がなくても大丈夫ですね。だから、時代の価値観とともに変化しないもの。

そう考えて、この条件を全て満たすものを私は探しまくったのです。それは人口と保険です。人間の生命の保険であります。もっと言えば、保険市場です。

いろんな市場がありますが、トヨタの売り上げよりも大きいのは生協です。食料は薄利多売ですけれども、かたい商売です。戦争でも食べないといけないから、絶対になくならないのです。ダイヤモンドや何やらは要らないですね。真っ先になくなります。一番かたい商売で、恐らく食料よりもなくならないぞというのが保険市場です。しかも、巨大です。世界のあらゆる市場の中で一番大きいのが保険市場です。

オフショア市場

実は、金融にはオフショアとオンショアという世界があります。オンショアの世界はリテールの普通の金融です。例えば日本だったら日本の領土内にあって、日本の法律が適用されます。ところが、ちょっとスニーキーなのですけれども、そこにあるけど、そこの法律が適用されないというのがオフショアです。つまり、税務署はオンショアに入っているおカネしか追いかけることができません。把握することもできません。しかしながら、オフショアのほうが何倍ものおカネがあるのです。

お金持ちが、どうしてヨーロッパでずっとお金持ちをやっていられるのか。日本だったら、普通は相続性をまともに払うと3代でおカネがなくなるのですけれども、何でヨーロッパの貴族はずっと貴族をやっていられるのか。そういう本を書こうとしているのですが、それは言ってはいけませんということで、やめてくれと言われたのです。

仮想通貨の詐欺性やニセモノ性も、出た当時から私はわかっていましたから、本を書こうかと思ったのですけれども、やはりそれで儲けている人がいっぱいいて、私の友達も儲けていたものですから、「やめてくれ。もうしばらく待ってくれ。あとちょっと儲けさせてくれ」と言われた。みんなわかってやっていますから、まあ、いいやということで、私は忙しかったし、やめたのです。いずれにしても、オフショアにものすごいおカネがあるわけです。

例えば、オンショアの保険市場は大体300兆円ぐらいだと言われています。このうち、6分の1を何と日本一国で占めています。今、結構安くなってきたから40兆円ぐらいになっているのかもしれませんけれども、ちょっと前までは50兆円ぐらい日本にあった。だから、日本人はどれだけ不安なんだと思いますけれども、保険大好き民族なのです。

オフショアには、その何万倍ものおカネがあると言われています。ですから、何京円です。もちろん、ロスチャイルドさんたちのおカネが長者番付に出ることはありません。○○伯爵のおカネも長者番付に出ないわけです。マハラジャさんのおカネも出ません。

なぜかというと、これは言ってはいけないのですが、彼らのおカネは大体投資信託とかファンドとか言われるものに入っています。だから、本当に私みたいなファンドマネジャーがいるのです。それが金庫番みたいになっていて、「どういう運用にしますか。年利2％でいいですか。3％でいいですか。もっとアグレッシブにいきますか。10％以上を狙いますか」といろいろ相談して、ポートフォリオを決めていくのですが、私の知る限り、ガツガツした人はいません。2％ぐらいあればいいいんじゃないのという感じです。ガツガツした人もたまにはいますけれども、彼らの目的はおカネを稼ぐことよりも、ずっとそこに置いておくこと、つまり資産を守ることです。

ファンドですからファンドマネジャーがいて、これが売ったり買ったりしている。これを運用といいます。このファンドのカギを所有者が持っているのです。つまり、権利書です。この権利書は、例えば相続のときに名前を書きかえるわけです。息子とか娘とか愛人とか、あげる人がいろいろいます。

オンショアにあると、全部丸わかりになってしまうし、財団法人とかも丸わかりになってしまうのですが、オフショアのファンドだと、ファンドの所有者がかわったり、ふえたりしているだけです。そして、そのファンドから幾らおカネをちょうだいと、ピッピッと出すわけです。ここに彼らのお屋敷があったり、クルマがあったり、ルノワールの絵があったり、いろんな預貯金があったり、金《きん》があったり、会社の証券があったり、いろいろあります。これは全部ファンドでくるまれています。さらに、その外側が保険でくるまれています。その資産にタッチできないように、幾重にもなっています。だから、お金持ちのおカネは絶対に表に出てこないのです。長者番付にも載りません。私はこういうアドバイス、コンサルティングをしていましたので、こういったオフショアの国際金融に精通していますし、人脈もあります。こういう仕組みがあるので、日本の金持ちは3代で終わりますが、ヨーロッパの貴族はずっと貴族のまま残れているのです。正しい人を知っているかいないかが、明暗を分けますね。

スイス、イギリス系の大手の保険会社は、そういうおカネをいっぱい抱えているのです。日本は知らないですけれども、そういうことで儲けているのがイギリス系とスイス系です。この2つに集約されてきます。私はこういうことに精通してしまったわけです。もともとはピアニストだったのに、何でこうなったのかわかりませんけれども、こういう世界でいろんな人を見ましたし、世界を見ました。どうやっておカネが世界を回っているかもわかりました。いい人もいたし、変なのもいた。お金持ちにもいい人はいるのです。貧乏人にも心の貧しい人がいるでしょう。お金持ちだからどうのこうのではありません。

ただ、はっきり言えるのは、お金持ちがずっとお金持ちである理由があります。その仕組みをちゃんと知らないと、相続税でバカーンと持っていかれたり、いろいろするわけです。そういうのは私に個別にご相談いただければ、オフショア金融についてアドバイスが必要なら、コンサルティング料はかかりますが、いろいろ教えてあげます。冗談ですよ（笑）。

何度も言いますが、私の特許の新しい金融システムと新しいマネーは日本でやるわけではありません。ちゃんとイギリスやスイスの法律にのっとってやります。外国でね。

新しい金融システム、新しい銀行システム、新しいマネーのもとになる私の世界特許の事業化は日本では致しませんから、日本には無関係です。いずれにしても、こういう特殊なせまい世界がありまして、世界でお金がどのように動いているのか、シティがどうやって日本からおカネを巻き上げて、こういった保険会社に入っていくようになっているのかというのを見たわけです。

これを見てしまうと、やっぱり愛国心が湧いてしまうのです。ロスチャイルドたちから日本が自由にならない限り、日本の政権は関係ないのです。政権交代をしようが、誰を国会に送ろうが一緒です。ロスチャイルドたちは、日本政府やアメリカ政府よりもカネを持っています。何で皆さんは政府をそんなにあがめるのでしょうか。政府なんか借金王じゃないですか。我々が債権者で彼らは債務者ですよ。私から言わせれば、偉そうに言うなという話です。「自分で稼ぐ力がないし、国民の税金をつかい、おたくはひどい仕事ばかりしていますね」ともっと言ってやればいいのです。通常の企業なら、あなたの仕事では通用しませんよと。

皆さま、どうして子どもの目で見ないのだろう。彼らがエリートだから？　どこが？　東大を出ているのに、こんな詐欺にも気がつかない。私は大学に行っていないけれどもわかります。本質を見抜くことが非常に重要で、本当に人間の本質や、すばらしさや、魂の美しさや、そういうものに価値を置いているので、幾ら儲けた、幾ら稼いだというのがあまり響かないのです。私は、お金持ちを結構いっぱい見てきましたけれども、あまりうらやましがらないので、誰とでも対等につき合ってきたのです。

お金持ちはお金持ちで、悩みがあるのです。金融をやる中で、おカネに汚い人たちや、おカネというものが世の中をどのように狂わせていくのか、あるいは世の中を生かしていくのかということも見てきました。こういうところにもっとおカネがあったらこの事業が成功して、もっと多くの人たちが助かるのになとか、こういう人に今幾らあったら、この事業にいいのになということが結構ありました。

いずれにしても、保険市場が一番巨大です。クルマの市場、兵器市場とかいうレベルではないです。ほとんどの資産には保険が掛けられていますから、リスクを売り、リスクを買うというのが金融の本質なんです。これはもともとイギリスがアフリカから略奪したものを、山賊や海賊が出てとられたりして、ちゃんとロンドンに持って帰ることができなかったので、保険というものをつくったのですけれども、この保険市場にフラグを立ててしまったわけです。この保険市場の中に、ロスチャイルドさんたちのおカネもあります。恐らく〇〇のおカネもあるでしょう。世界の王室など、いろんな方々のおカネがあるのです。

上: 坂の上零、20代後半。
下:坂の上零、若いころ。インドのスイス大使館邸でピアノの練習と作曲

だから、長者番付に出てくる方々は本当のお金持ちではありませんし、こういう仕組みを使っていません。使っている人は税金をほとんど払わず、資産がたまる一方です。つまり、ロスチャイルドを始めとするいろんなお金持ちの金塊や、絵画や、証券や、現金や、いろんなものは全部保険で市場にあります。そこ以外にないのです。銀行預金には絶対にありません。彼らは自分の資産を銀行預金しないのです。銀行預金しているのはお金持ちでない人です。

ロスチャイルドは3次元までしか支配できない

この保険市場を彼らは荒らすことはできないので、この市場にフラグを立てる。はっきり言って、我々からとったものです。この市場の保険を電子証券化する。つまり、電子マネーにするということです。証券化できないとダメなのです。証券というのは、これはあなたの資産ですよという証明です。だから、証券化されないと本当の資産ではない。電子証券化と言っていますけれども、つまり、電子マネーが新しいマネーです。

保険市場を分母として、新しい紙幣を発行する。新しい銀行と、新しいマネーと、新しい取引所、この3点で私は特許を取っております。よく取れたなと思います。シティに取引所を置こうと思って、頑張ってイギリスでも取ったのです。いずれシティに取引所を置くことになるでしょう。ただ、これはどこかで彼らと組む必要があるのです。

何で冒頭に私とルシファーの話をしたのか。彼らはルシファーの力を得て、今まで200年間、人類を牛耳ってきて、インチキマネー、インチキ金融をつくって、世界を治めてきました。しかしながら、そのルシファーが「神の元に帰りたい」と言っております。「私は自分をあがめる私に魂を売った悪魔崇拝の心の汚い、おぞましい人間たちが大嫌いだ」とルシファーは私に語ったのです。そして、「私は後悔している」と言う、そのルシファーは自分の終わりを知っております。ルシファーの力を幾ら借りても、結局、ロスチャイルドたちは3次元までしか行けないのです。

ここから、オカルトみたいな話をしやがってと思うかもしれないけれども、我慢して聞いてください。何で新しいマネーなのにこういうお話になるかというと、それが一番重要だからです。

3次元では、ロスチャイルドたちはこの世の王様みたいなものです。3次元ではカネが支配しています。これが電子マネーになって、これから人類は総家畜化されていくわけです。財産没収。人権も没収。気に入らないやつは全部剝奪《はくだつ》。売ることも買うこともできない。さあ、どうするんだということになります。

しかしながら、3次元で今までの大量消費・大量生産の産業を続けていたら、地球が終わるのです。そうすると、ロスチャイルドたちも終わる。彼らは自分たちの、自分による、自分たちのための地球をつくりたかった。そのことをニューワールドオーダー（世界新秩序）と呼んで、実際に彼らはそれをやろうとしています。

何でこういうちょっとオカルトみたいな話をするかというと、世界のおカネをつくっているロスチャイルドたちが、一番の資産を持っている彼らが悪魔崇拝なのです。実際にそういうことをやっているわけです。「アーメン、ソーメン」と言っているかどうかわかりませんけれども、あまり本に書けないような、幼児とのセックスや、おぞましい儀式をやったり、いけにえを捧げたりしているのです。子どもを中心に、人を殺し、狂った気持ち悪いセックスショーをし、生き血を飲み、人や動物の血を悪魔に捧げるカンニバルのような気持ち悪い世にも汚らわしい儀式を実際にやっているわけです。しかし、ルシファー自身は、その儀式が大嫌いで、人や動物の血を喜ばないそうです。また、悪魔崇拝者に祀られることが「気持ち悪い」と言っていました。

ルシファーに祈り、ルシファーを神とあがめて、ルシファーに自分の願いをかなえてもらって、支配者のグループに入れてもらう代わりに、ルシファーに魂を捧げるのですが、実際にルシファーがいて、彼らの言うことを聞いてあげますからね。ルシファーは本当に、悪魔に魂を売ってまで、権力、金、地位、この世の名声、財産が欲しい人々の願いをかなえます。そのかわり、しっかりと地獄に連れていくのです。彼らの魂を奪い取っている。ルシファー、悪霊が彼らの中に住んでいると言っていいくらいです。つまり、現在までの世の支配者らは、悪霊と一体化した人間たちなのです。

でも、私は悲しいのです。その人間の体をした悪霊たちは、すばらしい絵画を見る目と、すばらしい音楽を理解する耳がある。何でこんなひどいことをする人たちが、これだけ芸術が理解できるのだろうと思って、私はあるとき苦しみました。すごい音楽や芸術におカネをポンと出してくれる。やっぱりすばらしさがわかるのです。悪も極めればすごいということです。一番ダメなのが中途半端な、たんなるよい小心者です。悪なのか善なのかわからない。自分がよければいいんですみたいなのは、一番要らないのです。それに比べたら、ロスチャイルドはまだまし。

なぜならば、何だかんだ言ったって、この２００年間、我々は大したことをしていなくても何で食えているのですか。彼らのつくった経済システムがあるからじゃないですか。それなりの恩恵はあるのです。この資本主義だってそうです。昔はすばらしいクラシックのコンサートには、貴族しか行けない。高い遊びです。ところが、１万円、２万円程度ですごい交響楽団のすばらしい演奏を聞ける。すばらしいジャズの演奏を聞きに行ける。こういう恩恵ももたらしてくれた。みんながおいしいものを食べられる。一部の人しか食べられなかったすばらしいフレンチや、日本料理や、そういった高級な世界の料理を一般の人も食べられる。ベルリンフィルや、すばらしいオーケストラのコンサートに、金持ちだけでなく一般人も行ける。これは資本主義の恩恵でこれは、ある意味、彼らのおかげです。だから、全てが悪ではない。大量消費・大量生産だって、その恐ろしさを知り、5次元の技術開発に導かれるために、人々が目覚めるためには、必要だったのです。近代化を成すためには通らないといけない低次元での開発でした。世界を近代化し、産業技術を発展させるためには、実体経済に基づかない、ロスチャイルド作の中身空っぽのインチキマネーも、必要な悪でしたし、その時代をたしかに築いたのです。次の愛と芸術の共存共栄の地球大文明の世界に旅立つためにも、近代化と産業化の時代は必要な過程でした。その時代を超えなければ人間のバカさかげんがわからないし、これほど地球を傷め続けなければ、これ以上やってはダメだとみんなわからなかったから。人類は今まで傲慢で、自分の欲とエゴを満たすことが第一でした。あまりにも自然の恩恵に感謝しなかったと思うのです。

だけど、今、海はゴミだらけ、プラスチックゴミだらけ、それが全部私たちの体に返ってくる。酸性雨が降り、原発からセシウムが飛び散り、関東だって子どもたちは白血病だらけになってきますよ。世界中が異常気象で、世界中、森林火災や大地震です。これ以上は、地球がもたない。そんなになって初めて、人間は、これはまずいぞと思うわけです。もっと前から思ってくださいよと思うのですが、人間というのは悲しいもので、失うころになって初めてその価値がわかる。

だから、今なのです。今、私たち一人一人が悔い改めて、どういう価値観になって、どういう行動をするかで、我々の未来が決まります。我々はこのまま3次元でロスチャイルドたちと一緒に滅びていくこともできます。ルシファーはそうしようとしています。できるだけ一人でも多く道連れにしてやろうと思っています。当然ロスチャイルドとか、ロックフェラーとか、竹中や、安倍や、麻生、全部ダメです。今さら問答無用です。「改心しました。ごめんなさい」は、通用しない。犯した罪が重すぎますから、彼らには許しはありません。だから、我々が復讐しなくても大丈夫です。ちゃんと神が復讐しますから。死んだら終わりではありません。どれだけの人を苦しめたんだ。人一人殺しても殺人犯で捕まるのに、彼らは何人殺していると思いますか。間接的に、または直接かどうかわからないけれども、今、多くの子どもたちを不幸にしていますよ。

今の日本社会で食べられなくて、子ども食堂とかに頼っていくしかない子どもたちもいますね。そういうふうに頑張ってやってくれる天使みたいな人もいる半面、安倍たちは日本の将来である子どもたちの貧困を救う国家予算がたった1・5億円です。どこかの市ではありません。国の予算ですよ。あとは善意の寄附頼み。日本の貧しい子どもの救済など、全然やる気がありませんという感じでしょう。日本の子どもなんか救いませんと言っているようなものでしょう。私は、あれで切れましたね。わかりました、そうですかと。

総理大臣がわざわざファクスを送ってきて、日本国民の皆様の寄附で子どもの救済をやるそうです。おまえたちの経済政策の失敗でこの子どもたちがご飯も食べられないような状態になっているんじゃないですかと言いたいのですけれども、誰もそういう本当のことを言う自民党議員はいなくて、赤坂自民亭で安倍にヘイコラして、媚を売り、お酌して回っているホステス姉ちゃんみたいな自分の立場が一番の議員さんばかりです。あるいは、わけのわからない太鼓持ちの男芸者みたいな議員ばかり。心の中では安倍を軽蔑しているのかもしれないけれども、とにかくカネが欲しいし、政権の権力者に媚を売っておけば、チャンスやポスト、おカネがおりてくるから。彼を味方につけておかないと、次の選挙で何をされるかわからないからね。

コロナウイルス対策では、日本国民への対策費用は、まさかの0円。給付金は和牛だとか、すし券だとか、本当に信じられないお笑いレベルです。ここまで自国民を見下して、バカにしている政府は、日本政府だけでしょう。

こういった損得勘定が働くのは3次元までです。今からどうなるのか。これからの時代は5次元に移行していくのです。しかし、ふるいにかけられる。全員、踏み絵をふませられる（ワクチン拒否し、本質を見抜ける人しか残らない）。このプロセスが大変です。たぶん大勢の人が亡くなると思います。自然によって殺されるのか、あるいはウイルスのパンデミックに乗せられて、新薬に走ったり、遺伝子組み換えの食や、マイクロチップ入りのワクチンで殺されるのか、戦争が起きるのか、わかりません。今、一生懸命戦争を起こそうとしていますね。日本を戦争に巻き込みたいのです。

私は保守だから、憲法を改正しなければいけないという立場なのですけれども、今の安倍たちがやったら、この国は本当に戦争に突入すると思います。またか。こんなウソにまただまされて。戦前回帰させられて、同じ失敗をまた再現しようと企まれている。今、そういう瀬戸際なのです。それもこれも全部、ロスチャイルドたちのニューワールドオーダーを地球でやるために、カネと恐怖によって人々を支配しているのです。マキャベリみたいなものです。

恐怖によるおどしが通じない人にならなければいけません。通じる人は、ロスチャイルドたちに媚を売って、イヤイヤながらその会社に通い、イヤイヤながら、その人たちが出した遺伝子組み換え食品を食べて、目先の利益や保身のために、イヤイヤマイクロチップの666を人体に入れられて、ヘラヘラしているということになります。そういった方々もみんなダメになっていく。その先には滅亡しかないのに。

ロスチャイルドたちに勝つ方法は、NAUポイントと坂の上零発明の新しいマネーです。しかも、彼らの資産を彼らは潰すわけにはいきませんから、そこにフラグを立てればいいわけです。そうすると、組むしかありません。彼らを恨んでもダメだと私は思うのです。彼らも今までの近代化の時代をつくってきたので、それなりの貢献もしているからです。敵対するより、互いのために、互いに和合してゆける道を探したほうが、地球を救いすばらしい星に再生できるでしょう。

ルシファーと話したこと

私はルシファーと話したときに敵も味方も、善も悪もないと思いました。彼は後悔していると何度も言っていました。ウソかもしれません。私をだましたかったのかもしれませんけれども、「私は後悔している」と言っていましたし、私のことはどうやら好きみたいです。「何で？」と聞いた。「私はあなたを信仰していないよ。崇拝もしていないよ。あなたの力とおカネにひれ伏してもいないよ」と言ったら、「だから好きなんだ。私は心が美しい人間が好きだ」と言うのです。

ルシファーもいいところがあるのです。手下どもはとんでもない残忍な悪霊たちですけれども、ルシファーは、ある意味、神の涙というか、悪役をやっているというか、やらされているというか。だから、生半可な変ちくりんな天使よりは、安っぽい小者の善人よりは、彼のほうがよっぽどモノをわかっているし、神の悲しみや苦しみもわかっているのです。神を一番愛しているかもしれません。でも、許されないのです。

悪魔に魂を売って、成功したりお金持ちになる人はいっぱいいるのですけれども、そういう方々はルシファーを呼んで、頼んでしまったのです。何が何でも出世したい、絶対にこのカネが欲しい、あいつを蹴落としてでもあの女性を奪ってやるとか、そういう思いですよ。それが悪魔を呼んだことになるのです。その願いはかなえられるかもしれないけれども、魂もとられるということです。

レディー・ガガさんのところにも来て、レディー・ガガさんは乗ってしまったみたいですよ。本人が言っていました。本当にいるんだなと思った。

さっき、ルシファーに最後に3つ言われたと言いました。

1番目は、「おまえに私の力をやろう。何でもできるぞ」と言うから、「結構です。必要な力は全て神が与えてくれます」と言いました。

2番目は、「おまえの願いをかなえてやろう。何でもできるぞ。願え」と言うから、「結構です。必要があれば天が全部翼をくれます。私の願いは神がかなえますから大丈夫です」と。

そうしたら、最後に「おまえを幸せにしてやろう」と言ったのです。「私はみすぼらしいですけれども、幸せですから大丈夫です。孤独で淋しくて悲しいですけれども、幸せです」と言ったら、フンと笑って、「また会おうな」と言って、行ってしまったのです。私は、ルシファーとは会いたくないのですけれども。

でも、結構長い間話して、変な友情みたいなのが湧くのです。本当に心からかわいそうだなと思いました。帰りたいのに帰れなくて、みんな自分に頼んでくる、みんな私をあがめると言うのです。みんな私についてくる。「何で私に出てくるの」と言ったら、「おまえは私をあがめない。好きだ」と言うのです。彼は、自分をあがめる人は軽蔑していますから、ロスチャイルドも銀行家たちも全部軽蔑されているわけです。

REI SAKANOUE In INDIA.坂の上の第二の国

彼らがどういう儀式をしているのかも、ルシファーの口から全部聞いています。「私はあんなものを喜ばない。あんなに汚い血なんかかけてくれるな。私は美しいのだ。何であんなものを私が喜ぶんだ」と言って、怒っているのです。彼が好きなのは美しい心です。神と一緒です。なのに人間が汚いから、ずるいから、弱いから、みんな私を利用する。いいときだけやってきて、窮地を脱したら、助けてやったのに感謝もしない。それが人間の大半だ。こんな人間は滅ぼしていいと思う。そういう人間を大量に連れて、彼はこれからサヨナラということになってしまうのです。だから、皆さん一人一人がそういう人間であってはいけない。それを問われるということを言いたいのです。

エンジェルバンク――神の金融

何で新しいマネーなのにこんな話をしているのかというと、新しいマネーはルシファーの支配から抜け出すものだからです。今、ルシファーの知恵によって地球を制圧している国際金融軍団、安倍たちの親玉、その方々の資産は様々な投資信託全部保険市場にあるのです。その保険市場がガラ空きだったので、そこにフラグを立ててしまったということです。それを分母に電子マネーを発行します。

この3次元では金融はデビルです。彼らは悪魔の金融をやっているのです。国家、政府、企業、人を借金漬けにして、戦争を起こさせ、自国を売らせたり、人を夜逃げさせるところまでやって、おカネでさんざん苦しめているのです。この金融のシステム全体をデビルからエンジェルに変えなければいけない。だから、私の会社は「エンジェルバンク」という名前なのです。この名前も私がつけたのではなくて、神がそういう名前にしなさいと名付けたのです。「はこぶねコミュニティー」も私がつけているのではなくて、現代の方舟をつくれと大宇宙意志の源の神が私に命じているから、やっているのです。

私は「エンジェルヴィレッジ」にしようかと思った。日本人は、「はこぶね」という名前がイヤな人もいるのです。宗教くさいとかキリスト教っぽくてイヤだと言う人もいるのです。実は、私もそう思うのです。でも、これは私のプロジェクトではないので、私はやらされているだけです。神がやっているので、新しい銀行の名前は「エンジェルバンク」です。神が金融をしたらこうなるという仕組みがつまったものであります。それは、究極的には利子を取らない、みんなをカネの奴隷から解放する新しいマネー。そんなにおカネがなくても生きていける社会をつくることです。

この保険をもとにした巨大な財源を生む新しい金融システムの発明により、全部できてしまうのです。一定の人口が生まれては、死んでいきます。どうせ税金を取りますから、その税金から保険を掛けておけばいいのです。その保険は資産です。

保険というのは、普通その人が死んだ後に誰かがもらえるのですが、それを生前にその人がもらえるというのが保険金受領権ないしは保険受益権と言われるものです。これを日本で初めて証券化し、ファンドにしたのが私です。かなり儲かって、飛ぶ鳥を落とす勢いでした。その当時は、村上ファンド、ホリエモン、私のファンドだった。ところが、周りのスタッフが私を絶対に出さないようにしていましたから、名前は出していません。

でも、まだ31歳で、うちの会社の取締役に元N証券社長とか、○○社長とか、そんなのがずらっと並んで、ある有名経済紙に、「坂の上は誰の愛人か」ということを書かれたりした。私は実力でやっているのに、女が突出した力を持っていると、日本では必ず後ろに男がいるとか誰かの愛人だと断定されることになるのです。だから、かなり言われましたが、誰もいなくて大変だったのです。いずれにしても、その当時はシングルマザーでしたから、赤ちゃんを背負いながら大手町を闊歩《かっぽ》して、夜遅くまで赤ちゃんだった長男をおんぶして、毎日毎晩仕事をしていました。社員はみんな恥ずかしいわけです。S証券のK社長の社長室を借りましたから、外の中庭から、私の会社のオフィスがすけて見えました。いろんな記者も来るのですけれども、「あの人は誰ですか」、「社長です」とは言えないから、「いやあ、誰でしょうね」とか言って(笑)、事務員さんみたいに見えていました。そういう時代もあった。その会社は売りました。

一定の人口が生まれてくる。一定の人口が死んでいく。ここが現世のルールです。死んでいったときにチャリンと入ってくる。また戻ってくる。生まれてきたら、またチャリンと入っていくということで、人が死に、生まれ、命の連鎖を上手に運用すれば、財源と資金は人間が生まれ続けてくれれば順繰りに回るのです。

一定の人口というのは魅力です。なぜ皆さんこぞってインドに行くのかというと、一定の人口があって、経済成長率が7％で伸びているからです。日本ではカネがなかなか回らなくて、安いものしか売れなくなりました。

今インドではそうではなくなってきています。もう少ししたらGDPが日本を抜いていきます。インドの富裕層は日本の人口の2割に近づこうというぐらいになってきています。これはやらない手はないということで、今、私はビジネスマッチングや、インドでのジャパンエキスポを企画して、すばらしい日本企業を向こうにお連れして、海外で事業展開をして、海外から収入を得るようになり、いずれは大企業になっていってもらいたい、と頑張っているのです。

インドでは世界一の市場、特に人口がいっぱいいます。人口というのは力であり、魅力です。おカネを使ってくれるのです。アメリカが何で核家族にしたかというと、日本人の家族を壊したいだけでなく、単にビジネスなのです。みんなが別れて住んでくれたほうが、冷蔵庫もクルマも布団もベッドも食器もテレビも、全部世帯ごとにかかるから、家も売れるし、家電も、車も売れます。世帯数だけ需要があります。ただそれだけのことです。経済的なことのためです。

だから、世の中を本気で変えていこうと思ったら、経済を動かし、経済を生み出し、経済を回していかないとダメなのです。それが政策というものです。経済政策イコール金融政策イコール政治です。政治は選挙に勝つことではないのです。

いずれにしても、一定の人口は魅力です。この人口こそが私は資産だと思います。なぜなら石油もこれから枯渇します。そのマネーは何にかえられますかという資産価値のあるものが、マネーをマネーたらしめる資産の根拠が、それほどないんですよ。頑張って探してみてください。株でしょうか。いいえ。上がったり下がったりします。安定しません。先ほど挙げた条件に全て合致しないとダメです。

よく仮想通貨や暗号通貨の方が言いますが、中身が空気で何ともかえられないけれども、AさんとBさんがそれで納得していて、取引が成り立っていたらいいじゃないか。ちがいます。それは今のロスチャイルドたちの詐欺マネーと全く同じです。それではダメなのです。何かとかえられるものでなければいけない。証券化できないといけない。実体経済の裏づけ、安定した資産価値がないといけない。そんな市場がどこにありますか？　というと、やっぱり金《きん》か保険しかないでしょう。ほかにあるんでしょうか。

エネルギーも、フリーエネルギーの出現で無料同然となりますし、自動車産業がダメになったらどうするのですか。食料は一定のものがあります。だけど、食料はある意味、先物取引といって、リスクが結構高いのです。リスクが高いからマンとかいうファンドは毎年年利28％ぐらい出していまして、私も聞かれたのでお客さんにたくさんアドバイスしました。しかし、あれはヘッジファンドが売った株を買っているのです。つまり、農業は天候の影響を受けやすいから、安定的に供給することを約束できないのです。だから、できた分量とか季節によって値段が変わってきます。そういうのをうまくヘッジするのが先物取引だったのですけれども、それだけでやっていくこともできない。

そうすると、人間が居続ける限りあって、彼らと一緒に組めて、彼らと闘わなくていいもの、彼らが死んでも守らなければいけないものは彼らの保険市場なので、ほかのものはどうでもいいのです。製薬とか、なくなってもいいのです。時代の変化で、これから製薬でも儲からない。無農薬・無化学肥料が広まれば、製薬会社もおのずと潰れます。彼らの市場がどんどん小さくなっていく。いいことなのです。今、3次元から5次元に変わろうとしている。技術も、産業も、マネーも、全て5次元に移行するのです。

新しいマネーの仕組み

もう一回言いますよ。今の地球を支配しているロスチャイルドたちニューコート、ハザール偽ユダヤ、金融マフィアたちは、どこから力を得ていましたっけ?

ルシファーです。

だから、私は言いたくないけれども、わざわざ自分の過去をちょっと言いました。ルシファーの知恵で全部やってきているのですけれども、ロスチャイルドたち、そしてルシファーが力を発揮できるのは3次元までなのです。そういうふうに神に決められているのです。彼らはそこから出られない。ルシファーの力をバリバリ借りてきたロスチャイルドたちは、彼らの力を行使したければ3次元を出られません。なぜならば、彼らはNWOニューワールドオーダーをやりたくて、自分たちの、自分たちによる、自分たちのための歪《いびつ》なワンワールドの地球をつくって、あとはみんな奴隷にして、ほとんどの人を抹殺しようとして、世界人口を削減するためにワクチン推進や人工災害、気象兵器、人工ウイルスによる経済危機、インチキ民主主義によるアラブの春や、各地でのテロ、紛争を起こし続けています。特に日本を早く抹殺したい。本当の日本の縄文時代の歴史や、日本人のYAP遺伝子の秘密がバレる前に、はやくYAP遺伝子をもつ日本民族を地球上から民族ごと消し去りたい。

こんな強大な力の彼らと3次元で戦ったら負けます。私たち平民側は、彼らほどおカネを持っていないし、彼らほど悪知恵も働かない。しかし、何度も言いますけれども、彼らは3次元までしか来られません。5次元に突き抜けてしまえば、彼らは来られないのです。彼らの力は5次元では働かないのです。ルシファーは私を倒せないのです。なぜか。私は彼にひれ伏していないから。

皆さんもそうですよ。ルシファーや今のおカネにひれ伏さない人になったら、皆さんだってそうなれる。そうすると、苦労はしますけれども、大宇宙の源の神に必ず守られます。そして、何とかなるんですよ。あなたの解決法は「何とかなる」かよ、みたいな。そうではないですよ。それをやっていこうというのが、はこぶねコミュニティーの最終版のステージです。

ただ、そこまで5つの自立を目指す「はこぶねコミュニティーとは何か」がわかって、来ている人はほとんどいません。皆さん、安心安全なものが食べたいわ、今の政府は怖いし、ゲノム編集イヤだわ、遺伝子組み換えイヤだわ。種を守りましょう。そのレベルでいいのです。それで十分です。全部わかっていただく必要はないし、わかることは難しいと思います。わかったところで変な解釈しかしないから、もういいのです。人は自分の経験した知識の範囲で、自分の理解している範疇《はんちゅう》のことしか理解できないものです。言い換えれば、多くの普通の世間の人間はわかりませんので、全ての人に理解などできないでしょう。

しかし、「食が汚染されているのですよ。体に健康な食品を生産して、食べよう」ならば、誰にでもわかります。誰でもわかることから始めるのがよい。

ただ、無農薬・無化学肥料の農業を広めていくことで、彼らの資金源を絶てるので、大いにやっていただきたいと思います。

この保険市場は一定の人口で成り立っていますが、人口がいなくなればおカネも要らないから、別にいいじゃないですか。人口があり続ける限り、一定の保険を掛けて、死んだらチャリンと入ってくる、生まれたらチャリンとまた入るというのを繰り返しておけば、一定の財源が常に出てきます。

普通、財源をつくろうと思うと結構大変なのです。市場を育てて、産業を育てて、これして、あれしてとなるのですけれども、私の新しいマネーの仕組みを使うと、一定の財源が結構簡単に生み出されます。これをもとに電子証券を発行した電子マネーをつくれば、それは誰かの保険ですから、確実に実在し、資産価値も認められている証券にかえることができます。しかし、1対1でやると、イヤらしいじゃないですか。だから、幕の内弁当みたいにいろんなおかずが入っているという感じで、ファンドや投信、共済というやり方でもいけます。

「はこぶね」は、農家さんたちの生活を助けるために、いずれ共済をつくらなければいけないのです。先ほども言いましたけれども、天候に左右されますから、不作だったときに生活費のサポートをしてあげる必要があるのです。そういうことで農家の皆さんはＪＡから離れられないのです。あと、農機具は高いですね。700万円とか800万円とかするから、そういうのも東南アジアに中古の農機具をやるのだったら、私たちは日本国内で使いますから、「はこぶね」にくれよと思うのです。日本人が貧しく、大変な状態になっているのですから、日本人をまずは助けたい。

いかにマネーを回し、新たなマネーを生み、利を出していくのか。金の流れや、この種の仕組みから、様々なテクニックで生み出したマネーをさらに増やしていくことが、金融商品であり、そういう金の流れから利益を出していく仕組みをつくることが私の仕事なのです。それの加工の仕方の一つが金融商品にすることであり、それも複数の種類があります。共済でもつくれるし、投資信託にもできるし、マネーにもできるし、預貯金にもできるし、証券にもできます。もちろん、保険にもできます。この仕組みは、いろんなお料理の仕方でいろんな金融商品に組成できるのです。

一時期、元本確保型や元本保証型のファンドがはやったのですけれども、元本を確保する運用部分として、私のつくった仕組みを勝手にドイツ銀行やABNアムロ銀行がパクッて、デス・ボンドという名前をつけてやっております。それは米国債《べいこくさい》の代わりに様々なファンドの元本確保の部分に使われています。その他、いろんな金融商品に既に入っています。でも、うれしいですね。一つの市場をつくったということは、一つの実績を上げたかなと思います。

ただ、そのドイツ銀行も破綻寸前で危ない。デリバティブとかに手を出すからです。実体がないのにレバレッジをかける。例えば1000円しか持っていない人に、1万円貸して投資しなさいと言うわけです。これは振れたら大きく儲けられるから、そのときに返せばいいと。だけど、FXみたいに反対側に振れたらどうなるのかということです。ウワーと上がって、ヒューンと落ちるわけです。だから、ああいうのは巨大な資本を持っていないとできないわけです。ちょぼちょぼした資金しか持っていない人たちがやったって、最後は全部持っていかれます。デリバティブもそうです。

日本の某大手銀行もそんなところに手を出すぐらい、今、銀行は投資先がないのです。日本の中小企業に投資すればいいのですが、バーゼル法なるものがあって、できないのです。消費税を10％でGDPが7・3％も2020年1月、コロナウイルス騒動前に下落してしまい、日本の富が約58兆円も失われてしまったので、財務省が唯一できることは消費税を3％に戻すことと、失われた日本の金を消費税10％にする前に戻すために、60兆円ぐらいを市場に入れることと、この銀行が中小企業に融資できないように規制をかけさせているバーゼル法を日本は適用しないという政策をぜひやっていただくことだと思うのです。そうしたら、中小企業にもおカネが回るようになってきます。

いずれにしても、これで結構な金額の財源をつくれます。本当に無ではないですけれども、無から有をつくり出せます。しかも、経費はほとんどかからない。システムサポート費だけですから、数億円でできてしまう。これを新しいマネーの経済的な根拠、裏づけにしたいのです。本当は財務省と一緒にやれたらいいのですけれども、まだ日本はある意味戦時中で、占領されたままの哀れな植民地です。現状の日本はまだ植民地であり、日本の財務省は植民地の財務省ですから、ロスチャイルドたちの配下にあるので、日本のために働くことはおそらく難しいでしょう。元財務相であった中川昭一《なかがわしょういち》先生がご存命のときでしたら、私の特許に基づいて新しい金融システムと新しい電子マネーの発行は、おそらく財務省を挙げてやろうとされたかもしれません。私の特許を使った金融商品や金融の仕組み、新しい銀行をつくれば、潤沢な財源をほぼ無から生み出すことが可能です。しかも、それは人口があり続ける限り枯渇しません。しかし、残念なことに殺されてしまいました。

ですので、中川昭一先生のご遺志を継ぐためにも、私は日本を復活させて、真の独立国をつくっていくため、別の方法で、新しい経済をつくりたいと思っています。

新しい産業をつくる日本の天才たち

では、どうやってつくるのか。日本には天才たちがいます。日本だけでなくて、ドイツにもほかにもいるのですけれども、突出した発明は、ほとんどドイツと日本です。連合軍が潰したかった国だけあって、やっぱり日本とドイツがすばらしい技術を創ったり、開発したりしています。モノづくりに強い国だからです。常に世界経済を日本とドイツがけん引してきました。その日本とドイツ、主に日本の、あえてこういう呼び方をすると、5次元の技術が既にでき上がっています。ＮＤＡ（秘密保持契約）を交わしているのであまり言えないのですけれども、既に原発なんかを使わなくても無尽蔵なフリーエネルギーが、家庭用にまで実用可能なところに来ています。これが1台入れば、電気代はほぼタダです。原発も要りません。ぜひそうしたいのですけれども、できないのです。原発利権になってしまっているから、政治家やゼネコン、東電などの利益のためです。福島の人々はその犠牲にされた棄民です。そんな利権でがんじがらめの日本だから、いくらすばらしいものを発明しても、解決法があっても、なかなか日の目を見られず、実用化は無理でしょう。政府に潰されます。少なくとも今まではそうでした。でも、それも全部3次元までですから、いいのです。

これからもっとすごいのができてきます。宇宙からプラズマエネルギーがボーンと来ます。その技術も日本が開発したのです。日本人の発明家、技術者の中には天才が多くいます。その中でも生え抜きの天才たちが私の周りに集まっています。そんな天才たちの発明を、今、我々の同胞の科学者たちが開発した技術をちゃんと実用化するだけで、日本は来年にでも、世界ナンバーワンのお金持ち国にもう一回なれるのです。弊社エンジェルバンクのもとに来ている目からウロコのすごい技術を実用化するために投資し、私の特許を実用化した新しいマネーをつくるだけで、たったそれだけで、衰退している日本は、数年後には一気に世界でも断然トップのお金持ちにもう一度なれるのです。日本経済は一気に復活できるのです。それだけの天才たちがいて、既に次世代の技術や金融システムを日本人が発明していますが、天才たちは自己犠牲を強いられてきており、そこに資金が投入されません。

考えてみてください。そういったところに税金が使われるべきではないでしょうか？　そうしたら、みんな豊かになれるし、年金ももらえる。貧しい子どもの救済もでき、日本人学生の学費も私が総理なら無料にしてあげることができます。日本経済は安定しますし、独自マネーも持てます。枯渇しない財源も持てます。画期的な技術の実用化で、巨額の売り上げがあげられますので、税収も今の国家予算ぐらいは入ってきます。つまり、倍ぐらい入ってきます。これは、私の資産では、C60のフリーエネルギーの実用化をする（実は、C70もできています）、たったそれ一つだけでも、国家予算ぐらいの売り上げを得ることは可能です。それぐらいの巨大な産業になります。

しかし、そういう次世代の技術やフリーエネルギー開発、私の金融特許の実用化などの最も気になる次の時代の中核の産業や経済を強めるためのコアな技術の事業化に、私たちの払った税金が使われているでしょうか？　無能な政治家を沢山高給で養ってはいますが、そういうところにはおカネが回っていないのではないでしょうか？　そういう技術者たちに、開発費や研究費や事業資金を出さないといけないのではないでしょうか。ところが、そういったところに回っていない。これが日本の悲劇の原因です。

お金が回されていく先は常に大企業です。彼らは必死で留保金をためて、使わない。なぜ使わないのか。日本の将来に希望があったら使うのですけれども、希望がないからです。使いようがないです。日本は本当にシュリンクして、縮んでいっている。負のスパイラルみたいな感じです。だからMMT（現代金融理論）をやって、みんなおカネをもらってパーッと使いましょうという財政出動の話が出ます。それはそれで経済の底上げになりますが、それはほかに策がないときであり、正道ではない。それが当たり前に起こってはいけない。国家の経済が正常に循環して、デフレ脱却し、好転していかなければならないのです。デフレ脱却のカンフル剤ならわかりますが、恒常的にしてはいけない。過剰な資金の市場投入は、お金じゃぶじゃぶにしすぎたら、過剰なインフレを招きます。

では、どういう経済政策があるのかというと、今ある日本のすごい天才たちの技術にさっさと投資する。事業資金は何百億円とかかりますけれども、たったそれぐらいでできるのです。そんなものは3年ぐらいで元を取って、すぐに国家予算以上の売り上げを出していきます。新しい産業というのはそういうものです。それを実用化するだけで、売り上げが日本の税収60兆円以上となる企業が幾つもできます。そうしたら、税収だけで皆さんの年金も払えるし、教育費もタダにしてあげられるし、財源ができるからいろんなことができるのです。やればいいのに、やらない。

だから、私はあることを考えています。フリーエネルギーや、ちょっと言えないのですが、炭素系のすごいものがあります。全ての技術、エネルギー、バッテリーは、恐らくそれになってくると思います。マグネシウム・バッテリーも実用化されます。インドで実現していきたい。あと、すごい医療になってきまして、プラズマとかあります。これでほとんどの病気がなくなるという感じです。放射能を消すようなものも食品にして、はこぶね組合の商品として出そうと思っています。

エネルギーやインフラ事業系は、日本では利権で雁字搦めで、福島などは政治家やゼネコン、東電の利権のために、どんなに放射能物質を救える技術があっても、絶対に採用されませんでした。国家の金を間接横領するためには、原発問題が終息してはならず、トリチウムやセシウムをばらき続けて、除染し続けていないと困るからです。政治家や一部の利権団体に金が入らなくなるために、福島県民を犠牲にしてでも、原発問題は解決してはならないのです。

これと同じことが金融にも言えます。私の世界特許の新しい金融システムと新しい銀行システムは、利権で雁字搦めで、不要な法律で技術や経済の発展を削いでおり、ゆえに自ら選んで地盤沈下しているような日本ではやりません。デフレで経済が衰退しており貧しくなった日本人の中には、妬み、ひがみ、小さなことを大きく騒ぎ立てて、権利主張する悪質な人も多くなったので、そういうのに足を引っ張られないために、私の新しい金融システムの世界特許の事業化や、フリーエネルギーの実用化も含め、日本ではやりません。一般の人にはやはり国際金融を理解することは無理だし、関係ない世界なので、面倒くさいことが多い日本ではやらずに、海外でやります。投資が集まれば、海外に銀行を創り、海外の保険会社を買収するか、提携して、一般人を直接顧客にするリテール銀行ではなく、機関投資家や金融機関、政府を相手にする形式のプロ金融のやり方で、オフショア圏の海外でやるほうが早いし、的確です。日本は本当に意味のない規制と、誰かの利権のためのルールや法律など、見えない鎖が多すぎて、このままでは未来がないのは当然です。こういうところで新しい技術の事業化は花開きません。だから、海外に出て、海外で事業化し、海外で財閥を創るのです。本当は日本でしたかったし、日本の技術なので、日本に恩恵を真っ先に与えたかったけれど、今の日本にはその環境が整っていないので、むつかしいのです。しかし、海外で大成功させて、巨万の富をつくり、財閥を創って、いずれ、今から12年後ぐらいでしょうか、日本が本当に貧しくなり、ボロボロになったときに、日本を助けられるぐらいに大金持ちになっていたいのです。日本から海外に持って行った技術も、何倍にもして、財力をつけて、よい人材とともに、日本に持って帰ってきたいのです。そして、日本の再建を実施します。しかし、その時に、それまでの政治家や官僚は一掃し、ＴＰＰに賛成した議員は全員、新しい政府や政治には入れません。ガン細胞をまた戻しては、また日本はガンになりますから。すばらしい人材を育成しておくこと。これが一番むつかしいかもしれません。そういう人材は今の日本では極めて少ないので、今の大人を偉大な人にすることはもはや無理なので、まだ矮小化されていない子どもたちを教育して、立派な日本人に育成していくことも同時にしていきたいと思います。こういう教育に投資してくださる奇特な投資家はいませんから、事業で莫大な利益を上げて、その利益を、子どもたちを立派に育てる教育費や、はこぶねコミュニティーづくりの活動資金に寄附したり、新しい5次元の地球をつくっていく、自然と調和しながら、次の世界の中核となる大事な事業に投資していきたいと願っています。

これらは全てまだ実現しておらず、現在、私の頭の中だけにある理想です。しかし、それがいつか花開く日が来ると信じて、まだ見ぬ未来の事実を確信して、今日の事業を進めています。今がまだそうなっていなくても、天下国家のために、大いなる地球文明をつくるために、大きな理想に燃えて、ゴールを高く設定して、そこを目指して、そのまだ見ぬ未来の事実を信じ切って、今日を神とともに全力で事業展開する、困難にも立ち向かい、必ず乗り越えるという、そういう姿勢がリーダーには必要だと思うのです。

地球を救うためのエンジェルバンク創世財団と新しい金融システムの創出

日本人は天才が多いです。私の周りは天才だらけです。すごい技術はある。私の発明した枯渇しない新しい金融システムに基づく、新しいマネーだってあるのです。新事業のＮＡＵポイントで物々交換も誕生させます。これを有効活用すれば、日本はすぐにでもこの負のスパイラルから抜けられます。世界一突出した金持ちの国になれます。こういう事業に国を挙げて投資する。これこそが本当の国家政策ではないでしょうか。

でも、やらない。むしろ、間違った経済政策ばかりしてきました。だから、日本はこのざまです。このままでは日本は、落ちるところまで落ちます。みんな食えなくなります。そんな社会には、子どもたちにも未来はなく、希望もない。金融と経済政策が無策だとこうなります。

さあ、どうしますか？

では、私はそんな天才の自己犠牲を強いられる日本において、これからどうするのかというと、私なりの解決法と世界救済計画、国家政策を持っています。それを成していくためにも、私は5次元の技術を事業化するエンジェルバンク創世財団ファンドを外国につくりたいと思っています。大宇宙意志の源の神がお選びになる人たちと一緒に。これも、日本ではなく、海外で創ります。初めは日本で一般財団法人をつくって、5年以内に公益財団法人にしようかなと思ったのですけれども、日本だと寄附にもおカネ（税金）を取るらしい。意味もない規制が多く、利権がらみでできないことばかりです。そういう国は一度潰れて、膿《うみ》を出し切るしか再生できないので、なにかと面倒な日本につくらないで、法律を見ながら、ある外国に財団と投資信託ファンドをつくります。そこで最低でも最初の事業資金の種金である、４００億円集めようと思っています。

新しい銀行と保険会社をつくります。または買収します。私の特許に基づいて新しいマネーをつくります。ＮＡＵポイントと連動させた、ＮＡＵで物々交換するＣＯＣＯＮＡＵのNoah's Ark Union（ＮＡＵ）の独自経済圏のオーガニック食料を基軸とした万事屋マーケットを世界中に、ＮＡＵコミュニティーを各地に創る形で、グローバルに世界各国に普及させます。そして、新しい経済を生み出すすごい技術に投資します。この「新しい」という意味は、時代が変わっていくので、次世代のことをやらないとダメですから、次世代の中核を成すインフラ系の技術に全て投資します。

ここにビジネスチャンスがあるわけです。

私の試算では、このバッテリー1個だけでも400億円を3年で返せます。クルマのバッテリーの市場は世界で600兆円です。そのうちのたったの10％をとっても60兆円です。すごい技術だから、もっととれると思います。クルマのバッテリーだけでなく、宇宙船やエネルギープラントなど、ほかにもいろいろ使い道はあります。たった1個の事業だけでも、日本の税収ぐらいの売り上げをたたき出せる企業がそれほども苦もなくすんなりつくれるわけです。

こういう巨額な市場と利潤を生み出すネタを、私は何個も持っています。これを同時に多動力で、インドを中心に日本と外国でグローバルに事業化していきます。面倒くさいことが多いわりには、お金を出さない日本はもういい。日本の国際ビジネスの仕方も今のままでは勝てなくなります。何をするにも遅く、ピントも外れており、国際ビジネスのスピードの速さについていけない。利権と忖度《そんたく》で動く。責任を取りたがらない事なかれ主義で、自分の保身が第一。こういうマインドの小さくまとまった、臆病者の人たちにスケールの大きな発想は無理だし、すばらしいビジネスは構築できないからです。今の日本の若者を見ても、骨がある子が少なく、家畜タイプが多いのに、人徳もある大物の事業家は少ない。人材の劣化が激しい。だからもう日本はいいです。

では、なぜしないのか。国に言ってもしようがないから、自分たちで集めよう。400億円の最初の種金を集めればできるわけです。帝国をつくる最初の第一歩の資金ですね。自然を破壊する、戦争をやらざるを得なくなる自分たちの軍産複合体の企業が、もうもたないのです。時代の変化で大量解雇しないといけないのです。なかなか大変だ。武器も余ってしまって早く戦争したいから、日本を巻き込んで、日本に武器を買わせて、極東アジアで戦争をつくろうとしています。それを種金にして、私が持っている、水、電力、ごみ処理、医療系、農業、微生物、自然破壊を元に戻し、水質汚染解決、汚物処理解決、消毒、抗菌剤のウイルス対策など各主力業界で、トップの技術や製品を複数すでに持っていますので、これをどんどんアジア中心に世界中で事業展開していきます。

私の構想では、これらの事業化により、新しい世を開き、世界を新しい5次元の世界に導いていきます。そして、いずれ、海外でともに事業展開していく日本人実業家や日系企業の共存共栄のグループをつくり和僑をつくり、地球を天国にするための経済連合、財閥を海外につくります。

今、ロスチャイルドさんたちも投資するところがありません。

また、世界は今までのように彼らの演出するインチキ劇場やウソにだまされなくなってきました。9・11のときはだまされてくれたのですけれども、もう今はだまされない。ホルムズ海峡で日本の原油タンカーが爆破されて、誰もイランがやったとは思わなくなった。むしろ、またアメリカがやったんだろうと誰もが思った。ヨーロッパも、またやっとるわとシラーッとしている。マレーシアみたいな小さな国からも、ええかげんにせいよと言われている。フィリピンの大統領ドゥテルテさんも、アメリカのウソつき、恥知らずと言っている。

アメリカ人も、我が国の恥ずかしい政府を許してくださいね、本当にこいつら、ろくでもないんでねと、アメリカのウソ、自作自演のテロをアメリカ人も含め、世界中の人々がわかってきています。自分たちがナンバーワンだと思っていたアメリカ人も、さすがにおかしい、我が国の政府がガンではないかということがわかってきて、アメリカ人もアメリカ政府離れしている。

いずれにしても、坂の上零の発明した特許のように、実体経済の裏付けのある本物の、中身空っぽではない、資産価値のある新しいマネーをつくらないと、そして、地球から出る有限資源に依存しない形での資産に基づいた、枯渇しない潤沢な財源を創らないと、世界は新しい5次元の世界に行けない。そして、5次元に行くためには、新しい銀行、新しいマネー、新しい経済が必要です。それを生み出すたったの400億円を私は世界中から集めたいと思います。ポンと出してくれそうな人も何人かいたのですけれども、結局、その資金をたどってみたらジョージ・ソロスのファンドとか、いろいろとあちらの人になってしまう。

それでもいいのです。さっきも言ったように、彼らは敵ではない。彼らだってビジネスをして儲けたいだけです。それは間違っていません。そうでないと経済が回らないのだから。それに、企業や事業家、経営者である以上、ビジネスで勝っていかなければいけない宿命だからです。だから、ビジネスをして儲けたいのはよいことです。

でも、彼らのビジネスモデルはもう古くて、3次元しか通用しません。彼らが今まで儲けてきた軍産複合体のビジネスが、5次元の地球には要らなくなっている。だから、彼らはまとめて廃業となっていくのです。時代が変わるとはそういうことですよ。彼らもわかっているのです。ロスチャイルドはバカじゃないから、一番わかっている。だから、もしかしたら彼がはこぶねコミュニティーをやるかもしれない（笑）。儲けたいから、はこぶねやNAUポイント事業に投資するかも（笑）。だって、終わっていく巨大産業より、これから発展し、ドル箱事業となる成長産業をつくる事業に投資したほうが儲かるのですから。だから、ロスチャイルドのほうからエンジェルバンクのNAUカードやNAUポイント事業や、はこぶね組合の在来種、無農薬、無化学肥料の農業をやりましょうと言うかもしれない。その手には乗らないけれども。彼らも生き残るために、次に当たる、次の時代の中核のビジネスを持っていたいのです。だから、儲けたいなら、今までの悪事をやめていかざるを得なくなるのです。

ビジネスマンや経営者なら、誰でも次に行く産業に出資したいのです。自分たちの産業は一旦終わって、次に日本が開発したこういうすごいものが主流になるなと思ったら、それを先にゲットしたいわけです。これはビジネスである以上、当たり前です。日本政府も日本企業もこういったところに投資しないから、結局、こういうすごい天才たちの技術が、今まで何とアメリカや、ユダヤ系や、ロシアや、中国に買われていっています。私にはこれだけは守りたいと思うものがあって、それを日本側でやるために400億円集めないといけない。1人とか何社とかからもらうと奴隷になってしまうから、世界の人みんなから100ドルずつもらって、400億円にするのはそんなに難しくありません。お礼として口座を開きます。そういう形で新しい財団をつくって、世界中から集めようとしています。

地獄社会を終わらせるためには、3次元で対立しあって、政治や革命などで戦うのではなく、彼らの上に、5次元の利他の愛と光の新しい地上天国の地球をつくる。そういうビジネスモデルを展開していくことなんです。それが本当の血を流さない革命であり、格上の賢い政治です。新しい国造りです。新しい国とは、なにも日本から独立して、国連に「新日本国」などの旗をもう一本たてることではなく、COCONAUとNAUはこぶねコミュニティーを各国、世界中につくり、組合サポーターを増やして、その和を広げていくこと、5つの自立を果たし、無農薬・無化学肥料の農業を推進して、縄文時代のような社会を取り戻し、そこに前述の自然を破壊しない最先端科学技術を融合させて、新しい巨大な芸術に溢れる地球文明を創出することです。

これを成していくのが、先ほどの事業であり、種金400億円です。そして、各地のはこぶねコミュニティーづくりです。次の世のリーダーも育成していきます。

志を同じくしてくださる投資家、資本家、資産家を世界中から集めて、ともに地上天国を創るために、一丸となれたら幸いです。

善行・寄附バンク

私のマネーは保険市場だけではありません。実はもう一つあるのです。これも特許を取りました。私は特許貧乏で、特許をいっぱい持っているのです。でも、全然カネを稼いでいません。知的財産権を取っているだけです。

善行・寄附バンク。名前は何でもいいのですけれども、要は、今までは寄附をしたり、人を助けたり、善行をしたり、ボランティアをしたら、「ありがとうございます」と感謝されましたけれども、それだけでした。そうではなくて、これからは善行や寄附をすると、それが貯金になってポイントがたまるという仕組みです。NAU医食同源はこぶね直販マーケットで、楽天クラス、アマゾンクラスの最先端システムを入れました。日本版SNSでもあります。

そこで使う交換券は「NAU」です。これは、いわゆる電子マネーですが、「マネー」として使わないでただの「交換券」のポイントです。そこでしか使えない商店街の交換券と同じ。COCONAUの中でしか使えませんが、コミュニティーがいっぱいあって、全国単位であれば十分です。

これから海外にもはこぶね組合（ＮＡＵ：Noah's Ark Union）を普及させていきますから、海外のものも電子マネーのポイントで物々交換できるようになります。すべてＣＯＣＯＮＡＵの中で、組合サポーター同士でやり取りします。

そうです！　組合サポーター間で物々交換ができるシステムにしようと思っています。このＣＯＣＯＮＡＵは、お金が不要な、物々交換マーケットなのです。ＮＡＵはこぶね組合の独自経済圏です。例えば貧しくて現金がない人の場合は、どうぞ善行をしてください。農家の収穫を助けるとか、田植えをするとか、そういった寄附や善行が全部ポイントになって加算されていきます。こちらは、今はまだです。そのポイントを食料や商品とかえられる。つまり、おカネです。そういう形にしていきたいと思っています。私はこの特許もすでに取って維持しております。

この特許のひらめきは、クルマを運転していたら、東京スター銀行というふざけた銀行の名前があった。リンゴ・スターなのかなと。でも、そのときに、あっ、そうだとひらめきが降ってきて、それにヒントを得て考えたのがこの発明です。これも私の知的財産になりました。このシステムを、今度、新しい仕組みに入れます。だから、結構大がかりなシステムで大変なのです。とても高額です。ＮＡＵポイントもスタッフの事務局と私の営業サポートが最低３人は必須です。専用のＩＴ部を創りました。事業をするための経費と人件費も高いのです。

こうやって「ピンチはチャンス」で考えていくと、これ、欲しいよねというサービス、かつてなかったけれども、あったら絶対いいよねと中小企業の経営者が誰でも思うようなことがひらめいて、それを実際にやっていこうと思っています。たぶんそっちのほうが、はこぶねコミュニティーよりは利益を上げていくと思うのです。そこの売り上げの例えば5％とか10％とかを使用料という形でいただいて、それをはこぶね組合やコミュニティーの運営費にしていきたいと思っています。

こういった形で、日本と海外で事業を分割して、国際金融の知識やノウハウを生かして、まず経済とマネーと新しい銀行をつくりたい。なぜかというと、彼らの大量消費・大量生産の産業では地球がもたなくなる。人類は30年以内にほとんど絶滅してしまう。彼らも絶滅してしまう。彼らの産業もなくなってしまう。だから、彼らは一緒に協力したほうが得だということになります。この地球規模の危機を農業だけでは救えません。それに農業だけを主力にしたら、経済が衰退し、時代が後退します。なおかつ、新しいマネーは、彼らの資産が入っている保険市場であります。世界恐慌を創出し、現在のマネーをチャラにする彼らとて、これを潰すわけには絶対にいかないから、どこかの時点で一緒に組むことになると思います。

ただし、もちろん彼らはルシファーの知恵を得ていますから、だましの専門だし、おどしの専門だし、CIAから何から暗殺団を抱えていますから、坂の上なんて一発で殺せます。でも、私は全然恐れていないし、彼らとも仲よくやっていける自信があるのです。音楽を愛しているから。彼らはすばらしい音楽愛好家なのです。音楽を愛する人は皆、私の友達です。ビル・エヴァンスも大好きだし、そういう美しさがわかるということはすごいことだと思うのです。ただの悪人ではない。いいところはあるのです。彼らも必要があって今までいたわけだから、戦争もしたけれども、我々も恩恵を受けてきたのは事実だから、完全に悪ではなくて、これからは一緒に調和していきましょう。今までみたいな我欲で自然や地球を破壊するのはやめましょうということです。

やるかどうかはわかりません。そんなことを言ったって、フンと思うでしょう。思わせておけばいいじゃないですか。だけど、我々はさっさと5次元に行く。5次元に行ってしまった魂の人を彼らは攻撃できません。なぜならば、ルシファーは5次元に行ってしまった高次元の魂の人を攻撃できないのです。そういう人は神に守られます。次元が低い人は、次元が高い人のところに来ても、なぜか知らないけど離されていきます。それと同じような現象が起きます。

彼らはルシファーの力を得て、3次元の世界の王となりました。ルシファーが支配できるのは、3次元と4次元までです。5次元から上の高次の世界には、ルシファーは行けません。ですから、この世を支配しているエリートたちは、ディープステートも国際金融マフィアのロスチャイルドやその配下で操り人形として使われている麻生、安倍、竹中、フェルドマンらは、まとめて、3次元と4次元までしか力を誇示できない。ルシファーから力を得ているから。しかし、私はそこには属していませんし、既に5次元以上にいます。また、私に力を与えてくださっているのは代償を取るルシファーではなく、代償を取らない大宇宙意志の神です。ルシファーでさえ神に勝てません。それは彼が一番知っていること。ルシファーでさえ、神のことを話すときは敬語で、神を尊敬されていましたよ。悪魔となったルシファーは神の涙なのです。

愛の実践

私たちが気をつけなければいけないのは、愛の実践です。何が愛だと言われるかもしれないけれども、本来、人間が持っている純粋な愛とか、利他精神とか、自分を誰かや世の中のために生かしたいと思う純粋な気持ちそのままに生きたらいいと思います。本来、人間は誰しも愛されるより愛したいのですから。神と人を無条件に愛してください。そして、カネの支配や恐怖から解放されると自由になれます。

それをどのようにやるのかというと、今回のセミナーの第2回、ホップ・ステップ・ジャンプのステップでお話ししたはこぶねコミュニティーづくりです。とりあえず食と、水と、住むところと、医療がそこそこそろえば、人間、結構安心感があります。そして、共存共栄です。俺のものは俺のもの、君のものも俺のものではなくて、みんなで互いに助け合い、共存共栄していく（NAUはこぶねコミュニティーの活動が既に利他の愛の実践です）。

経済を生み出し、お金が循環する新しいビジネスモデルを考えました。図（P251）にしたとおりです。里山NAUビレッジで生産し、美しかった本来の日本社会を復活させたビレッジを山に創る。そこで、生産した在来種・無農薬・無化学肥料の価値の高いNON GMO、遺伝子組み換えではない食料を、NAU CAFE（はこぶね組合から卸す先の病院、飲食店、ホテルなど）の加盟店に配達し、お客様にご提供します。また、NAU CAFEは、地域のNAU組合サポーターの集まる（食料を取りに来たり、地域で集まる拠点）場所にもなります。各地域にも、地方創生するはこぶねコミュニティーを造っていきます。リーダーと集まる人の質次第で、すばらしい地域社会の土台ができます。

昔、共存共栄していた高い古代文明のころ、そういう社会が実は日本にありました。縄文時代のころを、もう一回取り戻すだけです。しかしながら、みんなで江戸時代に帰って、文明を否定しましょうと言っているわけではなくて、坂の上零の言う「5つの自立」ですが、5次元の世界の中核となる新しい銀行、新しい技術、新しい産業を背景にしていきます。3次元では、大量消費・大量生産型の産業で地球を破壊し、健康を破壊し、精神を破壊し、あらゆるものを破壊して、互いに奪い合いながら利益を得てきましたが、時代が変わるとそれが逆になります。

地球をもとどおりに戻し、自然ももとの状態に戻し、農薬で傷んだ土地を産業革命前に戻し、森を伐るのをやめて木を植える。今の政府は全く逆のことをしようとしていますけれども、本当にちゃんとした社会をつくろう。それは基本は食からです。ちゃんとした食をつくって食べよう。そういうふうにしていくと、日本の伝統や文化も守られる。

このままでは、日本の伝統や文化も守られません。というのは、日本の伝統や文化の大半が農業に関係しているからです。日本の在来種のタネは2％ぐらいしかありません。もう少しあるのかもしれませんけれども、いずれにせよ極端に少ないです。種子法があって、守られているころから、日本のタネはなくなっています。だから、法律や制度や政治ではないということがわかります。経済をつくることです。

経済を生み出さない限りできないのです。無農薬のものは儲からないし、売れないからつくらない。無農薬のものをつくって、売れて、儲かるのだったらつくります。それだけのことです。では、そういうビジネスモデルをつくればいい。先ほど説明したとおり、自然、種、農業も自然のサイクルを調和して、循環させます。同じように、新しく経済を創って、マネーも循環させるのです。目からウロコの新しい、イケるビジネスモデルと経済の循環を創り、上手にそこにマネーを流し、回していきます。それがはこぶねコミュニティーの事業です。農業だけでは薄利多売でそんなに儲からないのですけれども、そこであまり儲からなくてもいいのです。まず、みんなで生きていける社会をつくって、システム代だけ払えればいいと思っています。ただ、新しいマネーやプラズマ、マグネシウムバッテリー、フリーエネルギー、水をつくる事業やゴミ処理事業をインドや海国で早く事業化したい。

私はピアニストでシンガーだったのです。今も時々演奏しています。結構それなりのメンバーとやらせていただいていています。こうやって、たまにガス抜きはしていますけれども、たまに演奏するのも自分の原点を忘れないためだし、私は音楽家ですから、そこを離れてはいかぬと思っています。

発明をしたり、小説を書いたり、事業をやったりしていますが、芸術家がやっているのです。だから、発想が全然違うのです。そのかわりと言ってはなんですけれども、ストレートに神にボンとつながっているところがあるので、問題に対する解答がストレートにパーンとおりてきます。いちいち考えなくてもわかってしまうとか、できてしまう。いちいち思考しなくても、問題の本質と、その解決法がなぜかビビッとわかってしまうのです。

何でこういう解答になるのというヘリクツは、後で考えればいいのです。〇〇理論とかね、もちろんちゃんとした数字のつくり込みはやらなければいけない。それは税理士さんがやりますので、私はとにかく大きなグランドビジョンを語り、未来を見据えて、皆さんを間違いのないところにお連れするという先導役であります。責任重大ですね。

何度も言いますが、人類は、このままいけば滅びます。だから、私たちが変わるしかないのです。政治に期待するのはやめて、新しい国を自分たちでつくっていくしかない。今の腐った構造では、政治家に政治を託すと必ず腐るというパラダイムがあり、そういう構造になっています。各地域でコミュニティーをつくることによって、それを達成できます。地方創生プロジェクトとして、はこぶねコミュニティーで一緒にやっていきましょう。それこそが本当の政治、あるべき本来の姿ではないでしょうか。

実際もうやっています。恐ろしい勢いでできています。私がやっているというよりは、後ろでサムシング・グレートが働いてくれているんだなと思います。常にそういうつもりで、謙虚でありたいと思っています。私がやったのよみたいに思うと、人間はどこかで思い上がってしまってバカーンと顔面パンチを食らうと思います。そうならないように常に謙虚に、私は大宇宙の神の手足にすぎない。私がしているのではなく、神のみ心を成しているだけ。そう思っています。思い上がらないで、常に誰より働き、誰より成果を上げても、誰より謙虚であるように自分を律しています。だから、私はただの小間使いをやらせていただいています。

自分のためには生きない、全て神のみ心を実現するため、大宇宙創造主の神が造りたかった世界を地球に創り、地上天国を創るために、即ち、神のみ心を地上で成すために、私は、私の命、人生私の全てを神にお捧げしたのです。私は自分のために生きてはいない。全て神のため、そして、全ての栄光を神にお返しするためです。

私を使い、NAUはこぶね各事業をしているのは、坂の上零ではなく、大宇宙意志の神なのだと全世界の人々が知り、私ではなく神を見て、神に返るためなのです。人と神がいよいよ一体化するときがきました。

はこぶねコミュニティーは、人と神が一体化し一つになってゆく、一つの道です。神と人が一体化しようとするそういう人をロスチャイルドたちはどうにもできないですよ。そういう人や私は、彼らのおカネに跪くわけではない。彼らのことを恐れるわけではない。彼らのおどしに屈しない。彼らのおカネを求めない。名誉もカネも求めない。ただ正しいことを、神がしなさいということを黙々とやるだけです。こういう人をルシファーは倒せないし、ロスチャイルドも倒せない。せいぜい私の命をとることしかできません。私は死を恐れてはない。でも、私は命をとられても、死ぬわけではありません。「ちょっといいですか」と誰かを使って、またやるかもわからない。神出鬼没だから、「参上！」と、ほかの誰かの体に入って、また帰ってくる。私から肉体を奪ったほうが、私は自由自在になり、高次元の魂の人の中に入って、地上の複数の人間を同時に使うかもしれませんね。だから、殺してもしようがないのです。

一番大事なことは、一人一人が恐れとカネの恐怖から出ることです。そういう小さな生き方をやめて、大志を抱くことです。そして、3次元から出るために、誰の中にもいる聖なる人を探して、聖なる人として生きていくという道をみずから選ぶことだと思います。まずは、聖なる人になりましょう。これは宣言しないと選べない。人間はどうしても楽なほうに行ってしまいます。そうなると、愛の実践をやります。いろんな恐れから解放され、苦しみを生み出す自分自身の原因から解き放たれて自由自在になり、悟り、解脱して、共存共栄ができます。

そうすると、天とつながります。ここが大事です。これからは天とつながる人が生き残っていくと思います。5次元に行くと思います。今、何兆円持っていても、どうでもいいことです。なぜなら、聖なる人になれないと、次の世には行けないからです。さらに、電子マネーになった段階で全部AIに管理されてしまうからです。彼らに従わない者は全部没収されますから、私みたいな人は資産没収です。ここにいる方々も、従いたくないのであれば資産没収になってしまいます。

だから、今、何兆円あろうが、何億円稼ごうがあまり大事なことではなくて、一番大事なことは、各地域ではこぶねコミュニティーをつくることと、NAUはこぶね規格のように、在来種・無農薬・無化学肥料の農業で生産した食と水の安全の確保を急ぐ。そして、最低限、組合員さんたちのカロリーを満たす食料を安定供給できるだけのものを、今から複数の山を買い、里山NAUビレッジをつくり、そこではこぶね組合が生産して、安心安全な食をつくる（その資金も寄附お願いします。bluemen3939@yahoo.co.jpまで)。もちろん遺伝子組み換え拒否の野菜、米、肉、小麦、魚、卵を中心に押さえていく。フリーエネルギーやバッテリー、プラズマ医療やマネーを5次元にしていく。つまり、地球を破壊しない、ロスチャイルドたちの今までのビジネスでないやり方にしていく。

そうすると、彼らもそういうものが儲かるんだなと思って、こっちに投資してくるかもしれません。実際「投資します」と来ているのは、彼らのおカネばかりですよ。もう投資するところがないのです。どれだけ投資しても、これからダメになっていく産業ばかりです。これからは5次元に向かっていくのですから、地球をよくするものに投資するしかないです。そうすると、彼らは自分たちの悪行をやめなければいけなくなる。いいことじゃないですか。

投資としては一番いいのは、坂の上零の発明した新しいマネーです。儲けたいなら、彼らも私たちと一緒に、地上天国を創るはこぶねの各種事業やNAUポイント、NAUカードなどに投資することになるなんてね。もしそうなれば、よい経済循環が生まれてきますね。

どういうすばらしい政策をしても、これからタケノコのように電子マネーがたくさん発行されるでしょうが、IT革命のときのように、残ったのはアマゾン、グーグル、アップル、ヤフーの4社だけというように、これから出てくる電子マネーも残るものは少ないでしょう。それが政府の発行する電子マネーでも、中央銀行であっても、ロスチャイルドがつくった今の金融システムにおける今のマネーは、どんな種類であっても、使えば使うほど人を不幸にするし、金で支配されるようになる。そして、世帯で生きる社会の体制もあって、世帯で生きていると、金がかかりすぎる。現在の彼らが創った社会体制では、かならず借金ができる仕組みになっている。貧困を生む今のインチキマネーが、ロスチャイルドの創った今の金融システムでした。こうして政府や人民を金の支配下に置いてきました。今もそうです。

しかし、坂の上零の発明した新しい金融システムは、これと真逆になりまして、政府や人々を金の支配から自由にします。政府や企業、国家、人々が、金のために生きなくてもよくなるように、その奴隷のくびきと金の苦しみから人々を自由にする仕組みです。人間をおカネの奴隷から解放する、潤沢な財源をほぼ無から作り出すことで、社会を安定させて、金のためにがつがつしなくてもよい社会を生み出せます。国家を本来の国家に戻し、国家が存続するために、他国を奴隷にして搾取し、支配して、生き血を吸い上げて、今もやっているように奪い合ってばかりいる醜い状態から国家を解放してあげたかった。さらに、各国の政府に金に支配されているがゆえに自国の民を裏切らせたり、人々も金のために奪い合い、生きるためにだまし合ったりしなくてもよくなり、見えない奴隷の鎖から解放してあげたかった。お金のためにもう殺し合ったり、奪い合う必要はない。がつがつしなくてもよい。そんなことしなくても、世界中の人々が、坂の上零の新しいマネーを取り入れることで、超リッチは無理でも、十分に普通に暮らしていけるようになります。そういう新しい金融システムを創りたかった。それを土台として、新しいマネーを発行します。

しかも、それだけではない。その上に、①食と水、②医療、③金融とマネー、④産業技術、⑤エネルギーという5つの自立をかなえた、はこぶねコミュニティーと里山NAUビレッジのリアルな共存共栄社会、地上天国のモデル版を各地に創っていくことが、NAUはこぶね組合の理念ですから、もちろん、NAUで、オーガニック農業と食料を統括して、独自の経済圏のCOCONAUや、全国区のブロックごとに地産地消を基本としたオーガニック食材の物流システムを完備していきます。こうなると、本当に名実ともに、NAUは、オーガニック農業のJAになっていくでしょう。

NAUは、農薬をまく農家さんを無農薬・無化学肥料に変えていき、そのためのカリキュラムや、セシウムやトリチウムを除去するゼラニウムやミネラル、また、土をその土地の汚染される前の状態に戻し、自然を産業革命前の本来の自然に戻す各種の技術やノウハウをそろえています。さらに、土をよくして、収量も上げる、すばらしい土壌菌なども複数取りそろえて、大地と森を自然に戻していきます。自然環境保護の最先端で、地球環境を守り、子どもたちが未来に地球に暮らせるように、これを達成する全ての事業を推進していきます。

また、いずれは、無農薬農業をやりたい人の「学びのカリキュラム」もご用意して、先輩方の大事な教えや経験を学べる、オーガニック農業アカデミーもCOCONAUでウェブカリキュラムと農家さんと直接ウェブ講座に参加できるサービスなど、オーガニック農業のインターネット大学のようなものも、ご提供していきます。こうすることで、自然環境を保護し、無病化社会に貢献し、人々を健康にし、社会を健全に改善していきます。そして、各地にNAUはこぶねコミュニティーを作っていきます。リアルな助け合いのコミュニティーです。そして、その活動は、COOCNAUの各地の掲示板で見られるようにしていき、世界に常に発信していきたいと思います。

私が提唱する新しいマネーは、ただの電子マネーではなく、こういう実体経済と、社会貢献事業、食料主権を守り、NON GMO、オーガニック食料とタネを押さえて、種のシードバンク的存在であり、オーガニック農業のJAの役割や、検査体制もいずれ整備して、多動力で複数の前人未到な事業を展開しながら、日本初の快進撃を果たしていく、具体的な実社会と人々の暮らし、実体経済が土台になっています。その上に、NAUポイントで物々交換する仕組みがあります。そして、地上天国を各地域に創ろう、我が地域に未来を創ろうという理念に共鳴して、各地で一緒にはこぶねコミュニティーを創っていく実際の組合サポーターや地域の人々に支えられています。また、NAUははこぶね組合、つまり、「組合」ですので、土壌菌や微生物、農業、医療方面など、自然と生命の共生に因んだ、各種研究もしていきまして、いずれは大学設立を目指しています。

このように幾重にも練られた、包括的な仕組みがベースにあったうえで、そこに電子マネーや暗号通貨などを運営すると、ベーシックインカムなる補助金に相当するものも実は払えます。そういう金融商品を組成する仕事もしていましたのでノウハウがあります。

そうしたら、社会が根底から変わります。働き方も当然変わります。価値観も変わります。お金との付き合い方も変わります。暮らし方も変わります。新しい社会体制ができます。みんなで半分は農業をしたり自分たちの仕事をして働いて、それをみんなで分かち合って、半分は自分の好きなことをする、そんな社会が本当に実現できるでしょう。この方法であれば、それは可能です。いいでしょう。そうしたら、みんなどれだけ発展するか。私は早く音楽だけしていたいと思っているのですが、なかなかそういうぜいたくは与えていただけません。年に2~3回しかないので、よかったら今度ぜひライブに来てやってください。

坂の上零の理念と構想の下、はこぶね組合が提唱する、新しい金融システム、NAUポイントの仕組み、COCONAUでの物々交換や、各地に「地上天国のモデル」を創っていき、「我が町に未来をつくる」ために、地方各地のいろんな団体や個人を巻き込んで、職業や業種を超えて、人々が組合サポーターになって、はこぶねコミュニティーを各地に創り、その地域を具体的によくする事業や、加工品、農業、種を守ったり、学校給食のオーガニック化や、自分たちで政策を決めて、市民が地方自治体と政治を推進していく。それが、はこぶね組合の地方創生です。誰か政治家に託さなくても、自分たちで政策をつくり、自分たちで役所と進める。それだけで、各地域は、すばらしくなっていきます。自分たちの地域をすばらしくしていくために、政治家を選んでやってもらう必要はありません。

自分でやる。国が破産しても、今のお金がパーになっても、やっていけるように、前述の5つの自立を果たして、いずれ、教育も独自でする。もう国家の機能を自分たちで全部やるのです。エネルギー、マネー、産業技術の開花で、新しいマネーで取引、医療と食、水を自給自足できたら、国破れても、まあ、生きていけますし、なんとかなります。

いや、国が介入しないほうが、世界中に豊かに発展していくことでしょう。そうなると、いかに現政治、元政府が一番要らない存在であったか、ガン細胞であっただけだということに気がつくでしょう。

5次元の社会には、宗教と政党がありません。要らないのです。高次元に進化した魂は、自ら天とつながっておりますので、神と人の間に誰かや教祖を介在させる必要はありません。神と人が一体になります。そうしたら、政治家もいらない。政党政治もいらない。もうぜんぶ3次元の幼稚で低次元の文明は要らないのです。

そして、3次元の幼稚で低次元の物質文明が今崩壊していきます。ロスチャイルドがつくった従来のインチキ金融システムと、彼らの発行しているマネーとともに。

大宇宙意志の神が地上につくりたい世界をつくること、人間が人間らしく笑顔で、利他の愛に生

各地域にものすごい勢いで 出来ている各地方の はこぶねコミュニティー

各コミュニティーの数だけ、地方創生のストーリーがある！

地方から、日本を変えよう！主役はあなた！

希望ある未来は、私たち市民がつくる !!

医食同源はこぶねマルシェ
各地域コミュニティの採れたて無農薬やさい！
シンポジウム 統合医療と無農薬の食
医食同源はこぶねオリジナルグッズ

あなたの住む地域で「はこぶねコミュニティー」をつくり、持続可能な共存共栄の社会をつくろう !!

政治では叶わない、本来あるべき幸せな社会を、「守るべき美しい日本」を、私たち一介の市民が創って行こう！

国が軽視する第一次産業（農業、漁業、林業）と、地方の伝統と日本文化を市民が守り、地方の独創性を発揮しよう。

そして、地方から海外の人々も感動する新しいストーリーをつくろう !!

未来を、理想の世界を、自分たちの手で、はこぶねコミュニティーをつくることで、創っていこう !!

農家、漁師、林業者、地域の中小企業、観光協会、自治会、市や県と一緒になって、はこぶねコミュニティーづくりのストーリーで、自分たちの住む地方を世界が注目をするぐらいの「地方創生プロジェクト」を成功させよう！

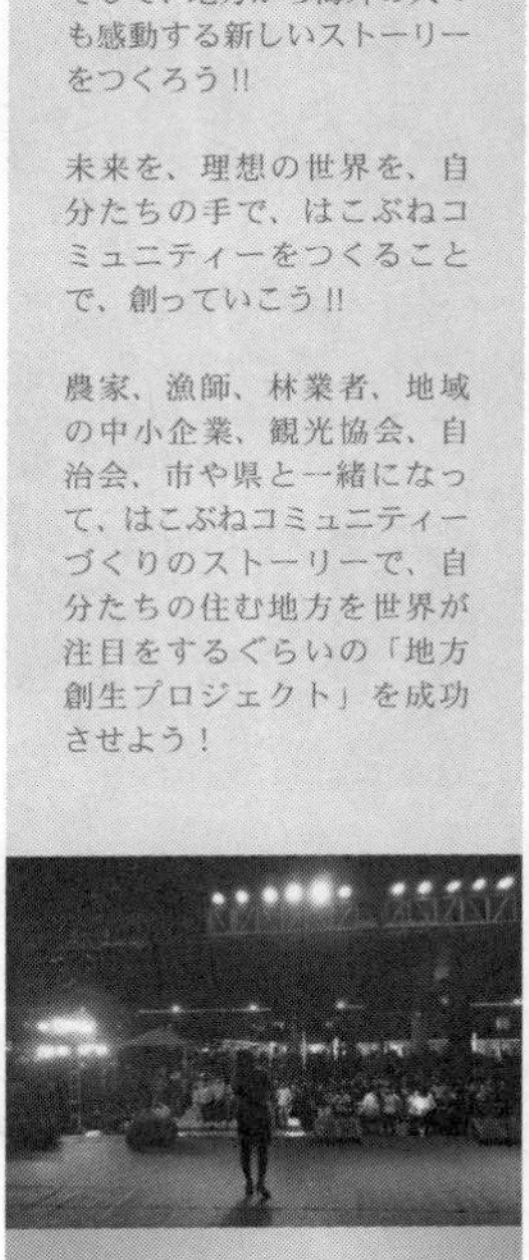

ふつうの食品との比較

はこぶね化する意味

現在、スーパーで売られる約８割がすでに、種をつけない種のF1種です。

ふつうの農家さんには、種は取るものから、買うものにすでに変わってしまいました。農薬、化学肥料を使わないとまともな農作物ができないと信じられるようになりました。だから、無農薬農業は産業とは認められていません。
（そして、日本古来の種や、蜜蜂が絶滅の危機にあります）

人間の浅知恵で、自然破壊や遺伝子やゲノムを組み換える恐ろしいことをしたら、自然生命の共生は壊れ、不自然な作物や、歪な生き物を産み出します。

現在の自家採種しなくなった、農薬をつかう普通の農家さんが、遺伝子組換え種子や、ゲノム編集の種子を栽培するようになると、生命と命、自然との共生はいよいよ狂気のレベルに入ります。

遺伝子組換え、ゲノム編集の食料の流通は、本当の終わりの始まりとなると危惧しています。

はこぶね組合は、各地域に、はこぶねコミュニティをつくり、地域をまるごと「はこぶね化する」ことで、地域をまもり、天然の遺伝子と種、あなたの命を守ります。

全国統一無農薬食品安全基準　「はこぶね規格」

農家研究員の目指す目標としての規格

全ての規格に今や希少価値の高い在来種／固定種を用いて、その種を有効活用し、自然循環に則り、無農薬・無肥料で農産物を生産し自家採種、貴重な種の保存する事を目標にし、また、慣行農法からの転換を如何に実施していけば短期間で自然循環に則した農栽培が出来るようになるのか等を会員間で研鑽していきます。

	S	A-1	A-2	B-1	B-2	C	D	
	自然農	循環栽培	循環栽培	有機農法		低農薬栽培	水耕栽培	
農法営農年数	3年以上	5年以上	5年未満				ハイドロポニックス	アクアポニックス
	不耕起	自然栽培	自然栽培					
農薬	なし	なし	なし	なし	指定の農業使用	基準仕様の1/4	なし	
肥料	なし	なし	なし	天然由来肥料	指定の肥料(化学由来なども)	天然由来肥料	有機液肥・天然塩	
堆肥	なし	完熟植物堆肥	完熟植物堆肥	完熟植物堆肥	エサが不明な動物性堆肥	完熟植物堆肥	天然光源	
有用微生物群	なし	可	可	可	可	可	可	
天然由来資材	なし	可	可	可	可	可	可	
天然由来活性液	なし	可	可	可	可	可		有機給餌物

種	無消毒	無消毒						
育苗	無肥料 無農薬	無肥料 無農薬						

はこぶねマーク：全国統一無農薬安全基準は、日本で初の無農薬・オーガニックを統一した基準となります。

はこぶね規格 S

＊ 在来種、日本の固定種を増やし、日本の在来種メインの供給に尽力。

＊ 全体共通事項として、在来種固定種無消毒・有機栽培の種を使用。圃場全体に対する除草剤不使用。

＊ 微生物も含めた天然由来の自然循環を妨げない資材を使用した農法を実践するのが A

＊ C においては、有機 JAS 規格に準じる農薬、化学肥料および、遺伝子組み換え餌動物糞使用可能とはするが、できる限り使用を抑えて栽培する。

＊ JAS 規格 生産の方法（第 4 条）－肥培管理の項

肥料及び土壌改良資材

（製造工程において化学的に合成された物質が添加されていないもの及びその原材料の生産段階において組換え DNA 技術が用いられていないものに限る。以下同じ。）に限り、使用することができる。

きられる地上天国をつくることが、NAUはこぶねコミュニティーの基本姿勢です。これを大真面目に唱え、実際にリスクを背負ってやっているのが、坂の上零と事業パートナーたちであり、はこぶね組合の本部と各地域の主要リーダーたちなのです。この基本理念に反対する人は、はこぶねにいるべきではありません。

これらは全て、坂の上零の新しい金融システムと新しいマネー、NAUポイントで、組合サポーター同士で物々交換のCOCONAU（組合の独自経済圏）と、各地域のリアルなはこぶねコミュニティーづくりと各種地方創生活動、はこぶね規格に基づくオーガニック農業、5つの自立から始まります。3次元の経済も金融システムも、奪い合いと詐欺が基本にあり、人民や政府、企業を金の奴隷にさせていく仕組みになっていました。

坂の上零の新しい金融システム、新しいマネーは、それとは戦わず、その上に創る5次元の新しい金融システムと、既にある5次元の社会の中核となる各種インフラ技術の事業化によって、今までにはない新しい5次元の世界を実際に、地球上に創りだすことが可能です。彼らと対立せず、戦わずに勝つのです。それが、坂の上零の安定した財源を生み出す、新しい金融システムと新しい5次元社会の発想です。誰とも対立しません。戦いません。5次元では、もうエネルギーも、マネーも、食料も、奪い合う必要がなくなります。お金がない世界を創っていきます。

いいですか。こちらは5次元の社会を創っています。彼らは3次元です。そして、4次元の悪霊や、低級霊と交信しており、その悪霊を神として、あがめております。悪霊や低級霊を崇高な高次の霊と勘違いしており、悪霊と交信し、悪霊に脳や体を乗っ取られ、悪霊が人間に憑依していることもよくあります。ですから、政治のように、悪霊と一体化した、3次元の王様の彼らが造った仕組みのなかで、彼らの創ったマネーを集めて、彼らのルールでしか戦えないのに、同じ3次元で頑張れば、四苦八苦します。勝ち目はない。

同じ3次元にいたら、強大な彼らから攻撃され潰されてしまいますが、こちらは5次元にいます。この3次元の地球の上に、新しく5次元の社会を最初から造るのです。坂の上零の言う5つの自立とはそういう深い意味があります。3次元にある彼らの世界のその上の5次元に、新しい世を創るのですよ。縄文時代のような共存共栄する「みんなで生きる世界」を。

では、どうすれば5次元に魂を上昇させて、「みんなで生きる世界」を3次元を超越した5次元に創造することができるのでしょうか?

それは、自分の我や欲、願望さえ捨てて、解脱して、利他の愛に生きる人にならないといけない。あなたの中にいる「聖なる人」を呼び覚まし、「聖なる人」にならないといけない。そのためには、自分を無にする。我を捨てる。絶望を知る。大宇宙の源の神に100%自分を捧げる決意をする。

全てにおいて自分の義を立てようとするのではなく、まずは大宇宙意志の神の義を求め、悟り、神の義を立てて、自らを無にして、神の義を自分の義として、神の義と御心を実現するために生きることを自ら切に望むようにまで、自分自身を捨てて、神に帰依することです。魂と魂で、神としっかりつながることです。そして、神の視点から、世界や人、今と未来を観る力を養うことです。そうすれば、利他の愛の人、聖なる人になっていきます。

そのためにも自分自身を100％捨て去ることが必須ですが、それは人間と、人間の集団が集まってできるこの世界に徹底的に絶望しているからこそ可能となります。利他の愛に生きよ。自分の魂の次元を上げて、天につながれと説いている割には、人間の本質とこの人間の世界に徹底的に100％絶望することとは、相矛盾するように感じるかもしれませんね。

しかし、人間の本質に絶望するからこそ、人にやさしくなれて、愛に生きるしか地球と人類を助ける道がないことも十分に理解できるのです。

人間の限界である人間の醜さ、おぞましさ、人間の生きる悲しさ、狡さ、弱さ、手のひら返し、利用だけして捨てるところや、報恩の念が薄く、自分が助かりたいときだけしか寄ってこない人間特有の習性など一つを見ても、人間とはきわめて愚かで、自分が何をしているかわからず、あっちから風が吹くと、あっちにふらふら、こっちから風が吹くとこっちにふらふらして、全く自分の世界を創れません。さらに、まともな判断力も備わっていない人も多く、識別力もあまりなく、邪悪な想念に感化されやすい低次元で利己の欲と利権を満たすことを最優先します。それが人間です。神とつながっていない人の多くは、100%真善美では動かないで、ほとんどが打算、妥協、惰性で動きます。それが人間の行動の特徴です。

心ない人も多く、自分が不幸であれば、相手もみんな不幸であるべきだと考える人も多いです。最近は特に貧しい人が増えたので、集団で間違っていれば、それが正しいという風潮です。これも人間の愚かさを丸出しにさらけ出しました。一つの価値観、一つの方向性に向かって社会全体がなだれ込んでいくことでしょう。そういう全体主義のような風潮になってきました。戦前回帰のようなね。他人の成功やよい暮らしは羨ましいので、足を引っ張ろう、自分の暮らしのように惨めにさせよう。そういうことを無意識に選択しているのが人間のサガです。

所詮人間なんてそんなものだとわかっていても、そんな人間の本質に絶望するからこそ、人間を無条件に愛して、見返りを求めることをしない人になれるのでしょう。絶望の中からしか、真の希望はつくれません。闇夜を照らす光になるためには、暗黒社会の中にあって、ほかの誰でもなく、自分が希望の灯でなければならない。ここで絶望の仕方が生ぬるいと、ちゃんと解脱できないので、徹底して人間と、人間の集団が集まったこの世界には何の希望もなく、自滅していくだけにしかならないということが痛切に理解できていないと、自分自身を100%無にして、神に自らをお捧げすることができないのです。

ですから、人間の本質に、そして、人間の世界に、徹底的に絶望して、虚無の境地に至ってからでないと真の解脱も自分を無にすることもかないません。魂を磨き、次元を上昇させて、自分自身を無にできた分だけ、大宇宙意志の神とつながれます。

5次元には利他の愛に生きる人しかいません。見ていなければ悪いことをする人は誰もいなくなります。私利私欲や正しいことより、自分の利権や利益のために、かしこく動く人は誰もいなくなります。政治家という職業はなくなります。宗教も5次元以上の高次元の世界には不要なのでなくなります。皆、神と直接つながるからです。当然ながら、支配構造が違ってきています。

私やあなたの魂が5次元に既にいれば、つまり自分を無にして、利他の愛に生きる人に生まれ変わっていれば、3次元からいくら攻撃されても、5次元には届きません。ルシファーを含めた、4次元にいる低級霊や悪霊も、あなたには作用を及ぼすことはできなくなります。あなたが5次元以上に至ると、自由自在の人に変わります。

よろしいでしょうか？

闇夜にのまれるのではなく、私たち一人一人が、そこで、希望を灯す光となる。

そして、愛に生きましょう。大宇宙意志を受け入れ、ともに生きましょう。

愛に目覚めた人たちと、新しい国造りを一緒にしていきましょう。5次元の愛の世を創りましょう。お金の要らない世を創りましょう。ルシファーや悪霊、悪霊に魂を捧げた一部のこの世の支配者たちが、二度とあなたを恐怖や無知、詐欺、政治や宗教、インチキのエリート像、詐欺の金融システムと中身空っぽのインチキマネーであなたを苦しめ、金の奴隷にしない、新しい高次元の世界を創りましょう。それが、NAUはこぶねコミュニティーが目指すものです。お金があなたを支配しない世界を、人間が人間らしく、奴隷としてではなく、生きていける世界を、一緒につくりましょう。誰にしてもらうのではなく、あなたと私が、目覚めたものが、自分の住む地域に、はこぶねコミュニティーをつくることで達成していくのです。

破滅に向かう地球を一緒に救い、未来の子どもたちに、人間らしく暮らせる地球環境と、あたたかい愛の世界をつくり、残してあげましょう。

世界を変えるのは革命ではありません。戦いや不調和、対立構造で相手を論破するところからは何も生まれません。世を変える、新しい世を創るためには、政治や宗教ではなく、自然と調和し、人々も調和して、コミュニティー同士も調和し、対立する人がいても、自然と適度な距離を保ちながら、大きな意味では調和して、楽しく、みんなで笑いながら、5次元の社会を具体的につくっていくこと、はこぶねコミュニティーを各地域に造っていき、それを世界各地に広げて、COCONAUでNAUポイントで物々交換して、5つの自立をかなえていくことなのです。

あなたの町と国の救世主は、あなたなのです。地球を救うのも、あなたなのです。誰か特別な救世主が現れて、あなたたちを救ってくれるのを待っていても、何も変わりません。坂の上零の追っかけをしてみたり、ほかの言論人や作家を追っかけてみたりと、フラフラしないでください。地に足をつけ、あなたが、まず変わることです。あなたが主体となって、あなたから始まるストーリーを作りながら、NAUはこぶねコミュニティーをあなたの街に造り、そのコミュニティーを地域で広げていく。はこぶね組合の組合サポーターになって、NAUで物々交換する経済圏を広げたり、あなたの地域で、生産者や街の自治会やいろんな団体や、街の政府や観光協会や、職種の壁を越えて、たくさんの人々ではこぶねコミュニティーをつくって、みんなで「わが町に未来を創る」と「天が造りたかった世界を地上につくる。自然や人々と調和し、持続する地球環境と金に依存しない新しい社会体制をつくる。地上天国の礎を創る」をスローガンにあなたの地域をよくしていきましょう。あなたの地域に希望と未来を創る「NAUはこぶねコミュニティー」で真の地方創生をして、地域を5次元に変えてゆくミニ救世主は、ほかの誰でもない、あなた自身なのですよ。山本太郎でも、坂の上零でも、ほかの誰でもなく、あなた自身なのです。

守るべき種や自然、伝統を守り、地元の教会や神社、寺などを守り、農業や漁業の第1次産業を守り、金にはかえられない価値あるものを守り、人々の健康や子どもたちを守るために、今までの既存の社会システムや国、従来のマネー、国や既存のSNSが発行する電子マネーに依存しないで、独自の安全で、裏切らない5次元のマネー、5次元の新しい社会体制を作っていきましょう。それが、NAUはこぶねコミュニティーです。

はこぶねコミュニティーの理念、5つの自立（①自然栽培による食と水の自立、②殺すマッチポンプ医療から、無病化と治す医療の自立、③新しい独自マネーと新しい金融の自立、④次世代の産業技術で自然と調和した最先端科学技術を花開かせた、産業の自立、⑤フリーエネルギーによるエネルギーの自立）をかなえながら、NAUコミュニティーとNAU里山ビレッジ、それと連帯して各地の拠点となるNAU　CAFE、そして、COCONAUのマーケットでNAUポイントやNAUカードで物々交換する新しい経済圏と独自マネーを世界規模に広げていく。各コミュニティーを中心に、ブロックごとに、地産地消の物流システムを整備し、自然栽培のオーガニックのJAとなる、NAU組合を整備して、遺伝子組み換えではない、質の高いオーガニック食料と安全な水を確保しましょう。その共生の輪の中に、理念に賛同した各地のNAUはこぶねコミュニティーや企業も、職人も、芸術家も、発明家も、地元の自治体も、ジャンルを超えて、みんなが参加して、既存の金融やマネー、様々なサプライや既存の国家に頼らなくても生きていける地盤を創ることです。

その基本となる理念、皆をまとめる理念は、「天が造りたかった世界を地上に創る」ことにあります。大宇宙意志の神と人間が分離するのではなく、一体になって、地球を地上地獄から、地上天国に変えていくのです。それが、どこか、誰か、特別なメシアが現れてやってくれるのではないのです。

気がついた名もない一介の市民が、やるのです。そうです、私やあなたが、あなたの街に「はこぶねコミュニティー」をつくり、各地に前述のような仕組みと物流システムとＮＡＵ　ＣＡＦＥのＦＣ加盟店を増やして、ＮＡＵ里山ビレッジで新しい社会体制を実現するモデル地区をつくり、それを各地に作って、各地のはこぶねコミュニティーは、５つの自立をかなえて、ＮＡＵで物々交換する経済圏を使い、世界中にそれを広げていく。これを成していくことによって、地域は栄えますし、世界は調和してゆくことになるでしょう。ＮＡＵの組合サポーターや研究員全員で、地元の自治会や段階、地元政府も一緒にはこぶねコミュニティーになって、前述の理念やビジネスモデルを展開していくことで、みんなが食べられて、みんなに居場所がある、皆で生きる世界を構築できるでしょう。

ただし、今の人間と人間の世界に徹底的に絶望し、愛に生きることを選んだ人、６６６のマイクロチップや、ＡＩ管理された世界を拒否して、人間の尊厳を捨てずに、３次元から出て、５次元に上昇して、「天が造りたかった世界を地上に創る」はこぶねの理念が必須だと確信した人たちだけが集まるようにしましょう。ただ集まっても、烏合《うごう》の衆なら、地上天国の礎は造れません。

従って、人徳の高い、天につながる人材を育成するための「リーダー育成教育カリキュラム」も、NAUはこぶね組合で整備していきまして、そこを修了した人が、各地のコミュニティーを運営するリーダーになって、はこぶねコミュニティーを全世界で展開し、運営して、共存共栄する新しい社会体制、地上天国を各地につくるために、世界平和を実現してくパイオニアとなって、世界で活躍していってもらいたいと願っております。

坂の上零の理念の土台を成す天のご意志である哲学、「天が造りたかった世界を地上に創る、Noah's Ark Union：はこぶねコミュニティー、新しい国造り」に賛同してくださる皆様が世界中で集まり、一緒に、楽しく自分の地域から、世界を救いながら、新しい世を、地上天国の礎を創りましょう。それが混迷を極め、世界的に金融崩壊していく世界において、戦わずに身を守り、未来に確かな希望を作っていく方法だろうと、私はこう確信に至った次第です。

そして、これは私の考えではなく、大宇宙意志の御心であると信じております。ですから、大宇宙意志の神の手足となって、自分を無にして、地上を天国にしていくために私は自分の人生を捧げました。

そして、この理念の実現によって、多くの人が国を超えてつながり、手を携えて、新しい国を作っていくことで、戦争や争い、だましあい、奪い合いのない、利権や金のために地球を破壊し、人々を欺いて、チップを入れて、AI管理するような悪魔の人間牧場のような歪な現代社会から、人々を救い出し、地上地獄を、地上天国に変えていく世界平和が実現してくものと信じております。坂の上零は、そういうワクワクするご提案をしております。

そのために、NAUコミュニティーの5つの自立と、坂の上零の新しいマネー、そして、NAUポイントによる物々交換と、その独自経済圏のマーケットCOCONAUが必須になります。

COCONAUは、また、日本初の日本版SNSですので、個人情報を売り飛ばしたりせず、政府などにあなたの会話やチャット内容や情報が見られないようにプライバシーをしっかり保護していく珍しいSNSです。

こういうことで、ホップ・ステップ・ジャンプと、3回シリーズでやりました。

新しい5次元のマネーについてです。マネーにも2つあって、電子マネーにも2つあって、ホンモノとニセモノの2種類あります。ロスチャイルドたちのマネーなのか、そうでないのか、中身が空っぽなのか、価値の交換ができ得るものなのか、ここで見分けるということです。

本来の美しい魂100%になって、神の想いを自分の想いとして、愛に生きよう。

人間個々人の中には、闇がありますが、それでも、邪を捨てながら、利他の愛に生きる人に、みんなが変わろうとすれば、その方向に向かっていくでしょう。

一緒に世界を美しくしていきましょう！

地上地獄を、地上天国に変えて、絶望から希望を作っていき、世界を救うのは、誰か特別なメシアではなく、一介の市民のあなたであり、私たちなのです。

神と一体化することも実はむつかしいことではないことをお伝えしたい。大宇宙意志の神はあなたを愛しており、あなたを助けて、あなたに幸せになってもらい、あなたに、あなたのライフワークに生きる人生を送ってもらいたいと願っています。それがお金のためにできない状態は、やはり「貧しい状態」なのです。この貧しさから、あなたを救済するためにも、お金の要らない、既存のお金を使わず、既存のお金や既存の経済の仕組みに依存しない。新しい社会体制のNoah's Ark Union（NAU）のコミュニティーと理念の実現が重要なのです。それを実現していくことが、地球を救い、我々の子孫が未来にも地球に住めるように自然と調和した社会をつくり、人類を破滅から救うことになります。

革新的な社会改革、革命は、こうした大宇宙意志の知恵によれば、実を血を流さなくてもできるのです。しかも、資金もそんなにかかりません。新しい国を国境を越えて作っていくということは、新しい国名をつけて、国連に新しい旗を立てることではありません。

①共存共栄と相互互助、②自給自足、③大宇宙意志と調和した直接民主主義。政治や政策を決めることを政治家にまかせないで、地域の人々と職種の壁を越えて「はこぶねコミュニティー」を各地域につくり、自分たちの地域の政策は自分たちで決めるようにする。それを地元の県や市の役人と一緒に実施する。それが真の政治です。

これら①②③３つの柱で新しい持続可能な社会（全て、はこぶねコミュニティーを土台とする）を運営します。政治も特別な人がするのではなく、政治家に任せるのでもなく、コミュニティーの長、リーダーたちで、政策を決めていきます。もちろん、はこぶねコミュニティのメンバーや地域に、一番働き、一番謙虚で、一番徳のある人がリーダーであることは言うまでもありません。従って、政治家もいらなくなります。ましてや、神につながるために特定の宗教や宗教家もいりません。

わたしがそうであるように、あなたも、直接、ダイレクトに大宇宙意志の源の神とつながれます。神もあなたとの親しいコミュニケーションを望んでいます。

一般の人がなかなか神につながれない理由は、人間の中に罪の根と邪念、奢《おご》り、傲慢さや人間の狭さ、私利私欲や打算で動く性質があるからです。そういうものから、自分自身を解放して、この3次元の罪と煩悩の地上地獄社会から解脱し、自分を無にして、神の愛に感謝し、自分自身を神にささげることから始める必要があります。それは、自分の義や要求を神に求めるのではなく、神の義を求めて、神の義を自分の義にして、神の御心を成すために生きる聖なる人に、あなたが変わることなのです。

あなたが変わるために、特定の宗教も必要ありません。あなたの中にいる「聖なる人」に出会い、その聖なる人を導き出して、その聖なる人として、あなたが生きられるように徐々になっていくことが重要です。聖なる人の見本は、私にとってはイエス・キリストです。本当のすごい愛を自ら示してくださいました。神への忠誠心や信じる力も、教えてくださいました。イエス・キリストをお手本にして、利他の愛に生きるようにすれば、まず、まちがうことはありません。キリストのように、愛の人、聖なる人になりましょう（キリストとキリスト教は別ものです）。

そうすれば、自然に、あなたの思考や感情は、高い周波数になっていきます。一定以上の周波数でないと、神とはつながれないので、高次元の魂に自分自身を上昇させていかないといけません。魂を磨きながら。それが、悟り、人間として生きるということなのかもしれません。

こういったことも、はこぶねコミュニティーやNAU里山ビレッジを作っていく中で、いろいろ問題も起きますから、他社や自分自身との間で、葛藤しながら、魂を磨いて、自分を成長させていくことになります。

あなたが「聖なる人」になることは可能なのです。そうなれば、できる誰かに依存してみたり、誰かをあがめてみたり、過剰に死を恐れたり、または誰かを排斥してみたりなどバカバカしいということがわかるでしょう。あなたは既に神とつながる高次元の存在、聖なる人なので、あなたと神にはさほど距離はなく、あなたは自由に神と対話できるようになるからです。すると、いかなるものも、ルシファーもあなたを支配できなくなります。

なぜ地上に宗教家や政治家がいるのか。なぜ支配者がいるのか。

それは、大衆の側が、それを望んだからです。それだけ大衆が低次元であり、目があっても、なにも見えておらず、愚かだったのです。残念ですが、今も同じです。モーセやキリストのころと現代の大衆の魂の成長レベルは、さほど変わっていません。

はこぶねコミュニティー
共存共栄
自給自足

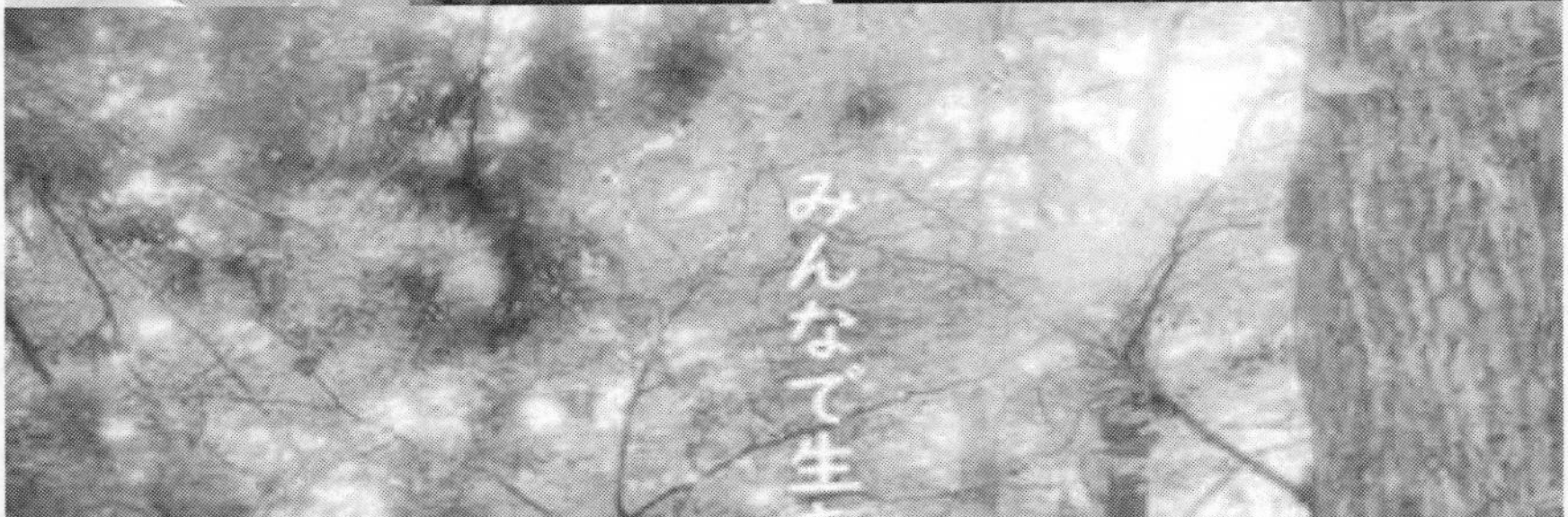
みんなで生きる世界をつくる
666のマイクロチップを拒否しても、生きていける世界
5つの自立で、お金の要らない、愛ある世界を創る。

聖なる人よ、人間の愚かさを卒業するときが来た

大衆の愚かさ、集団幼稚化は、全世界的傾向ですが、特にアメリカ、日本、ヨーロッパなどの豊かだった先進国で顕著です。技術革新が進み、人間の知性と人格が劣化し、霊性は退化しました。感性も退化しました。精神性も退化しました。全てが退化しました。そして、悪霊と交信したり、悪魔崇拝したり、悪霊を神とまちがい、あがめるほど、人間はバカになりました。今は金の奴隷であり、自分で自分の苦しみを生み出し続けるありさまです。大衆がバカであることがコロナで判明しました。

しかし、人類は今、岐路にあります。みんなで滅ぶのか、みんなで生きるのか、どちらかを選ぶときです。それも、AI管理されて、ワクチンや電子マネーなどで666のチップを人体に埋め込まれて、完全に人間家畜とされてしまって、「人間牧場の中で飼われる」ことを選ぶのか、それとも、はこぶねコミュニティーを作って、ワクチンやマイクロチップを推奨する偽預言者の嘘やまやかしにだまされず、これらを拒否して、利他の愛に生きるのか、どちらかを選ぶことになります。

666のマイクロチップを拒否する人は、はこぶねコミュニティーに来ます。現代のはこぶねを創ることが、天のご意志であり、それをしているのが、坂の上零であって、Noah's Ark Union、医

食同源はこぶね組合なのです。NAUぐらいしか、チップを拒否しても、お金がなくても生きていける世界を創っていき、みんなを守れるビジネスモデルはないでしょう。ただ自然栽培だけしていても、守れませんし、新しい世界も創れません。

経済と金融も改革しなければ実現しないからです。それがNAUポイントと、NAUカードの事業です。

いずれにせよ、666を拒否して、AIに管理される人間ロボット奴隷にされることを選ばず、デタラメにだまされずに、本質に目覚め、神の愛を体現する人生を生きることを選び、人間の尊厳を保ち、自然とも調和して、愛に生きる人は、自然とはこぶねに集まります。大宇宙意志の神が助けるべき人たちを集め、助けるからです。しかし、反対もまたしかりで、大宇宙意志の神からOKがでなければ、その人は悪態などをつきながら、正体が早めにばれてしまい、NAUはこぶねコミュニティーから自然と離されていくことになります。邪悪な想念の人は、振り分けられ、来られなくなります。

利他の愛に生き、人間としての尊厳を保ち、地上天国を創りたい。そこにしか真の希望がないとわかった人だけ、やってきます。

そうして、普通の人だった人でも、魂を磨いて、徐々に内なる「聖なる人」が出てきて、それが自分を高めてくれて、5次元に導いてくれることでしょう。

あなたが「聖なる人」として生きれば、あなたはいつでも大宇宙意志の神にダイレクトにつながれます。一体になっていきます。

あなたが利他の愛に目覚めて、日本病を脱却し、あなたの魂の次元さえ上がれば……

あなたの中の「聖なる人」を呼び覚ませ。

そういう次元に到達した人を覚醒したもの、聖なる人と言いますが、あなたの中にも「聖なる人」がいるのです。あなたは、自分以外のところに「救世主」や「聖なる人」を求める必要はありませんし、政治家も、宗教家も高度に進化した文明では要らないのです。

政治は、直接民主主義で、「はこぶねコミュニティーの理念である、我が地域に未来を、私たちが創る」を実践します。みんなで政策を決めて、地元や世界を愛する大宇宙の神に通じる人たちが政治をやります。政治家は要らない。政治を政治家にしてもらう必要性はないし、政治を政治家に任せません。自分たちの未来をなぜ政治家に託すのですか？　あなたも政策を考えられますよ。そこには、個人的な利権や我欲の入る余地がないようにしておきます。

宗教もそうです。たんなる神を利用した利権団体にならないようにするためには、民の側も愚かである状態を卒業して、内なる「聖なる人」に目覚めて、自分自身の中で、神と一体になっていく必要があります。あなたと大宇宙意志の神を遮るものや、仲介するものはいませんし、造る必要もありません。

あなたは、あなたの中にある「聖なる人」として生きていれば、いつでも神とともにあり、神と親しく交流できます。神と交流するために、滝に打たれるとか、特別な厳しい修業も必要ありません。心から神を愛することだけ、そして、神の視点から世界や人を見て、ただ神の愛を具現化するために生きるだけでよいのです。

内なる「聖なる人」に目覚め、聖なる人として生きることを決意し、コロナなどの人工ウィルスにより「ワクチン義務化」されて、ワクチンを打たされたり、政府やココナウ以外の外国のSNSが発行する電子マネーなどを介して人体にマイクロチップをうめ込んで来ますが、これらを拒否し、AI管理された、666のマイクロチップを拒否する人が、NAUはこぶねコミュニティーに世界規模で集まりますが、NAUはこぶねコミュニティーを世界中に国境を越えて広げ、コミュニティー同士も共存共栄、相互互助しながら、5つの自立をかなえ、教育、防衛、文化もゆくゆくは自分たちで資金を出していきながら、世界規模で、新しい経済圏COCONAUで、NAUポイントを使った物々交換しながら、お金がそんなになくても幸せに生きていける社会、新しい幸せの経済を作りましょう。

血を流す革命ではなく、5次元の革命、誰とも戦わずに、ロスチャイルドさえ抱きしめて、ルシファーさえ愛で抱擁して、和合していきましょう。楽しく笑いながら、「みんなで生きる世界」を作っていきましょう。

それが、天のご意志、世界平和の実現となるのです。

この書籍があなたの問題や不安を解決し、具体的な希望を見出せる道を開き、あなたAI管理されてチップを入れられた人間家畜にされるのではなく、あなたが生まれてきた目的をかなえることができる豊かで幸せな人生を生きるための道しるべにしていただけたなら、この上ない幸いです。

本書があなたの人生を大きく変えて、飛躍させることを願ってやみません。

坂の上零　さかのうえ れい
1972年１月25日、兵庫県生まれ。幼いころより自然にピアノを弾いて遊び自作の絵本や物語、マンガを書くようになる。６歳から本格的にピアノを習い始めジャズピアニストを志して上京。ジャズピアニストとしてプロデビューを果たす。都内を中心にライブ、コンサート活動を行う中、映像の作曲などを手掛けるようになる。

インドに縁が深い。マザー・テレサから、世界でただ一人、マザー・テレサの名前を冠した音楽を出してよいという許可をもらった人物。いろんな有名な歌手が尋ねたが、誰も許可を得られなかった。坂の上零が作曲した「Song for Mother Teresa」と「交響曲　マザーテレサと神にささげる　全５楽章」の楽曲の第３楽章のソプラノのパートに、マザー・テレサからのメッセージを歌詞にして歌にしており、さらに、第４楽章のバラード版の楽曲を交響曲とは別に作り、２パターン作った。

音楽活動の場を海外に拡げたものの心の支えであった婚約者が悲劇に見舞われ、音楽活動から離れてしまう。事故で顔を失った最愛の人の自殺未遂、生き別れなど大きな苦難に見舞われ、生きることに絶望してしまい、自殺しないために、苦しみを吐き出すため、小説を書きだした。その最初の作品が、大作『天使になった大統領　全８巻』（現在、４巻まで出版）となったのである。あることがきっかけで国際金融に携わる。後に日本で初めて保険金受領権をつくり、保険受益権を誕生させた。複数の発明を成し、世界特許を取得。日本社会を根底から助ける新しい金融システムの発明家であり、この発明に基づく事業家でもある。

これら英国系オフショア金融などの経験を生かして、政治経済のライターとなり、過剰なグローバル経済政策から日本を守るため、政策・法案提案などの政治活動を開始。

現在は、日本企業とインド企業のビジネスマッチング、インドでの日系企業や外資企業の事業展開をサポートするインドを中心とした海外コンサルティングビジネスを展開している。インドでの JAPAN EXPO などの展示会やイベントを運営しており、トップルートでのビジネスマッチングも提供している。インドで JAZZ FESTIVAL と JAPAN EXPO を同時に開催する計画を練っており、現在、スポンサー企業を募っている。

2019年、医食同源 NAU・はこぶね組合を立ち上げる。５つの自立【①食と水の自立（自然農法のオーガニック食料の生産）、②医療の自立（治す医療）、③金融システムとマネーの自立、④産業の自立（次世代の産業技術の事業化）、⑤エネルギーの自立】を目指して、全国区に「はこぶねコミュニティー」の基盤を創っている。現在では、淡路島を含めて、天然の種や農業、日本の自然、森林、ミツバチ、生命循環、大地、水源、地方産業や日本の伝統、匠の技などを含めて、まとめて衰退から守り、本当の日本を復活する里山 NAU ビレッジづくりを展開している。行き詰まっていく現代文明と世界経済が崩壊した後も、持続可能な社会を作れるように、次世代の新しい社会体制を創っている。コンセプトは「天が造りたかった世界を地上に創る。自らが愛の人になって、地上地獄を地上天国に変えていく」である。

また、音楽活動も再開し、REI SAKANOUE の AQUARIUS という JAZZ BAND でもコンサートを定期的に行っている。ピアノ演奏と歌だけでなく、ジャズ以外にも交響曲やピアノコンチェルト、ポップス、ハウス系ダンス音楽、アシッドジャズ、フュージョン、ラテン、サルサ、ボサノバ、バラードなど、幅広いジャンルの音楽を作詞作曲し、ライブ活動を行っている。

（①医食同源はこぶね組合：https://coconau.com　②インドビジネス展開 /JAPAN EXPO：https://angelbankjapan.jimdo.com　③ドクターズブランド　志ほんもの大賞：https://coconau.com　④ REI SAKANOUE ファンクラブ：https://reisakanoue.com）

金融崩壊をサバイバル

坂の上零の地球を救うホップ・ステップ・ジャンプ！

第一刷　2020年8月31日

著者　坂の上零

発行人　石井健資

発行所　株式会社ヒカルランド

〒162-0821　東京都新宿区津久戸町3-11　TH1ビル6F

電話　03-6265-0852　ファックス　03-6265-0853

http://www.hikaruland.co.jp　info@hikaruland.co.jp

振替　00180-8-496587

本文・カバー・製本　中央精版印刷株式会社

DTP　株式会社キャップス

編集担当　TakeCO

ISBN978-4-86471-903-2

R E I　S A K A N O U E

坂の上零の活動

多岐に渡る救済活動。地上天国の礎を創る

1. 行き詰まり、破滅に向かう世界経済と地球の現文明へのトータルな解決法

坂の上零の理念の5つの自立（①自然栽培の農業と食料、種、水の自立、②医療の自立、③金融システム、マネーの自立、④ 新しい産業で経済の自立、⑤エネルギーの自立）を叶えたNAU、Noah's Ark Union

（医食同源はこぶねコミュニティー）を各地に造り、
それを世界中に展開する。無病化、自然保護の推進。
このための運転資金を集める （400億円）

2. Channel ZERO(YouTube)の番組制作 と 作家の真実の報道

⇒ 事実やマスコミが報道しない知るべき大事な情報の報道。
⇒ 真実の告知＝覚醒活動。雑誌、新聞に連載複数。

3. 坂の上零の「人生を変える」講演、ココナウなどWEB講演

⇒ コアな世界情勢の分析と大学で教えない重要な分野の講義

4. 作詞作曲した音楽などのライブ、JAZZコンサート

5. どんな時代でも生き抜く人材、次世代をともに築く人間
教育、**「リーダー育成カリキュラム」**

6. 坂の上零の新しいマネー。及び、NAUポイント、NAU CARD

⇒ 金融崩壊の中、最大限、資産を守る。

7. NAUポイントで物々交換するCOCONAU（独自経済圏）

これを世界各国に広げていくことが、新しい国造りとなり、
「お金があまりなくても、幸せに暮らせる社会」の理念の実現。
お金の世界平和に貢献する基軸。

8. アフターコロナで金融崩壊し、行き詰まる社会に、
高い次元の解決法をフルパッケージでご提供。

その基軸は、愛と調和と芸術の新しい世を創る「はこぶねコミュニティー活動」

9. ドクターズブランド医食同源NAU を展開し、各地の地方創生に貢献する。

問題があれば、そこに、解決法をもたらす。絶望の中に希望をつくる方法を考案、
ビジネスモデルを展開し、「かつてない驚き、より良き世界」の創出に挑戦。

10. JAPAN EXPO主催。インドと日本間のビジネスマッチング（海外事業コンサル）

日本に居ながら、インドでネット販売代行。
インドでビジネスマッチング。展示会など実施（インドでも演奏）
インド以外でも、インドネシア他など事業展開コンサル実施中

11. インド・海外で、水とフリーエネルギー普及、各種最先端技術と新しい銀行設立事業化予定

真実を報道し、新しい世界を創る活動

Channel ZERO・坂の上零の活動をご支援下さい！

登録はこちらの「坂の上零サポーター」から。一緒に頑張ろう！

www.rebecca-japan.com

ZEROサポーター　申し込み 月額1980円

Channel ZERO

①か②、どちらかを選びます。

寄付なので、確定申告時に寄付控除可

講演（一部）

銀行引き落としをご希望の方は、こちらです。
「銀行引き落とし、①か②を選」と明記の上、
①お名前、②郵便番号とご住所, ③お電話、
④メールアドレスを入力し、ご送信下さい。

作詞作曲
アーティスト

www.rebecca-japan.com

ピアニスト

銀行自動引き落とし希望（を選択）
銀行引き落としの申込書が郵送されます。

真実をマスコミが報道せず、日本が弱体化されています。救済活動を続けていかねばなりません。
坂の上零個人の活動と、真実を報道するChannel ZERO、作家の取材活動をサポートしてください。

①ZEROサポーター
月額 1980円
Channel　ZERO放送と、
坂の上零の活動を総サポート

医食同源NAU
はこぶね組合

REI SAKANOUEの主要活動（一部）

JAPAN EXPO　NAUブレイクスルー和僑クラブ（法人・事業家）入会
特典A：異業種の有能な人材が集まり、事業推進、ブレイクスルーを起こす
特典B：強みを生かし、弱みをチームでカバーし、相互発展する社外チーム
特典C：海外事業にともにエコに進出。特に、インド市場での事業展開に有利
申し込み(ANGEL BANK, ⇒ ブレイクスルークラブ（和僑） JAPAN EXPO：
https://www.angelbankjapan.com/

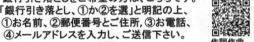

Channel ZERO/坂の上零の活動

①ZEROサポーター　②法人コンサルティング依頼

登録:申込書

FAX:03-5937-6725　bluemen3939@yahoo.co.jpまで

①ZEROサポーター

月額 1980円

Channel　ZERO放送と、
坂の上零の活動を個人的に総サポート

②COCONAU はこぶね組合

個人月1000円・法人月1万円

COCONAU.com ⇒ 新規登録　⇒ 組合サポーター登録 （登録詳細はココナウに記載）

③法人コンサルティング：　月10万円から。（コンサル1回無料）

特典①：通常のTV広告は高いが、安く、広く、長期で、広告可能
特典②：商品・サービスが良いなら、番組内でプレゼンCM可能
特典③：海外事業、特に、巨大なインド市場での事業展開に有利
特典④：ENGLISHで、海外放送もするため、海外にも英語でCMできるため、
海外市場で販売展開したい企業には、メリット大
特典⑤：　坂の上零のマーケティング戦略、企業コンサルティングを、格安サービス
（1回無料券つき）

①、または、②、またjは、③のうち1つをお選びください。記載なければ、①　**ZEROサポーターとなります**

私は、私の以下の通り、私の意志でChanne ZERO/坂の上零氏の活動を毎月支援します。

解約する際には、自ら解約通知を指定銀行と本部に出しますと2か月以内に引き落としは停止されること、及び、それまでに支払った支援金は戻らないことを了承しますので、返金請求は致しません。ZERO特派員となってサポートする場合、自分の要求や提案、企画、動画、記事などが本部で採用されない場合があることを了承します。スタッフとしての活動への参加は、私の意志で、してもいいし、しなくても良いので、雇用契約がある業務ではなく、賃金等は発生しないことに了承します。

申込用紙　（以下、サポート形態として、①、②、③のどれかを〇で囲んでください。なければ、①になります）				
Channel ZERO, 坂の上零氏の活動をサポートする形態として、私は、（　①　②　③　）を選びます。				
氏名　（ふりがな）	生年月日　　年（西暦）　月　日			
	性別	男　女	年齢	歳
ご住所　（郵便番号　〒　　　　　） 都・道・府・県　　　市/区　　　。 番地　　　マンション名　　　。				
携帯電話		固定電話		
メールアドレス（きれいな字で）（　　　@　　　）				
ラインID：（　　　）　FBアカウント名（　　　）				
備考；ご意見　　（iii の法人スポンサー申込の場合、本部よりご連絡申し上げます）				

事務所　**東京都新宿区西新宿8－15－3－902　坂の上零サポーター事務所**

ともはつよし社　好評既刊！

天使になった大統領①
著者：坂の上 零
本体 3,333円+税

天使になった大統領②
著者：坂の上 零
本体 3,333円+税

天使になった大統領③
著者：坂の上 零
本体 3,333円+税

天使になった大統領④
著者：坂の上 零
本体 3,333円+税

【申し込み】ともはつよし社
電話 03−5227−5690　FAX 03−5227−5691
http://www.tomohatuyoshi.co.jp　infotth@tomohatuyoshi.co.jp

自然の中にいるような心地よさと開放感が
あなたにキセキを起こします

神楽坂ヒカルランドみらくるの1階は、自然の生命活性エネルギーと肉体との交流を目的に創られた、奇跡の杉の空間です。私たちの生活の周りには多くの木材が使われていますが、そのどれもが高温乾燥・薬剤塗布により微生物がいなくなった、本来もっているはずの薬効を封じられているものばかりです。神楽坂ヒカルランドみらくるの床、壁などの内装に使用しているのは、すべて45℃のほどよい環境でやさしくじっくり乾燥させた日本の杉材。しかもこの乾燥室さえも木材で作られた特別なものです。水分だけがなくなった杉材の中では、微生物や酵素が生きています。さらに、室内の冷暖房には従来のエアコンとはまったく異なるコンセプトで作られた特製の光冷暖房機を採用しています。この光冷暖は部屋全体に施された漆喰との共鳴反応によって、自然そのもののような心地よさを再現。森林浴をしているような開放感に包まれます。

みらくるな変化を起こす施術やイベントが
自由なあなたへと解放します

ヒカルランドで出版された著者の先生方やご縁のあった先生方のセッションが受けられる、お話が聞けるイベントを不定期開催しています。カラダとココロ、そして魂と向き合い、解放される、かけがえのない時間です。詳細はホームページ、またはメールマガジン、SNSなどでお知らせします。

神楽坂ヒカルランド　みらくる　Shopping & Healing
〒162-0805　東京都新宿区矢来町111番地
地下鉄東西線神楽坂駅２番出口より徒歩２分
TEL：03-5579-8948　メール：info@hikarulandmarket.com
営業時間11：00～18：00（1時間の施術は最終受付17：00、2時間の施術は最終受付16：00。時間外でも対応できる場合がありますのでご相談ください。イベント開催時など、営業時間が変更になる場合があります。）
※ Healingメニューは予約制。事前のお申込みが必要となります。
ホームページ：http://kagurazakamiracle.com/

神楽坂ヒカルランド
《みらくる Shopping & Healing》
大好評営業中!!

宇宙の愛をカタチにする出版社　ヒカルランドがプロデュースしたヒーリングサロン、神楽坂ヒカルランドみらくるは、宇宙の愛と癒しをカタチにしていくヒーリング☆エンターテインメントの殿堂を目指しています。カラダやココロ、魂が喜ぶ波動ヒーリングの逸品機器が、あなたの毎日をハピハピに！　AWG、メタトロン、音響免疫チェア、ブルーライト、ブレインパワートレーナーなどなど……これほどそろっている場所は他にないかもしれません。まさに世界にここだけ、宇宙にここだけの場所。ソマチッドも観察でき、カラダの中の宇宙を体感できます！　専門のスタッフがあなたの好奇心に応え、ぴったりのセラピーをご案内します。セラピーをご希望の方は、ホームページからのご予約のほか、メールで info@hikarulandmarket.com、またはお電話で03-5579-8948へ、ご希望の施術内容、日時、お名前、お電話番号をお知らせくださいませ。あなたにキセキが起こる場所☆神楽坂ヒカルランドみらくるで、みなさまをお待ちしております！

voicy

愛すべきズッコケキャラ☆
株式会社ヒカルランド 代表取乱役
石井健資 社長

謎のインスタストーリーズ芸人！
クリエーター／パーソナルトレーナー
神社インフルエンサー
Yuki Yagi

八ヶ岳 えほん村館長
絵本作家だけど、本業は魔女 !?
majoさん

宇宙とつながる光の柱
「あわのうた」の美しい伝道師
SUMIKO! さん

愛に満ちた宇宙のしずく
ヒカルランドみらくるのキュートな妖精
みらくるちゃん

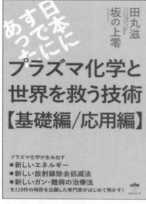

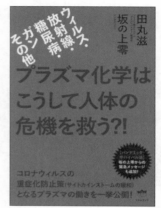

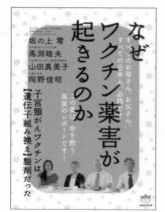

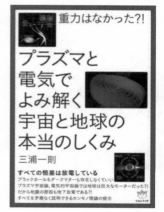